TWO HUNDRED YEARS OF
MUDDLING THROUGH

英国经济史

THE SURPRISING STORY OF BRITAIN'S
ECONOMY FROM THE INDUSTRIAL
REVOLUTION TO COVID 19

[英] 邓肯·韦尔登 著
(DUNCAN WELDON)

曾敏之 译

中国科学技术出版社
· 北 京 ·

Two Hundred Years of Muddling Through: The Surprising Story of Britain's Economy from the Industrial Revolution to Covid 19/ISBN:978-1-408-71316-7
First published in Great Britain in 2021 by Little, Brown
Copyright © Duncan Weldon 2021
All rights reserved.
Simplified Chinese translation copyright © 2023 by China Science and Technology Press Co., Ltd.

北京市版权局著作权合同登记　图字：01-2022-7067。

图书在版编目（CIP）数据

英国经济史 /（英）邓肯·韦尔登著；曾敏之译 . — 北京：中国科学技术出版社，2023.5
书名原文：Two Hundred Years of Muddling Through: The Surprising Story of Britain's Economy from the Industrial Revolution to Covid 19
ISBN 978-7-5236-0053-5

Ⅰ.①英… Ⅱ.①邓…②曾… Ⅲ.①经济史—英国 Ⅳ.① F156.195

中国国家版本馆 CIP 数据核字（2023）第 036141 号

策划编辑	申永刚　王雪娇	责任编辑	杜凡如　庞冰心
封面设计	今亮新声	版式设计	蚂蚁设计
责任校对	张晓莉	责任印制	李晓霖

出　　版	中国科学技术出版社
发　　行	中国科学技术出版社有限公司发行部
地　　址	北京市海淀区中关村南大街 16 号
邮　　编	100081
发行电话	010-62173865
传　　真	010-62173081
网　　址	http://www.cspbooks.com.cn

开　　本	880mm×1230mm　1/32
字　　数	237 字
印　　张	13
版　　次	2023 年 5 月第 1 版
印　　次	2023 年 5 月第 1 次印刷
印　　刷	北京盛通印刷股份有限公司
书　　号	ISBN 978-7-5236-0053-5/F·1105
定　　价	89.00 元

（凡购买本社图书，如有缺页、倒页、脱页者，本社发行部负责调换）

目录

001 引言

011 第1章
革命前

023 第2章
英国的"起飞"

049 第3章
繁荣、萧条与新工人阶级

071 第4章
资本、土地和英国政治的重塑

093 第5章
全球化的英国——从《谷物法》到第一次世界大战

113 第6章
成功的失败

139 第7章
爱德华时代插曲

159	第 8 章 满目疮痍：第一次世界大战
179	第 9 章 不那么"咆哮"的二十年代
201	第 10 章 一种萧条
225	第 11 章 一切都在改变
253	第 12 章 未曾如此之好
271	第 13 章 纷争四起：20 世纪 60 年代的英国
293	第 14 章 1976 与这一切
315	第 15 章 逆向革命
339	第 16 章 新的曙光，美好十年

| 361 | 第 17 章 余震

| 385 | 后记 新冠肺炎疫情

| 395 | 数据说明

| 397 | 延伸阅读

| 401 | 参考文献

| 405 | 致谢

引言

人们自己创造自己的历史，但是他们并不是随心所欲地创造，并不是在他们自己选定的条件下创造，而是在直接碰到的、既定的、从过去承继下来的条件下创造。一切已死的先辈们的传统，像梦魇一样纠缠着活人的头脑。①

——卡尔·马克思《路易·波拿巴的雾月十八日》

有一个非常著名也是非常古老的爱尔兰笑话，讲的是一个人被游客问路，他回答道："如果我是你，我就不会从这里出发。"这个笑话可能并不会让人哄堂大笑，但是它用更简练的方式表达了马克思的文字。两者都在说同样的观点：人们没有办法选择他们的起点。然而这一简单的道理，在讨论经济和政治的时候却常常被遗忘。

这是一本关于英国经济如何走到今天这步的书。在新型冠状病毒肺炎疫情（以下简称"新冠肺炎疫情"）导致的衰退前夕，英国经济处于非常奇怪的矛盾状态：它既是世界上最成功的经济体之一，也拖了欧洲经济的后腿。

---

① 中文译文摘自《马克思恩格斯选集》，人民出版社2012年版。——译者注

从英国的人均国内生产总值（GDP）来说，它处于世界领先的位置。但是与其他发达国家相比，它的生产率水平（即使在过去十年之前）却低得可怜。英国有一些地区是整个欧洲最富裕的，但是也有一些地区比起德国或者法国更像是南欧。从经济角度上来看，英国就像是"葡萄牙，但还有个新加坡在垫底"，这句话用来形容英国并不算很夸张。

经济史有助于解释这种现象发生的原因。如果这本书有一个主题，那就是路径依赖的重要性。

路径依赖或许会被解读成这样一个观点：某人到达某地的路线是什么和目的地是哪里一样重要。在社会科学（尤其是经济史）领域，这一概念可能至关重要。或者换一种说法，过去和历史很重要，有时就像那个给游客提供建议的人一样，对现在没有什么特别的帮助。

这个想法在科技史上被广泛应用，而或许许多经济学家本能般想到的最著名的例子就是标准 QWERTY 键盘的设计。

按照传统的说法，这个故事差不多是这样的。当 19 世纪 60 年代位于密尔沃基的印刷商和报刊出版商克里斯托弗·莱瑟姆·肖尔斯（Christopher Latham Sholes）首次发明打字机时，他自然而然地将键位按照字母顺序排列，虽然从现代人的眼光来看这可能很奇怪，但是从直觉上这样的排列方式比从 Q 开始然后接着是 W、E、R 要更说得通。

但是他的早期型号存在机械故障，当相邻按键被快速连续敲击时，很容易会出现卡键的情况。所以在1878年申请专利的时候，肖尔斯重新安排了键位布局来解决这个问题。有可能被经常连续敲击的按键被排在了键盘的两端，虽然这降低了打字速度，但它并非设计缺陷，而是刻意为之，其目的在于放慢打字流程从而防止昂贵的机器不断卡住。

肖尔斯和枪械制造商雷明顿（Remington）合作，考虑到1865年美国南北战争的结束，后者可能在寻求新的业务线。到1893年，五个最大的打字机制造商都采用了QWERTY标准，历史就这样尘埃落定。

当然现代计算机不会出现和19世纪的打字机一样的机械故障。实际上，有说法称，这种机械故障在20世纪20年代就已经从打字机上被消除了。

1936年，奥古斯特·德沃夏克（August Dvorak）为另一种布局申请了专利，这种布局在美国海军于1944年的测试中（当时快速制作报告的能力至关重要）明显地提高了打字速度。但是尽管有了更好的设计，尽管最早采用QWERTY布局的理由已经不再成立，它仍然是行业基准。

通过率先入局市场，QWERTY键盘创立了一个标准。经过QWERTY键盘训练的打字员不愿意切换到新的布局，而生产商们看到用户对替代品没有需求，也乐于继续推出这些产品。效率较低的技术成了市场的重要组成部分。

或者说，传统的故事是这样说的。它确实很好地演示了路径依赖这一概念的实际应用。令人遗憾的是，如同许多好故事一样，它可能并不完全是真的：许多人对德沃夏克键盘持怀疑态度。但不管这个大多数经济学家最喜欢的现象的例子的真相到底是什么，它仍然很有用，而且路径依赖的应用范围远比在科技史领域更广泛。

它毫无疑问地会出现在可能被称作"经济地理学"的地方。自亚当·斯密以来，经济学家们早就注意到了商业聚集的趋势。假如有一个城镇或者城市发展起了繁荣的印刷业，那么其他印刷企业就有理由选择在此地开业——当地的劳务市场有着经验丰富的印刷工人并且存在现成的纸张和油墨等必需品的供应商。该工业从本地区最初发展起来的原因——可能是劳务市场有特定技能的工人、特定原材料的供应或者其他完全不同的原因——可能并没有它的确发展起来了这个事实重要。

美国出版业一直以来以纽约为中心，只是因为在19世纪，从英国来的快船就停在这里。这意味着查尔斯·狄更斯（在他的时代，他是一位在美国与英国有相同市场潜力的作家）最新的小说将率先登陆纽约，当地对知识产权鲜有尊重的出版商将为美国市场盗版并重印这些小说。（对版权规则跨国执法的担心确实不是什么新鲜事了。）印刷业早就和跨越大西洋的航运时间表无关了，但一旦它在纽约扎根，它就一直在那里了。

城市中心（Centre for Cities）[①]智囊团在2015年的一项令人沮丧的研究中调查了1911年到2011年英国城市的增长和表现。一个重要的结论是：在2011年，一个城市里的"知识工作者"在劳动力中的所占比例是决定一个城市前景的重要因素。而解释2011年知识工作者数量的最重要的一个因素是1911年这个城市有多少知识工作者。作者认为，维冈（Wigan）在2011年仍没有一个蓬勃发展的科技中心的原因在于它在1911年是一个小工厂工业镇。相比之下，曼彻斯特中部地区在一个世纪以前就已经以高技能服务业工人为核心。历史很重要。

另一个例子是一些经济学家所说的"滞后效应"（hysteresis effects）。滞后效应来源于希腊语中的"后来的（that which comes later）"，指的是在最初的催化剂或起因消失后

[①] 城市中心（Centre for Cities）是一个独立的、无党派的城市政策研究单位，并且是在英国注册的一家慈善机构。该中心的主要目标是了解英国城市的经济增长和变化如何以及为什么发生。——译者注

仍然持续存在的简单效应。最常见的两个例子体现在劳务市场和国际贸易中。例如，英镑升值使得某些英国出口产品在海外市场竞争力下降，该行业的公司会采取削减产量和工作岗位等相应措施来应对。然而如果几年后，英镑贬值使得英国出口产品再次具有了国际竞争力，但产量和就业情况可能并没有办法恢复到原来的水平。在英镑价格高涨和失业率上升的时期，英国工人的技能可能已经退化，其他外国公司可能已经抢占了他们的市场份额。因此，英镑升值可能会增加一个行业的失业率，但是当英镑价格回落到原来的水平，这种影响并不会消除。20世纪80年代中期至后期就是这种情况，当时强势的英镑成为英国制造业工作岗位减少的催化剂。20世纪90年代初英镑走弱也未能重新刺激就业。

同样地，一些贸易专家发现，国际贸易模式中持续存在滞后效应。这种观点认为，公司在第一次进入一个市场时，一般会产生高昂的一次性成本。一旦一个公司已经选择投入资金，即便有看似更好的机会出现，它可能也不愿意转向另一个市场。

本书中一个反复出现的主题是，一代政治家、政策制定者和商业领袖所采取的决策（同样重要的还有他们所回避的决策）通常会塑造出他们的继任者所面临的决策。这一切与其说是被视作支持"历史和过去将永远决定未来"的论据，倒不如说是对"未来至少会被之前的事情所塑造（shaped）"的认可。

看着英国经济在 21 世纪 20 年代呈现出来的许多特征，提一句"好吧，我不会从这里开始"的建议非常容易，然而这个建议对英国的政策制定者来说，就像前文中爱尔兰人对游客所说的建议一样"有用"。

路径依赖是这本书的中心主题，但不是唯一一个。回顾过去两个世纪的英国经济史，我们能看到其他一些一次又一次反复出现的线索。

首先，政治经济学很重要。如果不去考虑更广泛的政治和社会制度，就试图去理解一个经济体所走的道路，尤其是长期以来的道路，这是无法做到的。英国在过去两百多年的发展是由不同的（广义的）政治利益集团的兴衰所决定的。其次，政治重要性的方式常常被误解。短期来看，政治家们高估了他们的影响力，但是长期来看，他们又低估了这种影响力。一个存在已久的经济问题很难有一个简单快速的解决方案，任何预算或政治优先事项在几个月或几年内能产生的影响都是有限的。但是经过几年或几十年，重大的政治决策会产生重要影响。而这往往发生在这些决策者卸任之后。

政治经济学实际上是关于经济与政治的交互以及两者之间的反馈循环。当经济增长疲软时，政治极化会更加严重，同时分配斗争会更加激烈。简单来说：当蛋糕快速做大时，对于份额的争抢会更少。经济形势最糟糕的时候就是政治形势最紧张的时候：19世纪初期和中期、第一次世界大战前的10年、20世纪70年代和2008年后，英国都处于疲软的经济增长和恶性的政治斗争时期。

国际经济和金融背景很重要。尽管表面上看，或者至少在经济上看，英国并不是一个孤岛。英国经济总是被世界经济的顺风和逆风所冲击，政策抉择经常被国际因素所制约。20世纪50年代到70年代看似糟糕的宏观经济表现背后的驱动因素，是维护当时盛行的布雷顿森林体系下英镑价值的需求（被视为是）。稳定和增长的世界经济（加上低价中国商品的供应）在很大程度上解释了20世纪80年代末、90年代和21世纪初英国经济的较好表现。英国国内的政策制定者往往得到了过多（本不属于他们的）的赞誉和责难。

在政策方面，几乎没有免费的午餐。绝大多数现代宏观经济政策的制定都是关于权衡的，这些权衡的内容（例如通货膨胀与失业之间，或以牺牲长期增长为代价来提高短期收入）在不同时期也有所变化。这种权衡在两次世界大战期间（简称"战间期"）、20世纪70年代以及2008年后尤为尖锐和令人不快。

随着本书对过去两百年的回顾，许多议题会频繁出现：

经济开放与国家主权之间的平衡、银行是否过于强大或庞大到不会倒闭的问题、英国职业培训的失败、精英阶层缺乏科学知识的假定、对德国制造业领先的担忧、对新技术在劳务市场中所产生影响的忧虑、对不平等现象加剧的苦恼以及关于如何帮助那些有可能掉队的地区和城市的问题。一个令人沮丧的结论是英国的公共辩论中几乎没有什么新内容。

另一个也许更令人沮丧的主题是,英国的政策制定者过于频繁地选择逃避选择。面对有长期影响的困难决策,他们经常选择简单的方法得过且过,并且期待着最终能有点儿结果。过去几十年来,修补和将就已经成了经济政策的一个重要部分。

21 世纪 20 年代的英国是一个现代资本主义经济体,然而资本主义并不是某种单一庞大的实体,它有某种民族性(national character)。正如北欧模式和美国资本主义有所区别一样,英国资本主义和其他先进经济体在某些重要方面也有所不同。这些经济模式安排生产和分配的方式有不同的优势和劣势,有些擅长创造就业机会,有些擅长处理经济衰退。人们很容易想问哪种模式更好,但是这有点像问雨衣和短裤哪种衣服更好的问题,答案当然是取决于天气。但是,与服装不同的是,国家经济发展模式并不能因心血来潮而"说换就换"。相反,它们需要数十年的时间才能取得成果,并扎根于路径依赖。

但是在真正深入到英国经济是如何走到今天这步的故事之前,人们需要了解现代经济本身是如何开始的。现代经济史始于工业革命,而工业革命则始于英国。

第1章　革命前

人类经济史的故事非常简单，它只包含两个部分：工业革命前的阶段和工业革命后的阶段。18世纪和19世纪初，大多数人都享受着——如果用"享受"这个词来形容也不为过的话——他们的父母和祖父母所熟悉的，甚至是他们的祖先在几个世纪前就熟悉的生活标准。正如一位著名的经济史学家所说："简·奥斯汀也许写到了用瓷杯饮茶时的优雅谈吐，但对于大多数人来说，即使直到1813年，物质条件也未必比他们在非洲热带草原的祖先好。达西们[①]（the Darcys）是少数，更多的是穷人们。"那些在彭伯里庄园[②]的田地里劳作，向达西先生每年上缴一万英镑的工人，与五百年前在这些土地上劳作的农民相比，他们生产和消费的商品基本相同，睡的住所和吃的食物也基本相似。前工业化世界的主导趋势是连续性，而不是变化。

这并不是说工业化前的经济是简单的停滞不变。增长

[①] 费茨威廉·达西（Fitzwilliam Darcy）是英国作家简·奥斯汀长篇小说《傲慢与偏见》中的男主角。达西出身贵族家庭，此处代指英国上层阶级贵族。——译者注

[②] 彭伯里庄园是简·奥斯汀的小说《傲慢与偏见》的男主人公费茨威廉·达西拥有的地产。——译者注

喷涌式地出现，但它们往往是昙花一现——几年甚至几十年的好日子之后，繁荣就结束了，一切又恢复了平常。工业革命之后，增长具有了不同的特点：持续且持久。这种持续不断的增长推动了人均收入和生活水平的提高。在短短几代人的时间里，不仅一般人的生活水平超越了他们的父母或祖父母，而且也超越了他们父母辈和祖父母辈的预期和想象。

有一些数字可以说明这种转变的规模。以当今货币计算，1300年英格兰的人均收入约为每年780英镑。大约350年后的1650年，该数字已经上升到每年977英镑。就购买力而言，这基本上意味着刚刚跨过了生存门槛，人们可以在不挨饿的情况下靠喝汤生存，但他们并不能很好地享受生活。乍一看，这350年来的增长似乎极其缓慢，但实际上，这条道路远非平坦。在发展好的几十年里，它也曾达到每年1 200英镑以上的顶峰，而在低迷的时候，又降至每年只有720英镑的低点。放眼整段历史，从14世纪初"长腿爱德华"（爱德华一世国王）统治到17世纪50年代奥利弗·克伦威尔（Oliver Cromwell）统治期间，英格兰人均收入约为每年1 000英镑。

接下来的350年看起来非常不同。到1700年，人均收入已上升到每年1 700英镑，到1750年，几乎达到2 000英镑。经过几个世纪的经济停滞，人均收入在短短100年内翻了一番。更多的增长紧随其后。到1800年，人均收入几乎达到 2 500 英镑，到 1900 年超过 5 000 英镑。到 2000 年，人均收入几乎达到 26 000 英镑。

纸上的数字可能会看似枯燥。工业经济的持续增长并不是简单地让人们每年的生活一点点变好，它是一场彻底的变革。工业革命是一个过程的开端，在这个过程中，地球上大多数人的生命不再是托马斯·霍布斯①口中的"肮脏、野蛮和短暂"。在 1800 年之前的 1000 年左右，人们出生时的预期寿命一直在 35 岁左右，1800 年后，这个数字开始迅速攀升，工业国家的婴儿死亡率大幅下降，食物变得更好、更丰富，休闲时间不仅更多了，而且范围变得更加广泛了。工业革命从根本上改变了人类的生活体验。从许多角度来看，它是历史上唯一最重要的事件。它无疑是自农耕开始和新石器时代狩猎采集社会结束以来最重要的人类发展。而事实上，最早发生于不列颠的工业革命，在 200 年后仍然在世界的其他地方进行着。

追溯任何革命的日期都是一项棘手的工作。法国大革命是以 1789 年 7 月 14 日巴黎人民攻克巴士底狱为开端的吗？还是从 1789 年 5 月召开三级会议（the Estates General）开始？又或是从 1792 年路易十六被赶下台开始？历史学家至

---

① 托马斯·霍布斯（Thomas Hobbes，1588—1679），英国的政治哲学家，现代自由主义政治哲学体系的奠基者。——译者注

今仍在争论这个问题。与政治革命不同,追溯一场经济革命的时间变得更加困难。一般而言,也许最公平的说法是,工业革命发生在1750—1830年的某个时间点,尽管有理由将开始日期往前推至17世纪,结束日期往后推至1840—1850年。事实上,虽然有毋庸置疑的革命性的影响,但这个过程本身更像是一个漫长的经济演变,而不是一场单一的革命。

当然,除非你知道自己在寻找什么,否则工业革命/工业演变究竟何时开始这个问题没有确切答案。这场革命不能与它最常见的任何特定发明联系起来——哈格里夫斯的纺纱机、瓦特的蒸汽机或惠特尼的轧棉机——事实上,虽然人们的关注点都集中在蒸汽动力和煤炭上,但这场革命的早期几十年却更多地依赖于水力。这场革命无关乎任何特定的发明或创新,它是经济本质和经济增长本身的一个剧变——它几乎是"发明之发明"(invention of invention),是一个持续不断的变革、生产率增长和改进过程的开端。

工业革命之前的世界具有"马尔萨斯"特征(以托马斯·罗伯特·马尔萨斯牧师[①]命名)。马尔萨斯最伟大的作品

[①] 托马斯·罗伯特·马尔萨斯(Thomas Robert Malthus,1766—1834),英国牧师、人口学家和政治经济学家。他的《人口原理》至今在社会学和经济学领域仍有争论,但影响深远。——译者注

《人口原理》（*Essay on the Principle of Population*）于 1798 年首次出版，他在书中所描述的经济体制正处于瓦解的过程中，这是一个巧妙的历史讽刺。

尽管马尔萨斯牧师有着神职身份，但在现代读者看来，他对穷人的态度可能明显不符合基督教精神。人们常说他是狄更斯小说中的人物艾比尼泽·斯克鲁奇[①]的灵感来源，这可不是什么最受欢迎的文学赞誉。但与老艾比尼泽不同，马尔萨斯没有幡然醒悟。如果一个贫民向他乞求施舍，他会出于本能地拒绝他们。当然，这并不是因为他没有善心，而只是因为赈济穷人，归根结底，只会产生更多的穷人，最终造成更多的人间疾苦。在受教育程度较低的人看来，这可能仅仅意味着残忍，实际上这恰恰是由最高尚的基督教美德——宽容和慷慨所驱使的[②]。

马尔萨斯认为世界是由一种残酷的逻辑所支配的，这种逻辑指出，虽然人类的需求是无限的，但人类的生存手段显然是有限的。用数学术语表达就是，如不加以抑制，人

[①] 艾比尼泽·斯克鲁奇（Ebenezer Scrooge）是查尔斯·狄更斯小说《圣诞欢歌》的主角。如今"斯克鲁奇"一词已成为英语中吝啬鬼、守财奴的代名词。——译者注

[②] 此处指基督教中的七美德。——译者注

口呈几何级数增长,即以一个恒定的比例扩增,例如1、2、4、8、16等;但是人类的生存手段——土地、食物、消费品——呈算术级数增长,也就是说,以一个固定的数额增长而不是某个百分比,例如1、2、3、4、5等。如果人口以几何级数增长,而生存手段仅以算术级数增长,那么这两者将经常性地失衡,人口数将超过经济的承载能力。对马尔萨斯而言,这种严酷的计算展示了人类发展的铁律,即他所说的人口有"增加到超出生存手段"的"永恒的趋势"。

马尔萨斯提出有两大抑制机制来维持这两个变量之间的平衡:积极抑制(positive checks)和预防性抑制(preventative checks)。积极抑制(尽管这个名字很难说它"积极")是那些自然运作的抑制:战争、疾病和(最常见的)饥荒。而预防性抑制,正如牧师所强调的那样,是旨在把限制人口增长放在首位从而防止积极抑制发挥作用,手段包括禁欲,或至少将婚姻推迟到较晚的年龄。

马尔萨斯希望人类能够免受瘟疫、饥荒和战争带来的痛苦。他冷酷却理性的论点决定了实现这一目标的最佳途径是限制人口增长。赈济穷人只会产生更多的穷人。

虽然马尔萨斯的解决方案在道德层面无疑是值得商榷的,但他对前工业经济中人口水平和生活水平之间动态关系的理解的基本方向是大致正确的:那个世界确实具有"马尔萨斯"特征。经济产出增长非常缓慢,只有在与人口增长保持一致的情况下才可以持续。随着人口的增长,资源未能跟上,人均收入就会下降。如果人口水平缩减,那么人均收入就会上升。这是一种可怕的零和(zero-sum)生存方式,邻居的死亡可能会给你带来一丝稍纵即逝的悲痛,但从长远来看,这可能会使你过得更好。

回顾一下1650年之前的英格兰人均收入和人口水平,你就会发现这两者之间的关系确实是负相关。出生率上升时期生活水平下降,而死亡人数增加的时期剩余人口的收入水平则有所提高。

当然,尽管马尔萨斯对过去的"诊断结果"是正确的,但他对未来以及他自己所处的时代的判断都是错误的。在17世纪末的某个时刻,英格兰摆脱了马尔萨斯陷阱(Malthusian Trap)①的枷锁:1700—1800年,英国人口从约520万增长到约770万,收入却没有随之下降。但收入没有下降这一现象并没有立刻被马尔萨斯和他的追随者们发现,

---

① 马尔萨斯陷阱,又称为"马尔萨斯灾难",指对大部分人类历史来说,收入停滞的原因是技术的进步与发现仅仅造成人口的增加而没有提高人类的生活水准。只是在1800年左右开始的工业革命才使得一些国家的人均收入大幅增加,同时他们也跳出了陷阱。——译者注

第1章 革命前

显而易见的是，人们正在以比以往都要快的速度繁殖。这只是一个开始：1800—1850年，英国人口翻了一番，超过1500万；1850—1900年，英国人口再翻一番，超过3000万。这种大规模扩增并没有导致饥荒、瘟疫或收入下降。马尔萨斯抑制再无用武之地，人口与收入之间的关系已经打破，形势已经发生了翻天覆地的变化。经济增长的性质已经发生了转变，工业革命已然登场，现代生产率增长拉开序幕。这一点的重要性怎么强调都不为过。

很少有经济学家会质疑生产率的重要性。诺贝尔经济学奖得主保罗·克鲁格曼[①]经常被引用的那句"生产率不是一切，但从长远来看，它几乎是一切"很好地总结了这一点。但问题在于，即使与其他经济变量相比，它也可能听起来相当枯燥和无趣。失业率上升或物价上涨才是那种能抓住公众和政治想象力的事情，它们是报纸头条和政治竞选海报上的常客。但从来没有人把最新的生产率统计数据放在公告牌上。

简单来说，生产率是指从任何特定水平的投入中获得更多经济产出的能力。或者，更直接一点，是指在工人人数既

[①] 保罗·克鲁格曼（Paul Krugman，1953— ），美国经济学家，新兴凯恩斯主义经济学派代表，2008年诺贝尔经济学奖得主。——译者注

定的情况下制造更多产品的能力。从全局的角度来看，自18世纪末和工业革命以来，英国的经济史——事实上不只是经济史——就是生产率增长的历史。正是生产率的腾飞，使人口得以扩大的同时人均收入得以提高。

一般来说，大多数经济学家都认同生产率的增长是一件好事，但他们不太了解什么才是生产率真正的长期驱动力。新技术的确在其中发挥作用，但它的采用和传播可能是不均衡且零散的，而技术增长自身的驱动力是什么，即最近被称为"创新政策"（innovation policy）的这个问题，仍然是政策制定中未被发现的"圣杯"。管理实践和技术的重要性虽然被广泛认可，但在一个公司或部门或国家有效不一定在其他地方有效。尽管在过去的几十年里，管理咨询业呈指数级发展，但似乎并不是所有问题都可以由一小撮具备了做表格的适当技能和具备了幻灯片演示能力的聪明应届毕业生来解决的。基础设施和教育毫无疑问扮演着重要角色——气候与合同法等其他因素也都如是。大多数经济学家，甚至那些以生产率为主要研究领域的学者，都能列出影响生产率的因素，许多人还能提出乏善可陈的（而且，正如许多经济学的研究方式一样，往往是相互矛盾的）提议来推动生产率的提高，但还没有人能够断言"生产率最终是由哪几点因素驱动的"。

在一个更公平的世界里,保罗·克鲁格曼那句著名的格言后面需要加上这一句"但不幸的是,我们仍然没有真正理解它"。

如果今天人们对生产率的最终驱动力几乎无法达成共识,那么,究竟是什么导致了欧洲西北海岸的一个岛屿上生产率的第一次"起飞",这个话题至今仍存在激烈的争论也就不足为奇了。

第2章 英国的『起飞』①

---

① 美国经济学家和政治理论家沃尔特·罗斯托（Walt Rostow，1916—2003）以工业革命为背景提出了"经济发展阶段论"。在该理论中，核心阶段被比喻成"起飞"阶段，这个阶段大概会持续10~20年：在此期间，国民收入增长率将出现急速的飞跃和质变；同时，国民储蓄率会增加将近1倍，"主导部门"的出现为经济体中其他部门的发展设定基调。"起飞"阶段的绝佳范例即为英国的工业革命。——译者注

从全局的全球经济史来看，相比起具体到"英国"，工业革命起源于"欧洲"这个事实更重要。18世纪初，世界上最大的两个经济体是中国和印度，而西欧作为一个整体，其经济总量大概可能与前两者相提并论。在接下来两百年里，世界的经济重心迅速向西移动。到1900年，西欧的经济总量占全球国内生产总值的35%左右，它的分支美国又占15%左右，中国和印度只各占10%左右。这种经济"大分流"（Great Divergence）的政治影响为19世纪和20世纪的全球历史定下了基调：西方的崛起、欧洲的扩张和帝国的时代。仅仅在过去的几十年里，工业革命前的经济活动模式才开始慢慢地重占上风。

从全球角度来看，"为什么是英国，而不是法国、德国或荷兰？"的问题可能显得微不足道。至关重要的事实是，它开始于欧洲。但从英国历史这个更狭隘的角度来看，"为什么是英国？"这个问题显然更重要。因为英国最先开始工业革命，所以它立即获得了领先优势并保持了数十年；因为英国的人均国内生产总值远远高于人口众多的欧洲其他国家，所以它的经济规模远远大于更大的国家。

1700年，英国和爱尔兰的总人口约为870万，而法国为 2 140 万。到 1800 年，英国和爱尔兰的总人口已上升到 1 560 万，但与法国的 2 670 万左右的居民相比，仍然相形见绌。但是由生产率增长所带来的人口与收入的脱钩意味着权力动态发生了改变。1700 年，法国的经济规模几乎是英国和爱尔兰的两倍，但到了 1800 年，尽管法国的人口比英国和爱尔兰多大约 60%，他们的国内生产总值却基本持平。与其人口水平相比，英国能够把握住一个一直持续到 20 世纪中期并且在许多方面不止于此的超大的世界角色（以及由它带来的所有优势和劣势）。

英国确实有一些天然的地理优势。作为一个相对较小的岛屿，英国的大部分地区都可以直接出海，再加上大量容易通航的大河，使得运输和通信成本相对于德国或法国来说比较低。在蒸汽时代之前，在水上运输货物比在陆地上运输要便宜得多。除了较大的河流外，英国还拥有丰富的快速流动的溪流和小溪，这对水磨的运行至关重要。随着工业革命的进展，水力给蒸汽动力让位，英国凭着容易获取的煤层继续为增长提供动力，在能源方面仍然能做到充分的自给自足。对于一个小国来说，英国的地形异常多样化，这使得其不同地区能够发展各种不同的农业。英格兰西北部的潮湿气候可能近几十年以来对支持黑池（Blackpool）的旅游业没有多大作用，但对加工原棉肯定有帮助。所有这些都起到了作用,但"为什么是英国?"这个谜题不能仅通过地理来解答。

正如工业革命塑造了后来的英国历史一样,它本身也是由之前发生的事情所塑造的。从工业革命本身开始时才开始记录工业革命的历史是没有意义的,尤其是在工业革命的前夕,英国,更确切地说是英格兰,已经是全球最富裕的地区之一。

在工业化的"大分流"之前,曾出现过"小分流",即欧洲内部财富和经济富裕程度的转移。许多有助于解释工业革命和大分流的因素都可以追溯到其早期的表亲。了解"小分流",或者说了解英国是如何在19世纪之前的几百年里成为世界上最富有的地区之一的,对于理解后来发生的事至关重要。

在公元1000年的第一个千年之交,欧洲最富有的地区——地中海盆地已经维持了1000年。罗马帝国可能在几个世纪前就已经衰落了,但后罗马时期的意大利和摩尔人的西班牙仍然是欧洲最富裕的地区。不过,到1700年,欧洲大陆的经济重心已经从地中海的温暖海岸决定性地转移到北海(North Sea)的寒冷地域。就人均收入而言,1700年的经济领袖是尼德兰联省共和国(荷兰的旧称)和他们在大洋彼岸的商业对手——英国。

第2章 英国的"起飞"

经济史学家们已经确定了推动这种分流的两个关键转折点。在经济术语中,这些转折点常被描述为"冲击"(shocks),而其中的第一个就着实令人感到"冲击":黑死病。

大瘟疫的规模至今仍让人触目惊心:欧亚大陆上的大约7 500万到2亿人死于这次人类历史上最严重的流行病。全球人口花了两百年时间才恢复到瘟疫暴发前的高峰。说来也怪,那次瘟疫的暴发本身也许就是由成吉思汗(Genghis Khan)开始的原始全球化[①]的早期形式的结果。

成吉思汗在1206年统一了蒙古,到他1227年去世时,已经建立了一个占地520万平方英里(1平方英里≈2.59平方千米)的帝国。到他的孙子忽必烈(Kublai Khan)去世时,也就是不到70年后的1294年,蒙古帝国的面积已超过900万平方英里,西起今天的匈牙利,东至今天的中国和朝鲜,沿途还囊括了中亚、乌克兰、俄罗斯南部、伊朗和伊拉

---

① 原始全球化(Proto-globalisation)或早期现代全球化是继古代全球化之后的大致跨越1600年至1800年的全球化历史的一个时期。该词最初由历史学家A. G. 霍普金斯(A. G. Hopkins)和克里斯托弗·贝利(Christopher Bayly)提出,描述了贸易联系和文化交流日益增长的阶段,这一阶段是在19世纪所谓的"现代全球化"出现之前的那个时期。——译者注

克。蒙古人征伐之功的关键在于他们有能力调动当时世界上将近一半数量的骑兵，虽然蒙古军队的人数很少超过10万人，但他们的每一个战士都可以获得多达20匹的替换马，这保证了他们在决定性的战斗中总能有生猛的战马和几乎前所未有的灵活性。

欧亚大陆大部分地区的政治统一推动了经济一体化。蒙古人的统治使旧丝绸之路沿途更加安全——只要准备好"买路财"就可以了，在1250年至1350年，这些道路比之前的几个世纪要繁忙得多。马可·波罗可能是这个时代访问过中国的最著名的欧洲人（也可能不是，他的记载受到一些人的质疑），但他远不是唯一的一个。笨重货物的陆路贸易仍然昂贵得令人望而却步，但单位重量价值高的物品——香料、皮草，当然还有丝绸——开始比以前更多地流动起来。思想也不那么笨重了：14世纪的欧洲创新因为中国技术的流入得到了很大的推动。被称为现代科学之父的弗朗西斯·培根（Francis Bacon）在1620年写道，有三项伟大的发明改变了世界：印刷术、火药和指南针。他很可能不知道这三项发明都起源于中国。

在黑死病之前的那个世纪，人口、货物和思想开始在欧亚大陆上流动。正如罗纳德·芬德利（Ronald Findlay）和凯文·奥罗克（Kevin O'Rourke）在其举足轻重的全球经济史著作①中所说：

> "全球化"到底始于何时？答案固然取决于具体采用的"全球化"定义，不过我们还是可以作出如下有说服力的解答：全球化肇始于这样一个历史阶段，当时蒙古人的征服运动统一了欧亚大陆的中央地带，在这些征服运动的冲击下，那些定居文明也相应作出了反应。而在此之前，每一文明虽然也曾意识到其他文明的存在，但只是把它们看作一个个孤立的个体，而没有视为一个统一体系中相互作用的组成部分。

货物自由流动，思想、人口畅通往来，但一切还不止于此。欧亚大陆的政治统一推动了经济一体化，这反过来又创造了一位历史学家所谓的"细菌共同市场"（microbian common market）。在中亚某处干燥的平原上，黑死病开始了。商人、士兵和旅行者把它沿着丝绸之路带到克里米亚，在那里它登上了热那亚人和威尼斯人前往西欧的桨帆船。

---

① 指《强权与富足》（*Power and plenty: trade, war, and the world economy in the second millennium*）。——译者注

在五年的时间里，欧洲有40%～60%的人口死亡。虽然这显然是一场人类灾难，但这也可能是马尔萨斯牧师的"积极抑制"运作的一个光辉典范，即使是像这位好牧师那样具有理性和逻辑头脑的人，在当时也可能很难看到其中的益处。

在14世纪中期具有"马尔萨斯"特征的世界里，一件夺去数百万人的生命但没有摧毁建筑物或直接影响牲畜或庄稼的事件意味着更多的资源和食物留给了更少的人和胃。人口可能会减少，但人均收入会增加。

面对同样的经济和生物冲击，北海和地中海地区的经济做出了不同的反应。在英格兰和荷兰，每一个（幸存的）人的收入跃升并保持较高的水平，而在意大利，最初的跃升在一个世纪左右的时间里就消失了，在西班牙，瘟疫给人们带来了痛苦，却未曾带来一线曙光。

14世纪50年代的西班牙正处于"再征服运动"（Reconquista）阶段，即基督教欧洲"重新"占领伊比利亚半岛。它基本上是一个人烟稀少的前沿经济体，人口急剧下降的后果是扼杀了商业网络，而不是增加了幸存者的资源。在这里，人口减少并不意味着"为幸存者提供更多的庄稼"，而是意味着"没有足够的人去耕种田地"。在意大利，经过一个世纪左右的人均收入提高后，马尔萨斯的逻辑开始发挥作用，更快的人口增长将收入拖回到灾难前的水平。

相反，在北海地区，黑死病带来的经济成果得到了巩固和发展。这两个地区的关键差异在于其农业结构、结婚年龄和生育模式，以及其政治和国家结构。

北海的农业比地中海的农业更注重牧业，也就是说，比起庄稼和植物，更注重动物和牲畜的利用（当然，整个欧洲都有谷物种植）。典型的意大利特色农业产品有橄榄油和葡萄酒；而典型的英国产品有羊毛和羊肉。14世纪50年代，英国农业的经济产出有一半以上来自牛奶、肉类、羊毛、皮革和其他动物制品，而不是直接来自土壤。这种农业通常比耕作需要更多的工序，尽管它产生的人均热量并不高，但比起地中海沿岸的农业种类，它的"经济附加值"更高，或者用更简单的话说，"更有利可图"。

比起耕种农业，这种农业使用的劳动力也更少，用经济语言来说，是更"资本密集"的。"资本"是标准的经济学术语，指除用于生产产出的人（劳动力）以外的任何东西，在此处，"资本"是指牲畜本身。最后，这种以动物为重点的农业在使用非人力能源方面更为广泛——与意大利的农场相比，英国的农场更多地利用马（和牛）力而不是人力。这种高附加值、资本密集、非人力能源密集的农业生产方式，不仅能更好地应对黑死病后的人口下降，而且还为生产技术提供了模式，这些技术将从农业扩散到工业和（后来）在现代经济中占主导地位的服务行业。

在中世纪的欧洲，结婚年龄是总体生育率的一个关键驱动因素。一般来说，更早结婚的妇女会生育更多的孩子，在地中海地区，女性结婚的年龄比北海地区的女性要小，且往往小很多。1965年，统计学家和人口学家约翰·哈伊纳尔（John Hajnal）提出了他所谓的"西欧婚姻模式"（Western European marriage pattern），其特点是男女双方结婚相对较晚且年龄相近，相当数量的女性保持未婚，新婚夫妇通常与各自婚前的家庭分开并建立自己的家庭。除了东南亚的一些地区，这种模式在20世纪末之前几乎是欧洲独有的。即使在欧洲内部，这种模式也不普遍，地中海地区的家庭更有可能由相对年长的男子与更年轻的女子（或在许多情况下是女孩）结婚组成，数世同堂的大家庭是常态。

中世纪典型的英国新娘是20岁出头，嫁给一位大她一两岁的男人，而在意大利，一个21岁的未婚女性会被认为已经错过了最佳适婚年龄。13岁的朱丽叶·凯普莱特（Juliet Capulet）[①]是前工业化时期地中海模式的一个典型例子，尽

[①] 戏剧《罗密欧与朱丽叶》的女主人公，住在意大利维罗纳。——编者注

管有些极端；更常见的情况是 17 岁或 18 岁的新娘嫁给一个比她大 10 岁或 12 岁的男人。

欧洲北部的晚婚年龄和较低的生育率使黑死病对收入的促进作用比欧洲大陆南部持续得更久。毫无疑问，马尔萨斯会很高兴听到他的"预防性抑制"似乎正在发挥作用。

黑死病是推动小分流的第一个冲击。虽然受到同样的瘟疫打击，但由于不同的婚姻模式和农业结构，北海地区的收入得到了长期的提升，并追赶上了地中海地区。第二次冲击发生在瘟疫 150 年后的 15 世纪 90 年代，并在随后的几十年里推动北海地区的收入远远领先地中海地区。

亚当·斯密[①]（将在下一章中占据重要篇幅）写道，"发现美洲和途经好望角至东印度群岛的航道，是人类历史上记载的两件最伟大、最重要的事件"。虽然这种说法有相当程度的夸张，但哥伦布（Columbus）"发现"美洲和瓦斯科·达·伽马（Vasco da Gama）绕道好望角开辟一条从欧洲直接进入印度洋的新航路，对全球经济和政治历史产生了

---

① 亚当·斯密（Adam Smith，1723—1790），苏格兰哲学家和经济学家，他所著的《国富论》是第一本试图阐述欧洲产业和商业发展历史的著作。这本书发展出了现代的经济学学科，也提供了现代自由贸易、资本主义和自由意志主义的理论基础。亚当·斯密被誉为经济学之父。——译者注

巨大影响。

这两次航行——以及麦哲伦（Magellan）在16世纪20年代前后的环球航行——不仅改变了世界的格局，而且将英国移到了世界的中心。任何在15世纪90年代之前绘制的已知世界的半正式地图都会显示英国是位于极西北部的一个岛屿，只比荒凉的格陵兰岛和冰岛更近一点。16世纪后，地图呈现出熟悉的以欧洲为中心的格局，不列颠群岛处于中心位置。

在接下来的几个世纪里，被称为三角贸易的残酷的大西洋商业诞生了：贸易货物从欧洲被运到非洲换取奴隶，然后这些奴隶再被运到新大陆。三角贸易中的最后一环是那些从新殖民地返回欧洲的船只，上面满载着新大陆的货物。与此同时，在印度洋，配备火药武器的欧洲人强行介入了环绕着东非、印度西部和阿拉伯南部的海岸之间有数百年历史的贸易网中。

这种在非常有利于欧洲人的条件下、以武力和暴力为支撑进行的全球贸易的扩张，其影响与黑死病的影响一样重要。

鉴于达·伽马绕过好望角是由葡萄牙王室赞助的，而热那亚人哥伦布的探险是由西班牙人赞助的，人们可能会认为收益是由南欧而非北欧获取的。但是，尽管西班牙人和葡萄牙人引领了这一进程，他们很快就被荷兰人和英国人超越了。

从纯粹的经济学角度来看，北海地区和地中海地区的主要区别在于现代劳动力市场专家所说的"劳动力供应的灵活性"。也就是说，工人是否愿意通过减少假期和延长工作时间来应对对其劳动力的更高需求（或者，换句话说，雇主是否有能力强迫工人延长工作时间）。在北海地区，劳动力供应是灵活的，而在地中海周围则不那么灵活。

15世纪或16世纪初，典型的英国工人每年工作160至180天，或不到半年的时间——对现代人来说，这听起来相当令人愉快，直到他意识到这些人是多么贫穷。宗教改革的到来减少了通常作为假期的圣日和其他宗教节日的数量，并在1600年左右将每年工作天数增加到260天左右。随着"圣星期一"（即工人们在周一不来上班，并宣布他们在庆祝圣星期一节）的做法结束，另一波扩张浪潮在18世纪到来了。

这种每年工作天数的增加被称为"勤勉革命"（Industrious Revolution），既是后来工业革命的重要前奏，也是持续到19世纪的一个过程。它是由荷兰人和英国人领导的，后来传播到了欧洲的大部分地区。众所周知，在20世纪初的著作中，伟大的社会学家马克斯·韦伯（Max Weber）将其归功于宗教。在《新教伦理与资本主义精神》（*The Protestant Ethic and the Spirit of Capitalism*）中，他认为，新教，特别是加尔文教徒（Calvinists），是工业化和现代资本主义的重要驱动力。不过，这一论点当然远未得到普遍认同，例如，加尔文主义在英格兰从未特别强势。一个更常见的现代解释是，全球商业的增长和早期新兴工业的兴起创造了大量新的消费品，而这些消费品以前在欧洲根本不存在，或者完全是普通工人所不能企及的。因为渴望得到茶叶、胡椒、亚麻大衣和瓷盘，工人们准备延长工作时间，以提高他们的收入和消费能力。

当然，虽然劳动力供应的灵活性可以解释1500年至1750年间荷兰和英国收入的部分增长，但它不能解释全球商业如何逐渐由北海国家所主导的整个故事。一个完整的解释需要从"纯经济学"中走出来，并着眼于更大的政治格局。

经济史学家长期以来一直知道一个简单的事实，而许多经济学家往往忽视了这一点：政治很重要。诺贝尔奖获得者道格拉斯·诺斯（Douglass North）因其在经济史和制度方面的工作而获奖，并为思考国家和政治在经济发展的漫长历史中的作用提供了最有用的框架。

比较简短的说法是，制度是解释长期增长的一个因素，有时甚至是那个关键因素。不过，当经济学家和经济史学家写到制度时，我们需要搞清楚他们的确切所指。这个意义上

第2章 英国的"起飞"

的制度不一定就是非专业人士听到这个词时所想到的。一个"机构"不一定是指人们可以敲开其前门的一个实际的组织。相反,它指的是我们可以称为"游戏规则"的东西,一个包含有门可敲的实际机构、法律框架、政府系统,以及同样重要的,制约政治和商业交易的非正式的、往往是不成文的行为准则的更广泛的集合。一个具有良好制度结构的经济体通常被认为是这样的:达成交易的双方可以确信不会突然面临交易被叫停或货物被扣押的情况;银行家在进行贷款时知道贷款有很大可能会被偿还;政府不可能为了偏袒一个利益集团而突然撕毁整个法律框架。这些都不应该被视为"理想的政府应该什么都不做,只需确保产权得到执行,其他方面则以放任自由的方式袖手旁观"的一种论据。

以菲利普二世(Philip Ⅱ)时期的西班牙为例,16世纪末是该国的黄金时代。菲利普统治下的西班牙无疑是一个全球大国,至少在表面上是,由于征服了南美洲大部分地区及其银矿而大发横财。然而,菲利普却被称为"来自地狱的借款人",一个在其统治期间四次拖欠贷款的君主。荷兰在他在位期间反抗了西班牙的统治,它没有西班牙的财富和辉煌,当然也没有一个盛产奴隶和白银的庞大新大陆帝国,但它有强大的商业文化、运作良好的行会和有效的合同法。荷兰的经济体制给了荷兰一个稳定的环境,而西班牙尽管看起来很强大，但它缺乏这种稳定。

与制度框架同样重要的是政府执行框架的能力。国家能力——一个政府确保它所说的应该发生的事情确实发生的能力——很重要。好意图可能比坏意图要好，但是如果它们仅仅停留在意图的阶段，则几乎毫无用处。

这里有一个权衡：一个国家需要强大到足以执行财产权，但又不能强大到可以为了自己的利益操纵游戏。

诺斯概述了新石器革命（Neolithic Revolution）以来定居耕作时代的两种国家类型："有限准入秩序"（limited access orders）和"开放准入秩序"（open access orders）。

理解这些不同的社会秩序以及诺斯的社会和经济发展的整套理论的关键是"经济租金"的概念。没有人真正喜欢支付租金，尤其是经济学家们。但经济学家往往比普通人更广泛地使用这个词。

经济租金不是指为租赁一件物品——无论是一辆汽车、一套公寓还是一台机器——所支付的价格，而是指一些更技术性的东西。它指的是对土地、劳动力或货物的超额支付，超过了所有者实际接受的价格。举一个更接地气的例子：如果一个房东准备以每月500英镑的价格出租一套公寓，而得到的报价是550英镑，那么可以说，他会收到每月550英镑的租金，赚取每月50英镑的经济租金。同样地，如果一个工人很乐意以每小时15英镑的价格从事某项工作，并以每小时18英镑的价格得到了同样的工作，那么可以认为他每小时赚取了3英镑的经济租金。

在理想的和绝对不现实的微观经济学家所谓的完全竞争（perfect competition）的世界，不存在经济租金一说。在一个完全竞争的世界里，有无限多的潜在买家和无限多的潜在卖家，而两者都被假定为具有完美信息（perfect information）。如果商品和服务的买家和卖家完全了解其他买家和卖家如何给每一种商品或服务估价，那么竞争将迫使价格达到一个没有经济租金的水平。如果租房者知道房东会以每月500英镑的价格成交，那么他们就会按照这个价格去报价。如果雇主知道雇员会接受每小时15英镑，那么他们就不会以18英镑的价格提供工作。

当然，我们并不是生活在一个完美信息或完全竞争的世界里。也未曾有人生活在那样的世界里。市场缺陷的存在——无论是卖家和买家的数量实际上都不是无限的，还是没有人真正拥有完美信息的事实——都意味着经济租金是生活中的一个事实。虽然没有人介意偶尔一两个工人每小时多拿超出他们预期一两英镑的工资，但以比实际价格每月多几百英镑转手公寓的想法往往会引起更多的不满。

所有这些从市场监管者的角度来看可能听起来很有趣，

但与诺斯的有限准入秩序和开放准入秩序的发展几乎没有关系。但正是经济租金的存在，支撑着很大一部分的国家发展。经济租金是一种实际上并不生产任何额外物品的致富途径。房东每月获得比他们预期多50英镑的收入，基本上是每年白白获得600英镑。对经济租金的控制和分配对社会的发展至关重要，在过去一万年左右的大部分时间里，对经济租金的控制都是通过暴力实现的。

在诺斯的概念框架中，他礼貌地称之为"暴力专家"（不那么礼貌的词是"暴徒"）的人群能够通过承诺保护他人免受暴力专家（比如他们自己）的侵害来组织社会。一旦狩猎采集时代结束，定居耕作时代开始，一些大块头的人类只在很短的时间内就意识到，从块头没那么大的人管理的田地中获取作物，在某些方面可比自己实际种植小麦要简单、直接得多。诺斯所说的"有限准入秩序"国家就是从这些群体发展出来的。而直到最近，它还是人类组织的主导形式。最终，最成功的"暴力专家"获得了公爵、男爵或国王等头衔。

在这样的国家里，暴力得到控制，秩序和稳定（在大部分时间里）得到实现，因此通过规模经济、更加专业化和更多贸易可以实现更大规模的生产。但是，有限准入秩序的制度设置是偏向精英阶层的——偏向暴力专家和最初暴徒的后代。游戏的规则是被操纵的。

这种秩序的特点在罗马帝国和旧制度法国以及两者之间的大多数定居社会中有迹可循——精英阶层通过暴力控制国家，贸易权利受到限制，并受到一套通常很复杂的规则的制约，精英阶层的财产权往往受到保护，而其他人的财产权往往处于弱势地位。这样的制度使经济得以增长，但也是创造经济租金的理想工具——将某些商品的垄断权授予精英阶层的亲朋好友，几乎可以保证他们获得巨大的财富。有限准入秩序通过控制暴力创造经济租金的夹层，然后在精英阶层之间进行分配。

这听起来可能是对国家的形成历史的一种相当令人沮丧的看法，但总体上与实际情况相符。正如一位社会学家曾经只是半开玩笑地指出："如果说黑社会代表了最顺利的有组织犯罪，那么发动战争和缔造国家就算得上有组织犯罪之典范，是具备合法性优势的典型的黑社会——有资格成为最大的有组织犯罪的案例。"中世纪的君主们，实际上充当着类似于黑帮头目的功能，通过威胁来勒索钱财。

相比之下，诺斯的开放准入社会的特点是较少地创造和控制经济租金，是有更多的竞争——包括政治竞争和经济竞争。这类国家的特点是：法治适用于精英阶层；外人有进入精英阶层的途径；军队（及其暴力威胁）在政治上受更正式的框架控制，而非统治者的一时兴起。在诺斯的模式中，从有限准入秩序到开放准入秩序的过渡是充满困难和挑战的。没有多少国家能做到这一点，但对诺斯来说，它是成功经济根本的驱动力。注重真正的竞争，而不是分割租金流，推动着企业和企业家走向创新和完善。

没有人会严肃地声称，17—18世纪的荷兰共和国或1707年英格兰和苏格兰的《联合法案》(*Act of Union*)之后的新生大不列颠王国就是诺斯所说的"开放准入秩序"。但许多人都会认同，荷兰共和国和18世纪的大不列颠王国肯定比法国或西班牙等国更接近这样一种秩序。在这两个国家中，强大的立法机构都得到了发展，精英阶层的圈子得以扩大（固然，只是从"极少数"到"少数"而已），行政权力得以被施加了一些限制。在这两个国家中，商人利益集团都有能力针对更广泛的政策问题行使一些发言权。当然，英国国王从未拥有过完全的权力——他们总是不得不让主要的贵族们参与进来，到了近代早期，这个圈子已经扩大到包括主要城市，特别是伦敦最富有的公民，以及农村的大人物。

在工业革命的前夕，英国正逐步从有限准入秩序过渡到开放准入秩序。

有悖常理的是，与法国相比，1688年光荣革命（Glorious Revolution）后更加"自由"（尽管当时这个词还没有这个含义）的英国政府框架，实际上却使国家更加强大。与海峡对岸的对手法国相比，18世纪初的英国政府凭借其议会制衡机制，在许多精英眼中获得了更广泛的政治认同和更多的合法性。其结果是，"自由主义者"英国能够发展出一个远比"绝对主义者"法国更有效、更强大的国家。到18世纪50年代，英国政府可以收取相当于每人109克白银的税款，而法国和西班牙的税款不到50克。

对政府行动的约束有助于精英们对允许国家机器掌握更多的权力感到更加放心——国家机器被反过来用于对付他们的可能性更小。从17世纪50年代起，英国的"财政革命"（fiscal-warfare）得到了发展，由此世界上最强大的海军得以建立，并通过日益复杂的税收制度和体面的借贷来承担海军的开销。英国对外通过赢得战争和殖民地集中权力，对内通过消除内部贸易壁垒，在整个不列颠群岛创造了一个单一的大市场。相比之下，18世纪80年代法国或西班牙的商人在将货物运往全国各地时，仍将面临内部关税费用。这种内部关税边界是当地地主的经济租金的极好来源，但很难有利于推动增长或竞争。

荷兰人和英格兰人（以及后来的英国人）发展起来的国家能力和制度使他们从1500年开始的世界格局重塑中获得的好处远远超过西班牙人或葡萄牙人。而他们也确实获得了好处。从1689年到1815年——所谓的"漫长的18世纪"——英国上升到了世界强国的地位。在这整整126年里，英法之间至少有64年处于战争状态，而且，大多时候，英国是赢家。虽然英国在人口方面与它的对手相比相形见绌，但它在海军事务中保持领先地位的能力加上向大陆盟友支付慷慨的"补贴"的能力被证明是决定性的。借贷和相对轻松地提高税收的能力比最基本的人力更重要。

18世纪末的英国是相对繁荣的，它已经形成了一个运作良好的农业部门，城市化进程也已经开始，而且最重要的是，尽管它还不是一个工业社会，但肯定已经是一个商业社会。当时货币已被广泛使用，且资本主义的基本要素，即财产私有制和大多数工人出售他们的劳动换取现金的需要，都已经存在。对资本主义诞生时间的追溯依然存在争议，但在向工厂和"血汗小作坊"转移之前，它肯定早就存在了。

看起来马尔萨斯的桎梏已经被甩掉了，或者至少是严重松动了，在劳动力愿意比以前工作更多天数和时长的背景下，许多工业革命后的关键时代特征已经开始确立。16世纪以后，劳动力供应的灵活性，以及至关重要的，更高效的政府，使得荷兰和英国——特别是英国——能够从新贸易中获益。

然而，这三百多年的历程只是一个开始。工业革命给已经存在的趋势带来了巨大的推动力，使人均收入真正腾飞，

第2章 英国的"起飞"

英国的实力在未来几十年内呈几何级数增长。在19世纪中期的一个短暂时期，英国可以说是唯一的全球大国，而这种实力是建立在其工业经济的基础上的。

是什么引起了英国"起飞"和向现代增长的过渡，即"发明之发明"，这引起了激烈的争论。对英国从18世纪80年代的商业经济过渡到19世纪30年代的工业经济的各种解释，可以大致归纳为两个相互竞争的思想流派。两者都试图解释，为什么在经历了几十年甚至几个世纪的有限的生产率增长和相当停滞的生产方式之后，这一切在这些关键年份发生了变化——为什么创新突然成为常态？

对一些人来说，关键的驱动力是文化和思想。从16世纪和17世纪开始在整个欧洲发展的启蒙运动（Enlightenment）和随后的"文人共和国"[①]为现代经济增长拉开了关键序幕。在印刷术和分裂的政治制度（与中国相比）的帮助下，反叛者甚至是"异端"的思想家们找到了一个可以继续写作的庇护所，科学和理性得以在欧洲蓬勃发展。

[①] 文人共和国（Republic of Letters）是欧洲和美洲在17世纪末和18世纪后期的一个以通信方式组成的学者和文学界人士社区，促进了启蒙运动时代的知识分子或法国所谓的思想家之间的交流。——译者注

近代早期的欧洲在思想家、科学家和哲学家争夺君主和商人的赞助时创造了一个遍及整个大陆的思想市场，有助于学习、科学和实验文化的扎根。也许有一万名欧洲知识分子属于这个跨国网络，在这个网络中，成就和成功是以原创性和通过实际实验支持理论主张的能力来衡量的。围绕伊拉斯谟（Erasmus）、弗朗西斯·培根和艾萨克·牛顿的思想而发展起来的机构见证了现代大学的建立和学术界的标准程序，如对证据发展的诉求。正是在这种背景下，在1500年明显落后于中国、印度或伊斯兰世界的欧洲科学，到1800年取得了跨越式的发展。

再加上荷兰或英格兰的商业文化创造了一种氛围，在那里，赚钱不再被视为令人厌恶的事情，实际上反而是值得欣然接受的事情，有时甚至是美德，在这种氛围中，创新的腾飞只是时间问题。重视学习和独创性的文化，加上通过它而获得收入的潜力，可能是创造性突然增加的必要因素。

一个更加唯物主义的学派更强调从传统经济角度而不是文化的发展来看待激励措施和成本结构。18世纪80年代的英国具有历史上不寻常的综合特征：与邻国相比，相对较高的工资；易于获得的廉价能源（包括煤田和水力），低廉的借贷和资本成本（英国金融制度发展的结果）以及一个没有内部壁垒的大市场。

17世纪末的早期突破很难说是"科学",它们是有待解决的更直接的工程问题,而解决这些问题并不需要先进的知识,而是需要时间和资金。

唯物主义者认为,工业革命早期的许多关键发明都偏向于用资本(机器)代替劳动来生产商品。对于那些面临高额工资账单但资金成本低廉(和能源成本低廉)情况的企业家来说,任何使用更多资本和更多能源,同时减少劳动力成本的方法都是有意义的。这种成本组合仅存在于英国。这是一种"诱导创新"①的理论,认为工业革命的发生仅仅是因为有适当的激励机制。无论是珍妮纺纱机还是水力纺纱机——棉花生产的关键突破之所以出现,并非因为一些可以追溯到伊拉斯谟的深刻科学思想,而只是因为棉花制造商希望有一种方法可以更廉价地制造棉花,并且他们有钱为实验提供资金。

人们可以认为文化和思想推动了新发明的供应来调和这两种相互竞争的思维方式,但正是英国的物质条件和激励措

---

① 诱导创新(Induced innovation)是约翰·希克斯(John Hicks)于1932年在其著作《工资理论》(*The Theory of Wages*)中首次提出的微观经济学假说。他提出:"生产要素相对价格的改变本身就是发明的动力,也是特定种类发明的动力,旨在节省使用相对昂贵的生产要素的成本。"——译者注

施推动了对这些发明的需求。真正毋庸置疑的是，过往的情况很重要：黑死病后人均收入的增加、婚姻和生育模式、英国政府的实力及其在 17 世纪和 18 世纪全球商业中的作用。

历史学家们还将在未来几个世纪里继续争论是什么导致了工业革命，但很可能永远都不会有一个唯一的答案。不过，归根结底，真正重要的是，革命发生了，而且就发生在它所发生的地方。英国首先改变了，然后世界改变了。人们仍然可以感受到它的影响。

第 3 章 繁荣、萧条与新工人阶级

从19世纪初到1851年万国工业博览会（Great Exhibition）期间，英国的经济和社会结构经历了一场前所未有的变化。根据1801年《联合法案》成立的大不列颠及爱尔兰联合王国拥有约1 600万人口。从马尔萨斯的桎梏中解脱出来后（至少在爱尔兰之外），到19世纪中期，英国人口激增到2 700多万。人口不只是增加了，而且发生了根本性的变化。人们住在不同的地方从事着不同的工作。在1801年，只有大约三分之一的人口是城市化的，但到了1851年，超过一半的人口居住在人口超过2 500人的城镇或城市。1801年，三分之一的工人直接受雇于农业，但到了1851年，这一比例下降到只有五分之一。从事工业和采矿业的比例从不到30%上升到40%以上。

棉花是早期工业革命的封面明星，是经历了第一次快速转型的行业。从18世纪末开始，新技术和现代机械的应用从根本上改变了棉纺和织造工艺。纺织品制造从一个在家里完成的熟练工作转变为在工厂里进行的工业流程。1800年，英国棉布出口量约为每年1.5亿码（1码≈0.9144米），但在接下来的50年里，出口量惊人地增长到原来的1 000%，达到15亿码。金属加工推动了工业化的第二个阶段的发展。

第3章 繁荣、萧条与新工人阶级

新的冶金工艺和在与法国的长期战争中对更多大炮的需求，使铁的产量在这50年里增加了1 000%。煤炭产量从每年1 100万吨跃升至5 000多万吨。蒸汽动力逐渐被应用到新的经济部门中。一个又一个行业受到了"发明之发明"的影响，产量急剧上升。

现代的研究表明，1851年英国经济的总规模大约是50年前的2.5倍。与之前的任何情况相比，这都是惊人的增长。但这一进展远非一帆风顺的，事实上，它也绝对不是一帆风顺的。

工业革命标志着现代经济的诞生，从经济的连续性突然转变为经济的变化。19世纪初至中期，英国是一个正在向类似现代宏观经济过渡的国家，但缺少任何用于稳定现代宏观经济的工具。

如今，政治家和政策制定者以或多或少需加管理的态度看待商业周期。英格兰银行可以通过调整利率，财政部可以通过调整税收和支出来影响经济需求。一个看起来有过热危险的经济可以被人为降温，而当支出压力较弱时，降低借贷成本或降低税收可以让经济有起色。但这些工具并不是精确的，在实践中使用它们要比理论上困难得多。毕竟经济衰退还是会发生。但19世纪的商业周期波动更大。今天为政策制定提供依据的现代宏观经济思维在当时根本不存在。在过去的50年里，英国经历了6次经济衰退；而在19世纪的前50年里，英国经历了14次。

由于经济的很大一部分仍然是农业，作物歉收和自然枯病仍然有可能对整个经济产生影响。但是在沿袭传统的同时，也出现了现代事物。工业革命的第一阶段以一系列典型的过度投资热潮和紧随其后同样典型的萧条为标志。新技术和新的生产技术为其所有者提供了潜在的巨大财富，许多人都热衷于从中分一杯羹。

以铁路为例。利物浦至曼彻斯特线路于1830年开通，将这个伟大的棉花繁荣镇与伟大的棉花出口港连接起来。这是第一条公认的现代铁路线，完全使用蒸汽作为动力，不允许马车驶入，全程双轨，并有一个现代化的时间表。它由蒸汽动力先驱乔治·斯蒂芬森（George Stephenson）设计和指导建造，从一开始就赢利了。它也是第一条导致死亡事故的铁路，当时利物浦议员威廉·赫斯基森[1]在开幕式上误入一条火车迎面而来的轨道。

---

[1] 威廉·赫斯基森（William Huskisson，1770—1830）是一位英国政客，曾担任包括利物浦在内的多个地区的国会议员以及下议院领袖。此外他因被乔治·斯蒂芬森发明的火箭号火车碾过而死，成了世界上第一位广受报道的铁路事故遇难者。——译者注

尽管有这个不幸的开端，铁路公司的股票还是成了19世纪40年代的"新兴网络股"。这是一项全新的技术，为经济和人们的生活提供了真正转型的希望。

自18世纪初著名的南海泡沫事件①以来，英国的政治家和更广泛的精英人士一直对投机狂热保持警惕。在该案中，一家极度腐败的公司在其真实价值上误导了公众，并参与了赤裸裸的贿赂和欺诈，使其股价上涨了1 000%以上，吸引了其他害怕错过惊人回报的投资者。当股价暴跌时，许多人破产了。艾萨克·牛顿爵士是受害者之一，他事后评论说："我可以计算出天体运行的轨迹，却无法计算出人类内心的疯狂。"

1720年的《泡沫法令》(*Bubble Act*)基本上禁止公司拥有5个以上的股东。1825年该法案的废除是通往现代金融资本主义道路上的一个重要踏脚石。有限责任公司得以成立，有自己的法律身份，可以以自己的名义借款，是当代世界的一种核心机构。

由于摆脱了以前的限制，那些有储蓄的人热衷于将储蓄

---

① 南海泡沫事件（South Sea Bubble）是英国在1720年发生的经济泡沫，与同年的密西西比泡沫事件及1637年的郁金香狂热并称欧洲早期"三大经济泡沫"。"经济泡沫"一语即源于南海泡沫事件。——译者注

投入新的铁路公司中,而报纸的发展为推广这种股份计划提供了一个便捷的途径。修建铁路意味着既要筹集现金,又要让议会通过法案,批准拟议的路线。由于国会议员往往是相关公司的投资者,因此很少有法案不通过。在19世纪40年代末的所谓铁路狂热中,短短三年内就有442项铁路法案被写入法规。虽然严格意义上来说,国会议员不应该考虑他们自己有既得利益的铁路法案的优点,但在公司的积极游说下,存在着大量的"互帮互助,互利共赢"的把戏。正如一位当时的内阁大臣所说,"我看到了强大的公司积极拉拢的结果……(议会)成员中很少有人读过一个字的证据……他们预先准备好按照问题的是非曲直之外的其他考虑进行投票"。

19世纪30年代和40年代的铁路繁荣,以及更早的18世纪90年代的运河繁荣,都采取了类似的形式:最初的高回报承诺吸引了投资者,并从建设真正有用和有利的经济基础设施开始。但随着更多的资金涌入以寻求这些高额回报,着手开展的项目要么根本无利可图,要么更糟糕的是,根据现有的工程技术,实际上是无法完成的。这导致突然的萧条,投资者失去了他们的现金,经济活动因建筑工程的突然停止而放缓。

这种由农业发展、外贸进程和投资周期驱动的繁荣-萧条模式,在工业革命后英国的头几十年留下了烙印。在经济周期波动的背后,是结构性的转变。生产率的潜在增长已经开始渗入整个经济，这意味着总体增长趋势是向上的。尽管这一上升过程中存在着突然的逆转，但前进的方向是明确的。

这些都不应该被理解为19世纪的头几十年对大多数人来说是一个令人愉快的生存时期。

在1801年至1851年期间，英国的人均国民收入或人均国内生产总值增长了近50%，从《联合法案》颁布时的每人每年约1 700英镑（按现代货币计算），到万国博览会时每人每年约2 500英镑。理论上，普通的英国人可以每周吃几次肉，并享受偶尔几次的酒吧之行，而不用靠蔬菜和面包维持生计。他们甚至可以为特殊场合准备一些从商店购买的衣服而不是自制的衣服。但是，尽管人均国民收入是衡量经济发展的最好的跨国和跨时间的标准，但它并不总是能反映出全貌。

在19世纪上半叶，国民收入可能一直在增加，但它的分配仍然是极度不公平的。工业革命创造了巨大的财富，但这只适用于工厂主而不是工厂工人。

工业革命中的不平等经济史与工业革命的政治史是密不可分的。当时的政治和现在一样，是由经济和政治因素的相互作用形成的。正如工业革命重构了英国的经济一样，它也重构了英国的政治。

正如上一章所讨论的，到19世纪之交，英国已经从一个由中世纪暴力专家的后裔主导的完全封闭的准入秩序，朝着较为开放的准入秩序迈进了一小步，在这个秩序中，可以听到稍微广泛一些的商业精英和农村精英的声音。这种秩序反映了当时的经济结构。

根据现代研究的估计，在1688年，在确立了未来一个半世纪的宪法秩序的光荣革命的前夕，地主精英占所有英国家庭的1.8%左右，马克思所说的资产阶级占所有家庭的3.4%左右。这个地主阶级加上有限的一部分资产阶级组成了统治精英阶层：有地主家庭——包括贵族和地位较低的乡绅——以及城镇中少数享有特权的律师、商人和银行家。这些人主导了英国几个世纪的公共生活。从现代早期直到现在，像塞西尔（Cecils）和罗素（Russells）这样的家族在英国历史上一再出现。他们要么拥有大片农业用地，要么拥有伦敦的优质房地产，或者两者兼有，他们在伦敦附近的乡间别墅往往有效地充当了政府所在地的角色。

思考经济增长的成果如何被瓜分的一个有用概念是要素份额[①]（factor shares）。国民总收入中有多少是流回各个生产要素，即土地、资本和劳动力？以一家每年有100万英镑产出的工厂为例：如果工厂主每年总共支付给工人60万英镑，

[①] 在宏观经济学中，要素份额是赋予生产要素的生产份额，这个概念使用的方法适合新古典经济学的框架。——译者注

场地租金是 10 万英镑，那么就剩下 30 万英镑的利润。如果这个工厂是经济的全部，那么要素份额将是土地占 10%，劳动力占 60%，资本占 30%。

1688 年，英国国民收入的 24% 以租金的形式流回土地，其中大部分最终落入了 1.8%（这个词没有 "1%" 那么好听，但更准确）的地主家庭的口袋。另有 18.8% 的国民收入被资本拿走了，其中大部分也是由地主家庭拥有的，但也有一部分在资产阶级手中。国民收入的很大一部分流向了一个非常小的家庭圈子。

不过，快进到 1846 年，英国经济结构已经发生了根本性的变化。新产业的增长改变了国内生产总值的构成的来源，要素份额也随之改变。现在土地只占国民收入的 10.2%，而资本占 33%。致富之路不在偌大的农村地产之中，而在越来越多地在改变英国面貌的新的作坊、工厂、矿场和铁路线之中。就人口结构而言，地主精英已经滑落到总人口的 1.3%，而资产阶级家庭占人口的 8.6%。随着中产阶级的增长，流向劳动力的份额相对稳定，但在更小比例的人口之间进行分配。

经济形态的变化以重要的方式改变了英国阶级结构的形态。与其他人口相比，地主精英们仍然富得流油，但他们的地位已远不如前几个世纪那样具有支配性。新的资产阶级，即不断增长的城镇中产阶级，在国民收入中占的份额比以前大得多，而且人数也在增加。同时，城市化和工业发展正在创造一个新的产业工人（industrial workers）阶级，他们聚集在工作地点附近，从资本所有者那里赚取工资。

从根本上说，英国19世纪的大部分政治历史是这三个政治经济利益集团之间的相互作用。宪法秩序在1215年英国签署《大宪章》（*Magna Carta*）后的600多年里逐渐发展，并在1688年光荣革命后变得更加正式，但突然间发生了迅速的变化。这一过程反映了经济的发展，而经济的发展又是几百年的逐步演变后结构变化的过程。

旧地主乡绅阶级和新中产阶级之间的断层是下一章的主题。本章的其余部分关注的是新工人阶级和其他几乎所有人之间的分歧。

与英国的经济革命同时进行的是法国的政治革命。法国大革命及其遗产将在英国自身的政治转型中发挥重要作用。英吉利海峡对岸所发生的事件在最初阶段赢得了部分英国精英的支持，但对大多数精英阶层的英国观察家来说，关于一个不那么专制、更加开放的法国的早期愿景很快就被对君主的处决和恐怖时期①淹没了。虽然写于革命后约60年的

---

① 恐怖时期（Reign of Terror）是法国大革命一段充满暴力的时期，国王路易十六等人都在"国家剃刀"下失去了生命。——译者注

第3章 繁荣、萧条与新工人阶级

1859 年，狄更斯的《双城记》(*A Tale of Two Cities*) 仍然不失为 19 世纪早期许多英国人看待该事件的指南。乔治·奥威尔（George Orwell）在 20 世纪中期的著作中对狄更斯的描写提出了异议，指责他夸大了恐怖时期的规模和影响。他写道："时至今日，对于普通英国民众来说，法国大革命的意义不外乎堆成金字塔形状的血淋淋的头颅。"当然，重要的是，头颅金字塔往往会在某人的脑海中留下深刻印象，特别是当此人是一个大地主，而被砍掉的头颅属于他的贵族同胞时。

在爱尔兰以外的地区，英国从未发生过那种声势浩大的暴力革命，但对革命的恐惧使精英们夜不能寐，这种情况一直持续到 19 世纪 40 年代。每一次带来失业率上升、生活水平下降、农村或城市动荡的重大经济衰退，都被视为可能是更广泛的暴力的预兆。

在英国早期工业增长的停止 - 启动环境中，这种衰退很常见。失业率随着周期性放缓和经济衰退而激增的情况比过去要频繁得多，而被称为《济贫法》(*Poor Laws*) 的（刚刚起步的）福利制度也未能成功应对。这一制度在伊丽莎白一世统治时期被编入法典，规定教区对其"贫民"负责。当地的济贫法监督员（Poor Law overseers）被视作判断一个人是否值得援助的最佳人选。但随着人口向新的城市迁移，失业的阵痛越来越普遍，事实证明，这一制度是完全不够的。一个农村教区也许能够拉拢当地的乡绅，在庄稼歉收时提供一些救济；而在城市环境中，由于人口规模更多、流动性更强，这种制度就不适用了。失业常常意味着没有饭吃。19世纪前20年和19世纪30年代的经济衰退期出现了严重的动荡。

最著名的工人骚乱事件与卢德将军（General Ludd）有关。内德·卢德（Ned Ludd）可能真的存在，也可能不存在，但据说他是一名织布学徒，为了报复主人的殴打，他怒砸了自己的织布机。随着棉花产业的机械化，许多技术娴熟的织工发现，他们的专业工匠技能因机械工艺的引入而贬值。在诺丁汉郡（Nottinghamshire）、德比郡（Derbyshire）和约克郡（Yorkshire）等地区，许多人的反应是捣毁新机器，以保全他们自己的生计和现有的生活方式。

现代经济理论也许会认为这些担心是多余的，并向愤怒地破坏机器的人群解释，从长远来看，事情会好起来。卢德主义者担心能够完成许多人的工作的新机器会导致整体工作岗位的减少，这种担心在经济史上一次又一次地出现了。19世纪初棉织工人的恐惧与20世纪末产业工人看到机器人出现在工厂生产线上的恐惧，以及今天许多白领工人对人工智能增长潜力的看法并无本质区别。

第3章 繁荣、萧条与新工人阶级

任何节省劳动力的新技术的引进都有两种经济影响：替代效应（displacement effect）和补偿效应（compensation effect）。替代效应是一个容易让人紧张的问题，也是一个简单的事实，任何体面的节省劳动力的技术同时都节省了一些工人。

但是，从长远来看，补偿效应更为重要。因为现在生产相同的总产出需要的工人更少，每个工人的个人生产率将有所提高。因此，如果一个工厂每天用10个工人生产50个部件（部件总是最常用的经济例子，没有人知道它们实际上是什么），那么每个工人每天的产出（以部件计）可以被认为是5个。如果一项新技术能在工人数量减少一半的情况下使部件的生产维持相同水平，那么每个工人的产出（或生产率）将加倍。

由于每个工人现在都有更高的生产率，工厂主应该能够支付给他们更多的钱，他们的薪酬水平应该有所提升。发现自己有了更高的收入，被留用的工人可以出去把他们的现金花在其他产品和服务上，从而在创造需求的同时创造新的就业机会。因此，尽管一些工人被新技术所取代，但经济作为一个整体创造了新的就业来源。换句话说，机器实际上并没有偷走任何人的工作。或者说，它们有时候这样做了，但它们也间接带来了新的工作机会。

061

这一切在理论上听起来很好，但在现实中却很混乱。劳动力市场的相互作用很少是工整描绘的图表上供给线和需求线之间不流血的相互关系。如果真的有一个经济学家愿意向一个挥舞着火把并准备捣毁一些织布机的暴徒解释替代效应和补偿效应，那他确实是一个勇敢的经济学家。

至少到目前为止，标准理论在长期内是正确的。迄今人类还未曾发明出一种新的技术减少了整体的就业，但在短期内可以持续很长一段时间，甚至是一代人的时间。而对于19世纪初被机器取代的织布工人来说，"这一切最终都会解决"的事实也只是冷酷的安慰之词。

至关重要的是，这一理论依赖于这样一种念头：留用工人的更高生产率将意味着他们会得到某种程度的加薪。但他们可能会，也可能不会。在19世纪初，他们几乎肯定没有得到加薪。

在1780年至1840年间，英国工人的人均产出增加了46%，但实际工资（即根据价格变化调整的工资）只增加了12%。换句话说，经济结构可能正在发生变化，但流向一般劳动力的好处却实在少得可怜。

对这一趋势最敏锐的观察者之一是一位被派去帮助管理公司在曼彻斯特的业务的德国商人的儿子；他的名字叫弗里德里希·恩格斯（Friedrich Engels）。年轻的恩格斯一直在

第3章 繁荣、萧条与新工人阶级

表达越来越激进的政治信仰,他的父母希望让他忙碌起来,让他沉浸在家族企业的运作中,这将有助于将青春期的叛逆从他的身上剔除。如果这是他们的意图,那么结果就是事与愿违,出人意料。如果说有什么事情可能会使这位反资本主义者更加激进,那就是把他送去迅速扩张且颇为肮脏的新城市化的工业资本主义中心生活。

恩格斯的《英国工人阶级状况》(*The Condition of the Working Classes in England*)于1845年出版,尽管英文版本的出现已经是40多年以后了。这是一部经过深入研究的作品,里面有大量的统计数据,它认为新的产业工人在物质上比工业化前的同龄人要差。尤其是新城镇和新城市的成人和儿童的死亡率都同样地显著高于农村。

有些人把那个时代称为"恩格斯的停顿"(Engels' pause),在这60年里,工人的人均生产率和人均产出的增量与实际工资的增量是不匹配的。虽然一些现代历史学家认为,工人的福利在19世纪20年代和30年代逐渐上升,但大量的骚乱表明,恩格斯说到点上了。与其他19世纪早期到中期的评论相比,他并非什么论战的异端。早在1804年,威廉·布莱克的《耶路撒冷》(*Jerusalem*)就已经提到了"那些血汗小作坊"。

对于新工业劳动力中的许多人来说,在这些作坊中工作，无论是否是"血汗"的，都与他们以前的工作生活有很大不同。工人们以前可以自己设定工作时间，按照自己的节奏工作，并随时选择休息日，但搬到更大的工作场所后，这种情况就改变了。马克思引用一位棉纺厂主的话说："一个农业劳工放下自己的铁锹，他就使一笔 18 便士的资本在这个时期内变成无用的东西。我们的人（即工厂工人）有一个离开工厂，他就使一笔值 10 万英镑的资本变成无用的东西。"工厂的工作意味着工厂的纪律。工作时间和行为都有规定，处罚措施从罚款或解雇到偶尔的体罚不等。到 19 世纪 40 年代，每周工作时间约为 65 小时。

18 世纪末至 19 世纪初，工作的儿童人数激增，部分原因是工厂的一些新工作需要较小的手，部分原因是普遍缩水的实际工资迫使家庭在孩子很小的时候就送他们出去工作以维持生计。在英国，儿童工作不是什么新鲜事，但这种工作的性质发生了变化。以前，儿童通常会和父母一起工作，而他们现在不怎么会这样做了。儿童开始工作的平均年龄从 11 岁左右下降到接近 8 岁。1819 年，一项仅适用于棉纺厂的《工厂法》（*Factory Act*）禁止工厂雇用 9 岁以下儿童工作，并规定 9 岁至 16 岁的儿童每天工作时间不得超过 12 小时。由于该法案没有授权任何检查人员核实遵守情况，它往往是一纸空文。直到 19 世纪 50 年代和 60 年代，更有意义的立

第3章　繁荣、萧条与新工人阶级

法才真正具备了执行这些规则的能力。

新的工业城市将工人们打包塞进通常是粗制滥造的简陋住所中。由于缺乏卫生设施，霍乱的频繁暴发是早期的后果之一。到19世纪30年代和40年代，当局才开始更认真地对待公共卫生。1832年的《霍乱预防法》(*Cholera Act*)和1848年的《公共卫生法》(*Public Health Act*)是对半个世纪以来城市发展的迟来的回应。

这是19世纪前20年的卢德主义者捣毁机器运动以及1830年农业工人试图破坏新脱粒机的"斯温暴动"(Swing Riots)的背景。两者的起因都不完全是——甚至都不主要是——对新机器会破坏就业的恐惧。这两者都是基于这样一个现实：经济正在迅速变化，工资却普遍停滞不前，新城市的生活条件无疑很恶劣，而工人阶级似乎并没有什么可以补救的办法。

任何关于经济或政治改革的诉求，无论在现代人听来多么温和，都被视为可能爆发革命的雅各宾派的潜在阴谋。

一个典型的例子发生在1819年8月。19世纪的第二个10年末期对于英国经济，特别是对于产业工人来说是一个艰难的时期。1815年拿破仑战争结束后，英国武装部队的规模急剧缩小。与此同时，在现在印度尼西亚的位置，坦博拉火山发生了一次大爆发，喷出的火山灰足以彻底改变整个

065

地球的天气模式。1816年被称为"没有夏天的一年",强降雨导致英国和欧洲的作物歉收。到1819年,英国失业率飙升至10%以上,而周薪的购买力在1815年至1819年间下降了9%。

聚集在曼彻斯特附近如今的圣彼得广场所在地(St Peter's Fields)听亨利·亨特(Henry Hunt)抨击这个时代的不公正现象的人群有很多不满。地方治安官命令这个(和平的)集会解散,然后,在一个有点混乱的转折点上,当地的义勇骑兵①骑马冲入人群,随后作为正规军的骠骑兵(Hussars)拔出了马刀,18人被杀。《曼彻斯特观察家报》(*Manchester Observer*)创造了"彼得卢"(Peterloo)这个词,将该地点与滑铁卢(Waterloo)的记忆结合起来②,以描述这场屠杀。

对杀戮的愤慨使抗议活动在英国北部和中部地区蔓延开来,而政府的回应是通过所谓的六项法案(Six Acts)来钳制公共自由,审查激进的报纸并禁止大型公开集会。工业革

---

① 义勇骑兵(Yeomanry Cavalry),是最早自18世纪末法国大革命战争期间以来英国在为防备敌人登陆入侵而设立的一种带有驻屯性质的预备役辅助骑兵,编入英国志愿军中。——译者注
② 镇压这次集会的军队中有部分士兵曾参加过4年前的滑铁卢战役。——译者注

命不是没流过血的。

劳动力市场内的相互关系往往回到了权力的问题上，在19世纪初期至中期，权力是被雇主而非雇员牢牢掌握的。工人试图自主组织起来为提高工资进行谈判，却遭到了激烈的抵制。1799年和1800年的《结社法》(Combination Acts)明确规定工会为非法组织，人们担心工人组织会成为革命的先兆。

1824年，法律有所放开，只要工会把自己限制在为提高工资和改善工作条件进行谈判的范围内且不涉及更广泛的政治问题，就可以合法化。但是，即使采用这种更自由的方式，也不意味着工人阶级组织者的生活会更轻松。1833年，来自多塞特郡（Dorset）托尔普德尔（Tolpuddle）的六名农业劳工成立了一个互助会，以抵制削减工资。根据模棱两可的《非法宣誓法》(Unlawful Oaths Act)，他们因相互之间的秘密宣誓而被定罪，被判处发配到澳大利亚。不过，在19世纪30年代稍显平静的气氛中，这一步迈得过大了。在公众和政治界的强烈抗议下，所谓的托尔普德尔蒙难者的判决被撤销，并被送回英国。

19世纪30年代，人们可能已经对工会采取了更加自由的看法，但对许多更贫穷的工人来说，《济贫法》的改革是一个更紧迫的问题。如前所述，旧的伊丽莎白一世时期制度正在艰难应对经济变化、人口数据增长和人口流动的问题。在18世纪80年代末到19世纪30年代初之间，管理该制度的费用翻了一番。

在马尔萨斯原则——对穷人过于慷慨只会产生更多的穷人的观念——以及大卫·李嘉图[①]等早期政治经济学家工作的指导下，1834年的《济贫法修正案》(*Poor Law Amendment Act*)对这一制度进行了改革。新的《济贫法》是基于牛津大学第一位政治经济学教授撰写的报告而制定的。一位当今的经济史学家将其描述为"所有福利改革之母"。

在旧制度下，任何需要援助的人都可以向当地的济贫监督员寻求帮助。19世纪30年代最前沿的经济思想认为这种制度是灾难性的——它提高了穷人的生育率，产生了更多的穷人；它不鼓励人们寻找工作；它鼓励人们留在原地而不是搬家找工作，从而损害了劳动力的流动性。新制度的指导原则仍然是为所谓的贫民提供援助，但要使这种援助尽可能没那么舒服。因此，贫民习艺所（workhouse）应运而生了。那些别无选择的人可以进入这样的机构，在那里他们将受到

---

① 大卫·李嘉图（David Ricardo，1772—1823），英国政治经济学家，对经济学作出了系统的贡献，被认为是最有影响力的古典经济学家，著有《政治经济学及赋税原理》。——译者注

严格的纪律约束（包括与家庭成员分离），并忍受数小时基本上毫无意义的工作，如碎石，以换取微薄的食物和睡觉的地方。

这就是恩格斯和马克思在撰写《共产党宣言》(Communist Manifesto) 时所观察到的英国。第一个工业国家看起来像是未来的愿景，但他们的科学社会主义研究中的缜密分析的 30 年数据表明，工人正处于失败之中。资本主义似乎意味着大多数人的悲惨境遇和资本家的利润增长。在这样的背景下，政治革命似乎是经济革命不可避免的结果。资本家将继续吞噬生产率增长带来的收益，并将工人的生活水平推到崩溃边缘，最终必然会有一些事情要发生。

有些事情确实发生了，但不是以人们预期的方式。正如马尔萨斯在他所描述的世界发生变化时写下了关于人口增长动态的伟大著作一样，马克思和恩格斯也是在经济关系开始转变时提笔写下的《共产党宣言》。

"恩格斯的停顿"在 19 世纪 40 年代结束。从 1840 年到 1900 年，英国工人的人均产出增加了 90%，实际工资增加了 123%；过去 40 多年来生产率上升但工资停滞的关系被打破。工业资本主义接下来的 50 多年，对工人来说将是一个非常不同的时代。

第4章 资本、土地和英国政治的重塑

经济变化常常推动政治发展。在一个现代民主国家，经济衰退和失业率上升或高通货膨胀常常导致政府被投票赶下台。正如竞选策略师经常指出的那样，"笨蛋，问题在于经济"[①]。19世纪上半叶，英国进行了广泛的宪政转型：进一步降低君主的作用，减弱旧的农业精英曾经对权力的严格控制，提升新的中产阶级的政治影响力，以及（非常缓慢）地扩张民主和投票权。有时，人们倾向于认为这一过程是不可避免的，即所谓的辉格党人的历史观是逐渐走向现代、自由、民主的政府形式。另一种看问题的方式是通过经济视角。从这个角度看，这一时期的改革并不是由进步的历史力量推动的，而是对经济结构本身如何被工业化重塑的一种反应。笨蛋，问题在于政治经济。

在19世纪的头几十年里，新富裕起来的、不断增长的城市中产阶级对老一辈的、根深蒂固的贵族和地主精英的地

---

① 在1992年与老布什竞选总统时，克林顿的助选人员詹姆斯·卡维尔（James Carville）将"笨蛋，问题在于经济！"（It's the economy, stupid）用作标语来暗示美国当时在老布什领导下陷入严重衰退。——译者注

第4章 资本、土地和英国政治的重塑

位构成了挑战。就诺斯的框架而言，英国进一步走向开放准入秩序，但步履缓慢。在这场长达数十年的斗争中，关键的爆发点出现在《1832年改革法案》(*Great Reform Act of 1832*)的通过，以及1846年《谷物法》(*Corn Laws*)的废除。从政治经济学的角度来理解这两件事是最合适的。

在1832年之前的600多年里，英国宪法的发展以维持利益平衡为基础，而要平衡的利益方是王室、贵族和平民。这里的"平民"不是指"全体人民"，而是指在社会中拥有"利益"的一小部分人：财产所有者。

到了14世纪70年代，议会制度已经形成，上议院和下议院分开开会，下议院有自己的发言人。著名的繁荣城镇，即自治市镇(boroughs)，有权从其有产阶级中选出（通常）两名议员，而且每当君主需要现金时（这通常意味着他们在打仗），就会召集议会开会。政治经济解决方案的基本原理是，君主和传统地主掌握着大部分权力，当君主想增加额外的税收时，需要得到一些最富有的平民的同意。

这种权力划分在一个极少数人控制着大部分土地、而土地是财富的主要驱动力，因此一个非常有特权的精英阶层拥有不成比例的权力的世界里是可持续的。经济的重塑，以及随之而来的生产要素份额的重塑，使这种古老的平衡受到质疑。

几个世纪以来，在英格兰和后来的英国，君主的权力一直在被削弱。1649 年查理一世被处决，1688 年光荣革命中詹姆斯二世的统治被推翻，这两件事都很好地指明了前进的方向。然而，君主确实仍拥有权力；当时的政府在很大程度上是"国王的政府"。事实上，在 1837 年之前，君主去世后总是会立即举行大选。国王威廉四世（1830 年至 1837 年在位）仍然觉得可以罢免首相并任命新的首相。维多利亚女王对政府实际工作的干预比任何现代统治者试图做的都要积极得多。但与 17 世纪相比，事情已经发生了很大的变化。真正的权力现在掌握在议会手中，虽然君主在理论上可以拒绝对一项法案给予御准，但自 18 世纪初以来，这种情况从来没有发生过。

19 世纪 30 年代的上议院是一个比今天更排外的俱乐部。它有大约 250 名有投票权的成员。它主要由中世纪大亨的后代组成，其成员经常明目张胆地表示要代表"地主利益"。当然，平民也有可能被封为贵族并加入其行列，但这很可能是在为政府或军队服务之后（想想威灵顿和纳尔逊吧），而不是通过在工业或商业方面取得成功。打胜仗可以让人获得贵族身份，而拥有大量工厂不能。

内阁仍然主要从上议院中产生，在 19 世纪初，三分之二到四分之三的政府部长们都是贵族。

第4章 资本、土地和英国政治的重塑

改革前的下议院是一头怪兽。每个郡（county）选举两名国会议员，此外，多年来，一些自治市镇被授予皇家特许状，使其有权选举自己的议员进入下议院。赋予自治市镇选举权的意义在于，确保那些在君主需要时被要求提供大量财政捐助的城镇在议会中有代表。但是，这是一个很大的问题，一旦一个自治市镇被赋予了选举国会议员的权利，它就永远不会失去这个权利。而自17世纪末以来，就没有再签发过新的授权。到1832年，局面一片混乱。

下议院由176名代表各郡的议员、5名来自大学的议员（这种状况一直持续到1950年）和467名来自各自治市镇的议员组成。实际的选举权因席位而异。因此，在英国的郡，每个拥有40先令财产（即年租金价值为2英镑的房屋或土地，在1832年，这意味着中等规模的城市住宅或大量的乡间农场，而不是小规模的农田）的自由地产保有人（freeholder）都有投票权，但这排除了绝大多数人口，他们是租户而不是房东。最终的结果是，几乎所有的郡级席位都由地主乡绅或上议院议员的亲属掌控。在许多郡，只是在大地主之间达成一致商定任命谁，真正的竞选很少。例如，诺丁汉郡在1832年之前的一个世纪里没有实际的选举。事实上，在任何特定的投票中，通常只有约30%的席位存在竞争。

各自治市镇的选举权各不相同，相对民主的"有室自炊人自治市镇"（householder boroughs）基本上所有未领取贫困救济金的男性户主都有投票权，"特产投票人自治市镇"（burgage boroughs）只有某些规定的财产的所有者才拥有这种权利。

18世纪末和19世纪初，英国经济所经历的转型完全没有反映在席位分配上。因此，曼彻斯特和伯明翰的人口分别约为18万和14万，却没有选出任何议员。与此同时，老萨勒姆（Old Sarum），一片离索尔兹伯里（Salisbury）两英里（1英里≈1.609千米）的荒凉山地，那里曾经是一个定居点，但早已被废弃，尽管没有永久居民，但仍然选出了两名议员。11名当地的财产所有者组成了其选民。邓尼奇（Dunwich）曾经是伊普斯威奇（Ipswich）北部的一个繁荣的集镇，到19世纪30年代，它的大部分土地，都沉入大海了，就是字面意义上的意思。这个也选举出了两名国会议员的"小镇"，有人口232人，房子44座和教堂"半座"。

议会席位的分配没有跟上国家人口结构的变化的事实并不令人惊讶，因为这种变化十分迅速，许多制度很快变得落伍。例如，在1800年，英格兰国教会（Church of England）在农业发达的诺福克郡（Norfolk）保留了700个教区，但在快速工业化的兰开夏郡（Lancashire）只有70个。

在 19 世纪 70 年代之前，英国是没有秘密投票制度的，公开投票加上极少的选民，造成了可预见的不公平选举。公然的贿赂和恐吓都发挥了作用。选民人数少的自治市镇通常被认为是"袖珍选区"或"腐败选区"，只要价钱合适就可以控制。"旧腐败"（The Old Corruption）是对这种普遍制度的称呼，在这种制度下，选票和席位被买卖，政府职位和闲职被赠予以作为支持的回报。

赤裸裸的贿赂制度造成了一些有趣的事情。以托马斯·科克伦（Thomas Cochrane）为例，他后来成了皇家海军上将。1806 年，他参加了德文郡（Devon）霍尼顿（Honiton）的补选，并在补选中失利，事后他向支持他的 124 名选民每人支付了 10 几尼[①]，作为对他们忠诚的奖励。这当然会让人期待，任何投票给慷慨的科克伦先生的人都会在未来得到丰厚的回报。在随后的大选中，仅仅 4 个月后，他就大获全胜，只是他的钱包却捂得紧紧的。

新的工业化城镇的发展和人口的流动意味着，到 1832 年，英国的民主程度不如 1640 年英国内战前夕。1831 年，大多有 3.2% 的人口拥有投票权，比 1715 年的 5.2% 有所下降。

[①] 几尼（guineas）是英国在1663年至1813年所发行的货币，1几尼=1.05英镑。——译者注

在现代人看来，过去只要能被称为政党制度的政党制度，都是不发达的。许多国会议员以独立人士身份参加会议，或宣称不属于任何党派。但党派身份不是固定的，主要的政治家们在其职业生涯的不同时期往往在辉格党和托利党内阁都任职过。一般说来，托利党支持捍卫关于土地的旧制度——君主制、英国国教和乡绅的权利。他们的政敌辉格党则主张议会凌驾于君主之上，支持新教徒的非国教信仰，并越来越多地从新兴的工商业中产阶级那里获得支持。也就是说，辉格党的领袖往往来自最显赫的贵族家庭。托利党和辉格党都普遍认为，支持全民投票等疯狂想法的5~10名激进派议员是危险的煽动者。

《1832年改革法案》使下议院的结构发生了变化。它使选举权要求合理化和标准化（包括首次明确禁止妇女投票），并重新分配了议席，取消了臭名昭著的腐败选区，同时首次向利兹（Leeds）、曼彻斯特和谢菲尔德（Sheffield）等发展中的城市授予议员席位。

取消通常由富有的地主控制的袖珍选区以及赋予新的工业城镇和城市的选举权，表明英国统治精英的性质发生了根本变化。地主精英近乎完全统治的时代已经结束了，在接下来的一个世纪里，这些老贵族家族将不得不与新的中产阶级分享权力。经济的重塑已经重塑了财富结构，这一点现在反

第4章 资本、土地和英国政治的重塑

映在了国家的治理上。

当然，从土地所有权中赚取收入的人和从资本所有权中赚取收入的人之间的界限并不是清晰的和绝对的。土地所有者是许多新兴工业企业和铁路的早期投资者。一个很成功的中产阶级资本家通常会寻求购买一些土地，修建一座大的乡间别墅，并普遍效仿乡绅的礼仪。

而且，重要的是，在不同意进一步扩大选举权方面，这两个群体的利益似乎是一致的。（将《1832年改革法案》视为通往民主之路的第一步是过于简单了。在三分之一保留了席位的自治市镇中，选民的人数实际上有所减少。总体而言，选举权有了净增长，但即便如此，也只有大约五分之一的成年男子拥有投票权。）1832年的法案可以被认为是英国管理精英的扩张，以反映经济的变动，但这次扩张是有限的，特别是它并不包含因"恩格斯的停顿"而受苦的劳动力。这是对英国以前失衡的宪法的一次重新平衡，再一次反映了当时仍然非常不平等的经济现实。

鉴于经济力量的平衡不断变化，政治力量的平衡最终肯定会发生转换。在1832年前夕，一系列的偶然事件使得恰到好处的政治联盟得以形成，从而推动了改革。更加反对选举改革且在过去20年的政治中占主导地位的托利党，其自身内部在是否授予天主教徒选举权的问题上存在严重分歧，

结果使得辉格党政府上台执政。首相格雷勋爵（Lord Grey）在下议院以一票之差赢得了对改革法案的支持，但他意识到这不足以推动法案在上议院获得通过，于是他提请解散议会，提前大选，这基本上是对该问题的一次公投。

那次选举中，辉格党人占多数当选。它是在农业"斯温暴动"的背景下进行的，经济史学家近期的研究结果表明，议会席位越靠近受这些暴动影响的地区，就越有可能选出一个具有改革意识的议员。这似乎证明了这样一个观点：对更大范围的革命的恐惧在议会的逐步改革中发挥了作用。现存于议会中占主导地位的基本独裁的农业利益集团要确保自己的地位，最好的办法是与工商业中产阶级利益集团做交易。

这是新的经济精英加入旧的经济精英的统治集团，而不是现代民主的诞生。

也许比1831年的大选更重要的是上议院在1832年做出的不否决该法案的决定。国王最终向格雷承诺，如果上议院继续反对改革，他将创造足够的新辉格党议员来推动改革。正如他们将在1846年和1911年再次做的那样，上议院接受了短期的政治失利，以保持他们对权力的共同掌控。

令人震惊的是，即使在英国成为世界上最主要的工业国家和城市化程度最高的国家之一时，英国旧的农村地主利益集团仍然在政府中保留了如此大的发言权。

呼吁扩大选民范围的呼声并不新鲜。早在17世纪40年代,"平等派"①就一直在敦促实现男性普选权,1819年在彼得卢事件中的人群也发出同样的呼声。呼吁进行更广泛的民主改革的宪章运动(Chartism)是19世纪30年代和40年代的一个重要特征,尽管他们的大部分要求直到1918年才得到满足。

接下来的35年里,辉格党在政治上占据了主导地位,他们逐渐以自由党(Liberals)的名义出现。上一章所讨论的《济贫法》改革是当时典型的自由党/辉格党政策——由最新的"现代"政治经济学思想驱动,具有改革意识,旨在节省支出。即使它确实吸引了那些富裕到可以获得选举权的人,也并不是特别符合广大民众的利益。

思考19世纪早期到中期英国的经济政策就会发现,现代经济政策的大部分概念在那时根本不存在。尽管英国人口普查始于1801年,而且政府也收集了大量的数据和统计资料,但对于任何19世纪40年代的财政大臣来说,国内生产总值的概念是完全陌生的。按照现代标准,英国政府自身的

---

① 平等派(Levellers)是在英国内战中出现的一个小资产阶级民主派。其主要理念是强调人权及选举权的普及,并强调在法律面前人人平等与对其他宗教的宽容。——译者注

规模小得令人难以置信。1821年，外交部的全部工作人员由28人组成。在拿破仑战争期间，政府支出占国内生产总值的比例约20%，但战后回落到接近10%，而在20世纪末和21世纪初则为40%左右。并且，即使是这个10%的数字也有误导性，因为其中一半以上都用于偿还债务和利息账单。实际上，政府的实际支出更像是经济的4%或5%，其中很大一部分是用于军事。直到20世纪，政府支出占的比例仍然非常小。

如果说当时的英国政府有一个"经济政策"，那就是后世所称的"重商主义"（mercantilism）或"重商制度"（mercantile system）。在工业革命之前的几个世纪里，整个欧洲的政府政策都充溢着这种类型的思想。概括地说，重商主义者相信世界是零和的，己方得到更多的财富建立于其他国家有更多的损失的基础上。在一个货币仍然（大部分时间）基于背靠贵金属的纸币的时代，获取贵金属使一个国家更加富有。贸易顺差是一种以牺牲另一个国家为代价来富裕自己国家的方式。使国家富足的商业才被认为是好商业，导致金钱外流的商业就是坏商业。简而言之：出口是值得欢迎的，而进口则是"非必要不进口"。

重商主义政策的重点是建立殖民地资产并控制其贸易。在英国，17世纪的一系列《航海法案》（*Navigation Acts*）和

第4章 资本、土地和英国政治的重塑

其他限制措施限制了外国商人与英国人的贸易。

重商主义思想导致了一些看上去很奇怪的结果。在拿破仑战争期间,拿破仑试图实施"大陆封锁"(continental system),对大不列颠进行有效的封锁。但该政策的目的不是要剥夺英国战争所需的关键进口物资,就像现代战时禁运那样,而是要阻止英国向欧洲做出当时被认为是使英国致富和增加其实力的出口行为。在1809年和1810年,当英国遭遇作物歉收时,英国从法国——一个正在与之交战的国家——进口的谷物实际上有所增加。巴黎方面认为从英国流向法国的用以支付这些谷物的资金是很重要的。双方都相信这个逻辑,拿破仑的军队经常穿着利兹和北安普顿(Northampton)制造的靴子和大衣行军就是证明。

重商主义作为一种主导经济理论在英国结束的开端可以追溯到18世纪70年代。英国失去/丧失美国殖民地倾覆了该体系的大部分内容,但历史往往强调的是1776年3月(《独立宣言》发表前几个月)出版的一部作品——《国富论》。亚当·斯密的《国富论》有资格成为有史以来出版的最有影响力的经济学著作。

亚当·斯密是一位出身于道德哲学家的政治经济学家,他是18世纪末苏格兰启蒙运动的一个特别耀眼的杰出典型,在各个领域都有影响广泛的著作。他后来的追随者,就像后

083

来几乎所有经济学家的追随者一样,习惯于挑拣和选择他的只言片语。

今天,斯密有时被视为资本主义恶劣过度行为的辩护人,但他关注的始终是消费者,而不是银行或制造商。正是同一个斯密写出了《道德情操论》(Theory of Moral Sentiments),就像他写出《国富论》那样。总的来说,他的作品是关于将人类从大抵是专制的政府统治中解放出来,以及所有哲学问题中最关键的问题——如何过上好日子?

在经济方面,我们可以从两个方面感受到斯密的影响。首先,他摒弃了重商主义的贸易思维框架。斯密希望打破阻碍对外贸易的限制和关税,以支持一个更加开放、自由贸易的世界。这种限制可能会也可能不会帮助政府实现其权力欲望,但它们却会为了企业和特殊利益集团的利益损害消费者和个人。斯密认识到,重商主义制度的许多方面实际上是在一个相对封闭的精英阶层中产生和分配经济租金。对斯密来说,更自由的贸易将使所有国家和消费者都受益。

在更微观的层面上,如今斯密因其"看不见的手"的概念而被人们所铭记,这个概念认为,每个个体谋求自身利益而行事,能为整个社会带来更好的结果。但是,对斯密来说,这样的结果只可能出现在自由市场中,被重商主义笼罩的受保护和监管的经济中,这种无形的机制会失效。斯密认

第4章 资本、土地和英国政治的重塑

为，一个自由的市场不仅会给消费者带来更低的价格，而且还会给最好的公司带来更高的利润，使它们能够扩大规模以满足消费者的需求，并通常以更高的工资雇用更多的工人。为了让人类繁荣昌盛，政府必须做出让步，停止过多地干预市场。

在接下来的一个世纪的大部分时间里，这种自由放任（laissez-faire）的监管方式主导了英国政府的思维。政府的职责并不包括把自身强加于经济关系中。

19世纪上半叶，英国重商主义的底层架构逐渐瓦解。1849年，《航海法案》被废除。但主要的斗争是关于《谷物法》的。新的工商业中产阶级在1832年登上政治舞台，到1846年，他们带着废除《谷物法》的决定战胜了他们的农村伙伴，这将塑造英国经济历史和发展的下一个世纪。

《谷物法》是1815年英国采取的一项保护主义政策。拿破仑战争后不久，面对农产品价格下跌（当时欧洲尚未感受到坦博拉火山爆发的影响），主导议会的农业利益集团开始采取行动。正如一位苏格兰国会议员在1814年所评论的那样，"没有哪群人能像农民那样哭得又响又快"，许多现代政治家可能也会这样认为。

《谷物法》对进口粮食征收的关税定得很高，基本上是将其拒之门外。这当然可以被粉饰成一种国家安全措施——

确保英国在国内粮食方面的自给自足。但鉴于1809年和1810年英国并没有停止从法国进口小麦，这一理由显得有些站不住脚。这实际上是地主精英制定的利己政策。将外国粮食拒之门外可能会让所有人都要花更多的钱买面包，并为他们带来更多的利润。

反对《谷物法》的不仅仅是希望降低生活成本的工人，还有大部分新的工商业中产阶级。一场关于农业是否需要特权的典型政治经济学斗争的帷幕即将拉开。

和往常一样，思想在这场战斗中发挥了关键作用。斯密的学说已经得到了英国舆论界相当广泛的认可，而大卫·李嘉图凭借其比较优势理论，进一步加强了他们的知识武装。

李嘉图对不断发展的政治经济学做出了许多贡献，但最关键的是比较优势理论（这个名字是由约翰·斯图尔特·穆勒[①]在几年后创造的）。该理论的实质是，各国应专注于其最擅长的商品和服务。李嘉图本人有葡萄牙血统，所以他使用了英国和葡萄牙的例子。像所有经济学家一样，他从一个相对简单的模型开始，想象一个只有布匹和葡萄酒两种商品的世界。

[①] 约翰·斯图尔特·穆勒（John Stuart Mill，1806—1873），英国著名效益主义和自由主义哲学家、政治经济学家、英国自由党下议院议员，边沁后效益主义者之一。——译者注

在他的思想实验中，他想象葡萄牙可以比英国更高效地生产布匹和葡萄酒（他没有评论英国葡萄酒的质量或个别优点，这毕竟是一个思想实验）。同时，英国在生产布匹方面的效率相对高于葡萄酒，葡萄牙在生产葡萄酒方面的效率相对高于布匹。根据李嘉图的计算，如果英国完全专注于布匹生产，葡萄牙专注于葡萄酒生产，并以布匹换取葡萄酒，那么这两个国家都会有更好的发展。

但是，废除《谷物法》所依据的不仅仅是简单的经济模型和一些直观的数学运算。

对于斯托克波特（Stockport）议员、英国自由贸易的真正传教士理查德·科布登（Richard Cobden）来说，废除《谷物法》将一次性解决四个问题：它将为英国制造商提供一个出路，因为购买外国粮食的英国人把钱交到了潜在的新客户手中；它将通过降低粮食成本来缓解"恩格斯的停顿"时代的"英国现状"；它将使英国农业在面对外国竞争时更有效率；它也将预示着一个以互利贸易关系为基础的国际和平新时代。这是一个强有力的知识论证。而科布登是一个倾向于口无遮拦的人。据他所说，只有"征收面包税的寡头，见风使舵、铁石心肠、贪得无厌又巧取豪夺"的人才支持《谷物法》。

19世纪20年代废除《谷物法》的尝试很快就无疾而终

了。威廉·赫斯基森在担任贸易委员会主席（President of the Board of Trade）时做了一些尝试，但在几乎完全由地主主导的议会中，收到的反对意见过于激烈。

《1832年改革法案》重新打开了废除的大门。随着工商业中产阶级在议会中直接得到代表，变革似乎是有可能的，但仍然很棘手。19世纪40年代，罗伯特·皮尔（Robert Peel）领导的托利党政府再次执政，并坚定地致力于维护乡绅的利益。下议院从根本上转向了商业和工业的利益，但农村利益代表的比例仍然过高。而上议院是地主阶级的堡垒。

改革运动是由英国有史以来最成功的政治压力集团之一——反谷物法联盟（The Anti-Corn Law League）组织的。该联盟成立于伦敦，但很快就在曼彻斯特找到了更自在的据点，并从新的制造业老板那里获得了大量捐款。

该联盟受益于英格兰西北部的棉花商业的集聚，这种地理上的集聚使得在利益相关的各方之间的组织和筹款更加直接。且联盟也受益于其他行业的出口企业在英国各地的广泛扩散，这些公司可能不会把废除《谷物法》放在他们要求的首位，但他们大体上是支持的。

募集到的资金在小册子和报纸的宣传战中发挥了良好的效果。该联盟总体上成功地利用了跨阶级的支持，它向产业工人据理力争，废除这些法律将意味着降低食品价格，从而有效地提高工资。尽管马克思有足够的理由怀疑制造业资本家几乎没有把工人的最大利益放在心上,但事实证明联盟善于把注意力转向他们的对手:科布登口中的"征收面包税的寡头"。

小册子和公众集会发挥了作用,但联盟的真正成功在于它掌握了英国新的选举制度所创造的机会。联盟花了很多精力在各选区逐个翻阅选民名册,试图将已知的贸易保护主义者除名,增加新的自由贸易主义者。科布登还敦促自由贸易主义者的父母,如果他们有钱的话,就给他们的孩子提供成为郡选民所需的40先令的自由保有地产。由此,关键选区设立了数千名新选民。

新的工商业阶级正在为改变英国的选举格局倾注资金和组织能力。与真正的政党相比,联盟在绘制选民地图上的付出使它对全国各地发生的情况有了更好的了解,而前者在19世纪40年代仍在进行自身组织基础建设工作。

但最终,这种改变英国政治地理格局的策略不是必要的。废除法案不是在辉格党/自由党取得胜利之后发生的,而是在保守党[①]政府的领导下实现的。罗伯特·皮尔在1846

[①] 英国的主要政党之一。1833年由托利党转化而成。19世纪60年代起至第一次世界大战,与自由党轮流执政,以后与工党轮流执政。代表大资产阶级和贵族利益。——译者注

年分裂了自己的政党，投票赞成废除该法案。

当然，问题在于，当主要的短期赢家是他们对手的支持者时，为什么一个依靠来自将受到废除法案打击的农村阶层支持的政党会选择赞成废除？

有时会有人认为，爱尔兰大饥荒对英国的论题起到了一定的影响。但与英国不同，爱尔兰在19世纪上半叶还没有实现工业化。这个国家仍然是贫穷的农业国，大部分土地由住在英格兰以外的地主持有，他们管理不善，并以地租的形式榨取了大量的国民收入。爱尔兰的继承法将爱尔兰人拥有的土地进行了大量的细分，使得农业生产相对缺乏生产力。小块土地鼓励佃农把重点放在种植马铃薯上，因为这是少数几种可以在这么小的土地上养活一整个家庭的食物之一。19世纪40年代中期的马铃薯晚疫病席卷了整个欧洲，但没有哪个地方比爱尔兰更严重。爱尔兰以外的地区共计约10万人死亡，而在爱尔兰境内这个数字却达到了100万。

1845年，爱尔兰约有一半的作物歉收，1846年有四分之三歉收。地主们却仍然试图榨取佃农的租金，而自由放任主义倡导者主导的政府未能缓解爱尔兰的灾情。监狱里的人数激增，因为人们犯罪仅仅是为了被安置在一个可以得到食物的地方。移民是一种解决办法，爱尔兰的人口从1845年的850万下降到10年后的600万。至今，爱尔兰仍然是当

第4章 资本、土地和英国政治的重塑

前人口密度低于19世纪中期的少数几个地区之一。

即使英国在部分地区饥荒肆虐的情况下，仍将外国食品拒之门外的做法在现代读者看来可能令人反感，但其对议会中关于《谷物法》的辩论的直接影响却相对有限。

重现19世纪40年代中期皮尔的决策过程并不简单。皮尔当然读过斯密、李嘉图和马尔萨斯的著作，并且精通反对《谷物法》的知识论据。他是那种谋求建立一个具有跨阶级吸引力的政党的政治家。他于1834年发表的《塔姆沃思宣言》（*Tamworth Manifesto*）全是关于合理的不满（grievances）以及为必要的改革扫清障碍的要求。在他自己党派的议员中，只有大约三分之一的人投票支持废除。政治学家最近的一些工作指出，那些成为皮尔派的托利党议员往往代表非严格意义上的农业区，到1846年，托利党已经不是一个简单的农业利益集团，即使其广大领导层希望它是那样。

最终，皮尔的废除决定（以及完全由地主利益集团主导的上议院不反对废除的关键决定）是他维护英国现有政治经济和宪法的战略的一部分。正如最近一位社会学家所指出的那样，皮尔"将废除法案的特点描述为维护英国政府的传统制度——特别是贵族制度的一种手段"。通过对商业和工业利益集团的妥协，皮尔试图在政府中为农业利益集团保留一

席之地。与1832年一样，接受短期的失利使地主利益集团能够保留其在英国政府中扮演更长期的角色。

尽管有这么多的争议，但1846年废除《谷物法》的短期直接影响被证明是转瞬即逝的。直到19世纪70年代的美国"谷物大入侵"①，英国的粮食价格才真正可持续地走低。

比经济问题更重要的是政治问题。自由贸易的意识形态赢得了一场伟大的战斗，重商主义的最后一点残余被推翻了。自由贸易似乎为工人提供了廉价的食物，为制造商提供了海外市场，也为国际和平带来了希望。自由贸易的意识形态将在接下来的七八十年里主宰英国的经济生活。

---

① "谷物大入侵"是指19世纪70年代初至90年代中叶，中西欧诸多国家面临来自美俄等世界农业生产大国的谷物持续性大规模涌入的现象。——译者注

第 5 章 全球化的英国——从谷物法到第一次世界大战

在大众化的政治和经济著作中，通常有一种强调新事物的趋势。想必是因为开拓新领域的书籍比那些在老路上步履维艰的书籍更吸引读者。20世纪末和21世纪初，许多书籍宣告着"全球化"的新时代，但对于一位1914年的伦敦中产阶级居民来说，那个时代出版的东西几乎没有一本是完全陌生的。约翰·梅纳德·凯恩斯[①]（他的朋友一直叫他梅纳德）在1919年的作品《〈凡尔赛和约〉的经济后果》中深情地回顾了第一次世界大战之前的旧世界。最引人注目的是，对于21世纪初的读者来说，这些回忆听起来是那么现代。伦敦的居民可以一边在床上啜饮着早茶，一边通过电话订购整个地球上各种各样的产品，直到数量多到让他满意为止，并且理所当然地期待它们早日被送到家门口；他也可以在同一时刻，通过同样的手段，用财富冒险投资世界任何地区的自然资源和新兴企业。

[①] 约翰·梅纳德·凯恩斯（John Maynard Keynes, 1883—1946），第一代凯恩斯男爵，英国经济学家。凯恩斯一反自18世纪亚当·斯密以来尊重市场机制、反对人为干预的经济学思想，他主张政府应积极扮演经济舵手的角色，运用财政政策与货币政策来对抗经济衰退乃至经济萧条。——译者注

第5章 全球化的英国——从《谷物法》到第一次世界大战

全球化，如果被定义为国际经济一体化以及货物、服务和资本的全球流动，并不是什么新鲜事。在政治变革和技术变革的双重推动下，世界已经经历了若干个全球化和去全球化的周期。当下始于 20 世纪 70 年代末、在柏林墙倒塌后加速进行的全球化只是一个最新的例子。19 世纪末、20 世纪初的全球化规模更大，比成吉思汗时代丝绸之路沿线的原始全球化更接近 20 世纪末的全球化。英国走在了前列，是一个独特的全球化完成时和进行时同时进行的国家。

英国 1846 年废除《谷物法》在国内经历了一场艰苦的战斗，自由贸易的意识形态几乎赢得了全面的胜利。几十年来，关税成为明智的英国政治讨论中的一个禁忌话题。英国实行单边贸易自由，对从其他国家进口的货物不征收畸形的关税，而不管后者是否对英国出口的产品征收关税。无论世界是否需要英国的商品，英国都对世界的商品持开放态度。维多利亚时代后期的政治家们（他们都是男性）认为这对英国公司和英国消费者来说是一场轻松的胜利。尽管科布登把他的福音带到了海外，在欧洲各地鼓吹更自由的贸易的好处，但很少有其他国家在这条路上走得这么远。19 世纪 60 年代，欧洲范围内的确出现了关于降低关税的运动，并达成了一系列双边贸易协议（科布登本人与法国谈判了《科布登条约》的大部分内容），但这些都被证明是昙花一现。到 19

世纪80年代，关税壁垒再次攀升。

人们很容易认为，关税水平是全球化和去全球化周期的关键驱动力。但实际上，它只是其中一个因素，在19世纪80年代和90年代，即使关税上调，全球贸易也在蓬勃发展。19世纪全球化的驱动力是技术而不是政治。技术使货物的快速运输变得更加容易。关税可以带来一些阻力，但不足以严重减缓市场一体化的进程。以横跨大西洋航行为例。哥伦布的航行引起全球经济的革命性剧变，但它花了大约两个月时间。到了18世纪，更高效的船舶设计和更精准的导航设备将航行时间缩短到了6周左右。到19世纪40年代，以蒸汽为动力的轮船可以在短短两周内从欧洲穿越大西洋到北美洲。但进展并没有止步于此：到19世纪80年代，行程时间缩到接近一周。1912年，命途多舛的泰坦尼克号处女航，原计划在不到6天时间里从爱尔兰皇后镇到纽约。1869年苏伊士运河的开通，有效地将欧洲和亚洲之间的海运距离缩短了4 000英里，将伦敦和当时被称为孟买的地方之间的行程时间缩短了约40%。伴随着航运时间的缩短，铁路网络也在全球范围内扩张。到1870年，全球共铺设了约12.5万英里的铁轨，到1900年，这一数字跃升至40万英里，到1913年则超过了62万英里。儒勒·凡尔纳（Jules Verne）以科幻小说作家的身份而闻名，但是他在1873年出版的《八十

第5章 全球化的英国——从《谷物法》到第一次世界大战

天环游地球》(Around the World in 80 Days)对于当代读者来说是看似合理的,菲利斯·福格(Phileas Fogg)的旅程开始于伦敦这个全球化世界的中心也并不是巧合。伴随着更快的旅行而来的是更快的通信。19世纪30年代末,世界上第一条电报线在英国问世。1866年,随着一条运行中的跨大西洋的海底电缆投入使用,从伦敦到纽约发送信息所需的时间从一周左右缩短到仅仅几分钟,这项技术迅速走向了全球。1870年,印度与欧洲建立联系,1872年,澳大利亚与欧洲建立联系。在19世纪90年代,全球三分之二的电缆由英国公司拥有和运营。真正开始于19世纪60年代和70年代的冷藏运输则增加了可以远距离运输货物的范围。通信速度的快速提高和旅行时间的大幅缩短创造了一种世界正在缩小的感觉。当英国摒弃《谷物法》时,这些发展(几乎)没有被预见到,这个时间点是极其适宜的。正如这一时期的一位历史学家所说:"距离的消失,在维多利亚时代晚期已成为司空见惯的现象。"[1]

快速的技术变革对经济产生了巨大的影响。1870年,从

---

[1] 此处出自约翰·达尔文(John Darwin)所著《帖木儿之后:1405年以来的全球帝国史》(After Tamerlane: The Global History of Empire since 1405)。——译者注

美国中西部向英国运输谷物的成本相当于作物价格的33%，但到1910年，这一比例已降至7.4%。也就是说，购买和运输价值100英镑的谷物的成本从133英镑下降到108英镑以下。"运费因子"（freight factors）的下降也同样戏剧化地发生在了其他一些商品和路线上。例如，将大米从仰光运到欧洲，1880年其运费因子约为74%，但到1910年只有18%。这些运输成本的下降掩盖了关税的变化。也许衡量市场一体化的最佳方法是求助于被称为一价定律（law of one price）的经济理论。简单来说，这一理论认为，在没有现实世界的那种复杂因素的影响下，每种商品应该有一个统一的价格。换句话说，在不同地方出售的相同物品定价应该相同，否则，在售价低廉的地方买入商品，在售价昂贵的地方卖出商品，就可以轻松获利。价格差异会被中间人用来套利。当然，在现实中，有各种各样的阻力阻碍了一价定律的成立。在国际贸易中，两个最大的障碍通常是关税（一个国家可以人为地提高一个进口商品的价格）和运输成本。1880年在仰光低价购入大米，在欧洲价格更高的地方出售，其大部分利润将被运输成本所吞噬。但随着运输成本的下降，国际需求商品的价格差异开始急剧缩小。以小麦为例，在1800年至1840年间，美国和英国小麦的价格差异约为100%，也就是说，英国谷物的市场价约为美国同类谷物的两倍。但是，随

第5章 全球化的英国——从《谷物法》到第一次世界大战

着关税的取消，以及更重要的因素，运输成本的大幅缩减，这种价差到 1900 年急剧下降至 10% 左右。在同一时期，英国对美国小麦的进口从接近零跃升到每年 180 万吨。

在较低的运输成本、相对和平的国际局势和更先进的通信技术的共同推动下，全球贸易在 19 世纪 50 年代开始腾飞。跨越边境的商品总值占全球国内生产总值的比例，从 19 世纪 40 年代中期的 5% 左右上升到 1900 年的 12%，并在 1914 年达到 14% 的峰值——直到 20 世纪 80 年代初才再次达到这一水平。不仅是货物跨越边境，人口和货币也在流动。19 世纪 50 年代，每年的跨境移民约占全球人口的 0.36%，但在 19 世纪 80 年代为 0.96%，世界人口年流动比例骤增了近 2 倍。到第一次世界大战前夕，这一比例已达到 1.67%，在那一年，大约每 60 人中就有 1 人跨境移民。直到战后，护照和配额才成为规范。国际自由流动是 1914 年的一个早期牺牲品。

货币与人口和货物一起流动。以海外贷款或直接投资形式出现的跨境资本流动，从 19 世纪 60 年代占全球国内生产总值的 7% 左右上升到 1914 年的 20% 左右——又是一个直到 20 世纪 80 年代才被超越的水平。

无论是从商品、价格、移民还是资金流动来衡量，1914 年的世界经济都比 1979 年的世界经济更加全球化。在这个全球化的世界里，经济上占主导地位的国家是英国。作为第一个实现工业化的国家，其早期的领先优势得到了充分的利用。1870年，全球制成品出口总额中——按价值计算——超过40%是英国制造的。即使在西欧和美国开始崛起为强大的工业竞争者之后，这一份额仍然很高。到1912年，英国制造仍占30%左右。作为参考，请将这些数字与当代中国的市场份额进行比较。近年来，人们一直在谈论中国是一个制造业出口的超级大国，但它在2018年全球制造业出口中所占份额为18%左右。

不过，英国的主导地位远远超出了制成品出口的范围。除了维多利亚时代的人们所谓的"有形出口"，即在铁路和船舶上用板条箱运输的出口，还有"无形出口"的服务，通常占英国出口总额的四分之一。到1914年，伦敦成为全球金融的发源地，约有两千多家外国银行在这个全球跨境借贷和投资中心保持着业务。绝大多数的全球贸易是以英镑计价的，并通过伦敦的应付汇票来结算。例如，一个向意大利进口商出售货物的瑞士出口商，可能会收到可在伦敦兑现的票据形式的付款。世界各地的公司和政府都到伦敦来筹集现金。伦敦证券交易所是世界上规模最大和流动性最强的证券交易所，在此上市的股票价值约占全球所有上市股票总价值的40%。在1914年之前的10年中，全球发行的所有政府债券中约有四分之一是在伦敦进行交易的。在19世纪的历史进程中,巴黎和阿姆斯特丹等对手在金融中心的竞争中已经出局,虽然新星纽约正在冉冉上升,但伦敦作为全球金融中心的地位是无可争议的。

金融和制成品出口带动了跨境服务,如航运(到1913年,英国商船控制了全球约四分之一的运力)、保险和跨境法律服务。同样重要的还有英国在全球能源市场的份额。煤炭是19世纪末和20世纪初的主要能源商品,而英国拥有大量易于开采的煤层。美国的煤炭产量在19世纪末超过了英国,但在20世纪的头10年,英国仍然是世界第二大煤炭开采国,同时也是世界最大的煤炭出口国。英国的煤炭为整个欧洲和远至南美洲的工业和运输提供了动力。

综上所述,1914年的英国是出口商品的主要制造商,是国际金融的中心,也是世界上最大的能源净出口国。在上一个全球化大周期中,英国综合了当前周期中中国、美国和沙特阿拉伯所扮演的角色。自由贸易和开放的全球经济无疑很适合英国,难怪许多外国观察家对英国支持停止征收关税的做法持谨慎态度。比如说,对于拥有世界上最大的纺织业的国家来说,这一切都很好,但对于欠发达国家,这却不一定是它想要的,它们担心自由贸易对它们来说只是意味着被英国商品淹没。

当然，并非每个英国的贸易伙伴都对贸易的管理方式有很大的选择权。19世纪和20世纪初的全球化是与帝国主义携手并进的。在19世纪下半叶，世界上大约10%的表面积被大英帝国收入囊中，到1914年，大英帝国覆盖了世界上大约四分之一的陆地面积，并统治着全球大约四分之一的人口。从1870年到1900年的30年被称为"帝国主义高潮期"，但实际上，英国劫掠海外领土的节奏在整个世纪中都相当均匀。在19世纪最后三分之一的时间里，与往常稍微不同的一点是，在所谓的"瓜分非洲"（Scramble for Africa）的狂潮中，来自其他欧洲强国的竞争日益激烈。大分流的一边是欧洲和北美的经济，一边是亚洲和非洲的经济，这为19世纪的帝国主义创造了条件。由于较高的人均国内生产总值，更多获得军事技术的途径和更有效的国家架构，先进的经济体更能够使用武力来强加他们的意志。

大英帝国的治理斗争和治理模式极其畸形。到19世纪60年代末，移民殖民地（settler colonies）（如加拿大和澳大利亚）虽然是帝国的一部分，但在大多数方面都进行了有效自治。直到1858年，印度一直由东印度公司统治，该公司在17世纪作为贸易公司起家。该公司频繁地部署士兵，到18世纪中期，它已经在南亚次大陆的政治中确立了自己的强大地位。随着之前的莫卧儿帝国（Mughal empire）统治的瓦解，该公司的统治范围已经扩大到现代的印度、巴基斯坦和孟加拉国。1857年至1858年的印度民族大起义（当时英国称为"印度兵变"或"印度兵叛乱"）结束了这一切。镇压这场重大叛乱需要调派数千名英国士兵，而1858年的《印度政府法》①（Government of India Act）可能是有史以来英国议会通过的最大的国有化法案。东印度公司被解散，英国王室的直接统治以英属印度（British Raj）的形式建立。理论上，殖民地部（Colonial Office）负责监督除自治领和印度以外的全球大部分殖民地的治理，但实际上，许多权力被下放给了所谓的"殖民地总督"。

受帝国影响的非正式成员或许与帝国的正式成员同等重要。在不同时期，亚洲一些地区和拉丁美洲的大部分地区都与英国签订了不平等经济条约，而这背后往往是有武力威胁的支持。英国的势力范围远远超出了地图集上粉红色②的部分。从19世纪50年代的克里米亚战争到1914年的第一次

---

① 此处即为《1858年印度政府组织法》，又称《在印度建立较好政府的法案》（Act for the Better Government of India），是英国议会通过的撤销东印度公司，将印度归属英王统治的法案，在1857—1859年印度民族大起义打击下，于1858年8月通过。——译者注

② 在维多利亚时期的地图上，通常所有英属帝国的板块都被用粉红色标出。——译者注

世界大战，英国一直对欧洲的军事冲突袖手旁观，但在维多利亚女王1837年至1901年的漫长统治期间，几乎没有哪一年她的士兵不在世界的某个地方作战。在英国于全球自由贸易中独占鳌头的鼎盛时期，炮舰外交在很大程度上是英国商业政策的一个工具。如果一艘炮舰还不够，政府通常很乐意投入整支海军中队和陆军团。19世纪40年代和19世纪50年代对中国发动的两次鸦片战争就是最臭名昭著的例子。

这些特定冲突的根源可以追溯到数十年前。在18世纪，对中国奢侈品——如丝绸、瓷器和茶叶——的需求导致中国对其邻国，包括英国控制的印度，出现了贸易顺差。在厌倦了为这些货物支付的珍贵白银流向中国之后，英国当局鼓励印度增加一种可以缩小与中国清朝贸易差距商品——鸦片的出口。鸦片长期以来一直被用于传统的中药，但在19世纪30年代，它在非医疗用途上的使用激增。英国在印度和孟加拉廉价种植鸦片，由商人走私到中国，这种毒品的广泛销售扭转了中国对英国的贸易顺差。当中国皇帝采取行动限制鸦片的使用并查封在中国的库存时，英国人以自由贸易的名义作出了武力应对。两次战争和数千人死亡后，英国控制了香港，并迫使中国签订了一系列不平等条约，给予欧洲商人以商业特权。

英国，特别是19世纪末的英国，远非独一无二的帝国。

第5章 全球化的英国——从《谷物法》到第一次世界大战

主要的欧洲大国，以及逐渐崛起的美国，都已投入到帝国建设中。这并不令人惊讶；帝国主义统治有着悠久的历史。但是，从19世纪50年代到1900年，只要看一眼地图就会发现，英国非比寻常的成功离不开其尝试。19世纪的技术（电报、蒸汽船和马克沁机枪）与18世纪或更早的技术相比，使得更广泛的领土扩张成为可能。英国作为世界领先的经济体和海军大国，完全可以利用这一优势。

当然，从经济角度看，这是一个值得商榷的命题。抛开对被征服领土本身的经济影响的激烈争论不谈（简而言之就是"成为英国的殖民地可能比成为西班牙或比利时的殖民地更有利于你的长期发展，但这并不是一个很难达到的门槛"），人们很容易理所当然地认为殖民地是英国的经济资产，但从那时起，经济史学家就一直对此争论不休。当然，支配贸易条件的能力对英国出口商是有益的。例如，印度铁路公司置办的是英国火车头，而不是竞争对手的火车头，而且这种采购并不完全遵循竞争性招标程序。但印度并不像许多人认为的那样是一个典型的例子。由于人均国内生产总值高得多，自治领在许多方面都是更有吸引力的出口市场，但它们对自由贸易的热情远不及身在威斯敏斯特[①]的政策制定

[①] 英国议会所在地，指英国议会。——编者注

者，而且随着自治政府的成立，关税也越来越多，关税通常对英国制造商和美国或德国的制造商一样适用。然而，尽管有着巨大的人口差异，加拿大和澳大利亚对于出口品的消费与印度一样多。更广泛地说，在所谓的帝国主义高潮期，帝国市场对英国出口商来说并不像人们通常以为的那么重要。在1870年，英国只有大约四分之一的出口产品销往帝国市场，到1900年，这一比例只上升到三分之一。直到第一次世界大战开始，欧洲仍然是英国的主要出口市场。

根据所使用的假设，人们可以得出一系列关于帝国的存在对第一次世界大战之前的英国出口有多大影响的估计。但是，即使有了强有力的假设，这些数字也很少超过战前经济总规模的7%。这是一个相当大的数字，但从某种程度上说，还不足以说明维多利亚时代后期的英国在除去其殖民地后，从经济角度看，会是一个截然不同的地方。也就是说，虽然英国与欧洲和美国的贸易通常是逆差（进口多于出口），但与印度等殖民地的贸易通常是顺差。

帝国当然也产生了成本，但同样也没有人们通常以为的那么高。像历史上的许多事情一样，英国试图以廉价的方式建立其帝国。殖民地应尽快实现资金自足的理念是英国帝国主义的核心原则。地方税和关税被尽可能地用来支付当地的行政和国防费用。对于印度，情况更进一步。庞大的印度军队——通常是一群被英国人领导的印度人——由英属印度出资，并经常在远超出其国界的整个亚洲和东非的帝国行动中使用。

19世纪70年代至1914年，英国的全球地位最突出的特点，并不是它作为世界统治者而是作为世界银行家的角色。在第一次世界大战之前的几十年里，英国的海外投资规模一骑绝尘，空前绝后。世界其他地区在19世纪后期跟随英国走上工业化的道路，正是英国投资者为其提供了极不相称的巨额资金。

了解更广泛的情况，简单来说，意味着深入钻研国际收支账这个颇为神秘的世界。国际收支核算，就像国民收入核算一样，经常被一层具有误导性和反直觉的术语所笼罩。但其基本原则是相对简单易懂的。简单来说，国际收支是在整个经济层面上衡量各国在财政上如何相互影响的一种方式。首先要注意的是，国际收支由两套账户组成，顾名思义，就是"平衡表"。一侧是经常账户（current account），另一侧是资本账户（capital account）（它有时——也就是这时概念开始变得含糊不明——也被称为金融账户）。经常账户在20世纪英国经济史上占有重要地位，它衡量一个国家与其他国家之间的短期资金流动。它始于更为人熟知的贸易余额，这是对一个国家商品和服务的出口减去进口的直接度量。然而，经常账户是一个更广泛的指标，它在贸易数据中加入了资金流动，如在海外支付或接收的政府官方款项，以及至关重要的，利润的跨国界流动。一个国家完全有可能实现贸易余额为正（意味着，就商品和服务而言，向世界其他地方的出口多于进口）的同时，经常账户却为负，因为可能有许多外资企业在其境内经营，每季度都将部分利润汇回母公司。经常账户从根本上衡量了一个国家对世界其他国家而言是净借款国还是净贷款国。经常账户赤字（通常以国内生产总值的百分比来衡量）意味着一个国家的家庭、企业和政府合起来从世界其他国家借钱，而经常账户盈余意味着他们是净贷款国。

经常账户的对立面，也就是国际收支的另一侧，是资本账户。而在思考19世纪末的英国经济时，真正重要的是资本账户。它衡量的是资产所有权的变化。根据定义，一个经常账户出现赤字的国家将出现资本账户的盈余。由于该国基本上是在向世界其他国家借款，其他国家对其产出的金融债权（financial claims）将以贷款或直接入股的形式迅速积累。21世纪10年代的英国实现了庞大的经常账户盈余，通过从国外借款和向外国人出售资产（房地产、股票和公司的组合），以资本账户盈余为其提供资金。"赤字"和"盈余"这两个术语在某些方面是无益的。盈余听起来很健康，而赤字则意味着要避免,但当然,国际收支中的一方出现赤字意味着另一方出现盈余。一个国家持有经常账户或资本账户的盈余或赤字取决于多种因素,特别是在其发展阶段。经济学家们在面对国际收支中的巨额赤字或盈余时,往往会惊讶地竖起眉毛,因为这往往(但不总是)暗示了更广泛的经济中的一些潜在的不平衡:究竟为什么一个国家需要向国外借出这么多钱或从其他国家借来这么多钱?

思考国际收支的一种方式,即与19世纪的英国高度相关的方式,是衡量国民储蓄(national saving)和国民投资(national investment)之间是否平衡。在宏观经济学中,"储蓄"和"投资"这两个术语的使用与它们的日常用法略有不同。国民储蓄是指家庭、企业和政府总收入中没有立即用于消费商品和服务的部分。这些储蓄只能用于某个去处,那就是投资。在宏观经济学意义上,投资是指购买不立即消费的商品,通常是指将来用于生产更多商品的机器、工厂和建筑物,但也可以是建造新的房屋或交通线路,或建立商品库存以便日后销售。在一个封闭的经济中,储蓄等于投资。如果国民储蓄率为国内生产总值的10%(即整体来看,家庭、企业和政府收入的10%作为储蓄),那么国民投资率将为10%。当然,一旦放弃封闭经济的假设,那么事情就会变得更加复杂一些了。国内储蓄和国内投资之间可以脱钩。例如，一个经济中投资率可能是10％，但国民储蓄可能只有8%。2%的国内生产总值的差额，将在另一个国家的储蓄上找到答案。这将意味着资本账户有2%的盈余，因为钱是借来的，而对应的经常账户赤字也为2%。经常账户或资本账户上2%的国内生产总值盈余或赤字，完全在正常的范围内。

然而，19世纪末的英国却远远地超出了正常范围。第一个实现工业化的国家创造了一些特殊情况。首先，它的国民储蓄率达到前所未见的高水平。毕竟，储蓄是一种奢侈品，只有相对富裕的人才能负担得起。一个勉强温饱的农民不会有太多的盈余。在19世纪末，英国每年的国民储蓄率都为国内生产总值的10%至15%。以一个世纪后的标准来看，对于一个先进的经济体来说，这不是一个特别高的水平，但它比19世纪70年代和80年代的典型水平要高得多。不过，投资通常占国内生产总值的6%至10%。其结果是经常账户盈余/资本账户赤字常常占国内生产总值的5%左右，甚至在第一次世界大战前夕竟高达国内生产总值的8%。换句话说，大量的英国资金正流向海外。

就在对资金的需求不断攀升的时候，英国有了可以在全球范围内挥霍的储蓄。从1865年到1914年，这些从英国流出的资金几乎有70%用于修建铁路、码头、电报、煤气和发电厂——那种英国已经发展起来的社会基础设施，其他国家现在也在寻求复刻。到 1914 年，这些海外投资中约有 40% 是在帝国内，60% 是在帝国外。

当然，这不是慈善捐赠，这种海外投资是有回报的，而且是有吸引力的回报。19 世纪 40 年代，在减去英国向海外支付的类似款项后，来自海外的净付款，无论是债务利息还是股息抑或是合资企业的利润汇款，每年约占国内生产总值的 1% 至 1.5%。到了 19 世纪 80 年代，这一比例已经增长到每年占国内生产总值的 4% 至 6%，到 1914 年之前的 10 年，达到每年占国内生产总值的 6% 至 8%。英国是一个债权经济体，金融债权遍及全球。如此之多的英国资本流向国外的原因很简单：即使考虑到更大的风险，可获得的回报也一直较高。例如，在 1870 年至 1914 年，英国铁路的年投资回报率为 4.33%。其实一点也不差，但远远低于同期美国的 8.41%。

1914 年参战的英国是一个真正拥抱全球化的国家。商品进口占国内生产总值的比例，从 19 世纪 40 年代中期的 20% 左右上升到 1913 年的 30%。它鼓吹单边自由贸易，乐于进口其他国家的产品和商品；它的国民生活水平由之前的海外投资的成果"买单"。19 世纪初的第一个工业国家在 20 世纪初已经转变为一个日益一体化的全球经济的枢纽。这种全球化给英国国内带来的持续作用书写了维多利亚时代中期和爱德华时代英国故事的大幅篇章。

第6章 成功的失败

当维多利亚女王于1901年去世时,她正统治着地球上最富有的国家。然而,当时的许多评论并没有集中在英国的经济成功上,而是它的失败。事实上,英国在19世纪上半叶对其竞争对手的先发优势——就人均国内生产总值而言——从来都不可能永远持续下去。随着其他国家的工业化,这一差距开始缩小。1851年在海德公园(Hyde Park)专门建造的水晶宫(Crystal Palace)(后来搬到了伦敦南部)举办的万国博览会曾经是英国工业领导力的一个展示窗口,但到了1867年的巴黎世博会(Paris Exhibition)时,英国制造商已经清楚地认识到,未来的竞争将更加激烈。美国、德国和法国的工业家不仅在追赶,而且在某些领域已经超过了英国的成就。伴随着外国工业创造力崛起的是维多利亚时代中19世纪70年代到19世纪90年代初的大萧条(Great Depression)——在20世纪30年代到达最高点(或最低点——取决于你如何看它)之后,被后来的历史学家重新命名为长期萧条(Long Depression)。当时的许多经济评论中无疑弥漫着衰落和颓败的感觉,1886年,英国议会自己成立了一个皇家委员会(Royal Commission),以调查贸易和工业的萧条,同时还进行了两项对于农业困境的调查,以及一项关于货币体系是否对经济造成损害的更广泛审查。

维多利亚时代的失败感在20世纪60年代和70年代得到了许多历史学家的共鸣。每当人们情绪低落时，他们就有一种把失败投射回历史的倾向。但最近，这种态度已经开始有所转变。现代对19世纪70年代和80年代英国经济增长的最佳估计显示，几乎没有萧条的迹象。人们很容易认为定期编制准确（或至少是半准确）的经济统计数据是理所当然的。但是，现代政策制定者所依赖的那种数据对于维多利亚时代的同行来说是无法获知的，国内生产总值和国民经济核算实际上是20世纪中期才有的概念。事实上，议会组建皇家委员会调查所谓的经济萧条就是为了弄清楚是否真的发生了萧条。

受益于后世的学术研究，当时的经济历史记录看起来更加明朗了。19世纪晚期的英国并未经历一场在"经济衰退"层面上的持续20年的萧条，但它确实经历了相对价格的变化，这种变化使得收入在经济中得到重新分配，可能会使利益受损的人感到沮丧。

人均产出的增长确实有所放缓，从19世纪50年代和60年代的每年1.3%左右的增长率，降至19世纪70年代至80年代初的接近1%——尽管后来又有所回升，直到维多利亚统治时期的结束。与19世纪早期的增长率相比，更不用说18世纪或17世纪的增长率，这些进步并不算小。但其他国家的增长速度更快。正如英国自身在1750年至1850年所证明的那样，将工人从生产率较低的行业转移到生产率较高的行业，如制造业，可以迅速刺激增长率。当然，问题是这在很大程度上是一个只能玩一次的把戏，而且是一个英国已经玩过的把戏。1870年，仅有五分之一的英国人在田间工作，而大约一半的德国人和美国人仍然在田间工作。在接下来的40年里，后者的这一比例将下降到三分之一左右。随着其他国家追随英国的脚步，英国的领先优势逐渐缩小。1850年，英国的人均国内生产总值约为德国的2.1倍。但到了1900年，这一比例已下降至1.25倍。英国仍然是较富裕的国家，但差距已大大缩小。在19世纪的大部分时间里，英国和美国的人均国内生产总值水平一直不相上下，直到19世纪70年代末美国猛然拔得头筹。到1900年，美国的人均产出比英国高出10%左右。

国际经济平衡的改变是在价格迅速变化的时候发生的。当19世纪70年代或80年代的英国人哀叹经济萧条时，他们真正的意思是价格下跌——特别是农产品的价格。这就是全球化在起作用。19世纪70年代和80年代运输技术的进步使得新大陆[①]的谷物和肉类大量涌入旧世界[②]。在《谷物

[①] 指美洲。——编者注
[②] 指欧洲。——编者注

法》废除之前的 10 年里,外国谷物仅占消费总量的十二分之一左右,但这种情况在 19 世纪 70 年代开始迅速发生变化。到了 20 世纪的第一个 10 年,英国一半以上的面包、水果、黄油和奶酪,还有 40% 的肉类和 30% 的鸡蛋,都是进口的。相对的赢家是英国的消费者,相对的输家则是英国的农场主和农村地主。

值得庆幸的是,当时的农民人数较少。19 世纪上半叶开始的农民向城市和城镇的迁移一直持续到下半叶,由于能够进口更多粮食,这种迁移的速度加快了。从事农业劳动的工人从 1851 年的 200 多万下降到 1901 年的 150 万,而同期从事制造业的工人增加了 200 多万,达到 550 万。到 1901 年,从农村迁居的工作基本完成,男性工人进入制造业和贸易行业,200 多万妇女从事家政服务工作。从事服务行业的人,从家政人员到运输工人,增长尤为迅速。

尽管 20 世纪末全球化对英国工人的影响仍在引发争论,但 19 世纪末全球化的结果似乎更为显而易见。工人们得到了更便宜的食物和移居国外的机会,而地主则看到了农业收益的下降。概括地说,英国的全球化在长远来看减少了不平等。这并不是说,不平等程度不会继续高得惊人——1900 年,最富有的 1% 人口可能持有该国经济总资产的 70%。

英国在 19 世纪末的制造业表现仍有特别大的争议。一方面，当时英国仍然是世界上领先的制造业大国，但另一方面，它在全球制造业贸易中的份额从1850年的超过40%下降到1900年的略高于30%。海外市场的丧失，特别是19世纪80年代欧洲各国关税的提高，是许多商人争论的焦点。在英国商店里很容易买到外国制造的商品也是焦点之一。欧内斯特·埃德温·威廉姆斯（Ernest Edwin Williams）的讽刺作品《德国制造》（*Made in Germany*）在1896年成为畅销书。许多维多利亚时代的评论家看到外国制造商的产品充斥着英国的零售商店，他们没有庆祝消费者现在有更多种类的廉价商品可供选择，而是问自己哪里出了问题。马虎的英国工艺、缺乏独创性或所谓的工业培训失败被列为常见的罪魁祸首。德国制造的玩具和小百货尤其受到了批评。英国制造业选择专注于其他市场——如造船和纺织品——的事实往往被忽视。1900年英国《每日邮报》（*Daily Mail*）的一则头条标题概括了当时大部分情绪："美国家具在英国。对工会的进一步控诉"。

到19世纪90年代，全球经济结构的转变，尤其是德国和美国工业企业的成功崛起，开始改变英国国内的政治经济。在19世纪40年代，面对尚未严峻的外国竞争，支持自由贸易对英国的商业和工业精英来说是显而易见的一步。废除《谷物法》的理由将工厂主和工厂工人的利益联合起来；

进口更多粮食的结果可能是工人的开销降低，为工厂主提供新的市场。但是，随着制造商们意识到自由贸易并不总是对他们有利，这个联盟开始出现分歧。到了爱德华时代，关于自由贸易与关税的战斗全面重新打响，尽管对立双方和利益集团都有所调整。

尽管所谓的英国制造业主要产业——纺织业、钢铁业和造船业——在19世纪后30年里继续表现良好，但英国在化工和电气工程等新领域确实落后于其竞争对手德国和美国。以化工领域为例，到1913年，英国企业的市场份额为11%，而美国和德国分别达到了34%和24%。像德国的巴斯夫（BASF）或美国的陶氏化学（Dow Chemicals）这样的现代全球化工巨擘在维多利亚时期诞生，而他们来自英国的对手仍然停留在一个小得多的规模。诺贝尔这个名字如今也不再与苏格兰炸药制造商诺贝尔工业公司（Nobel Industries，后来成为帝国化学工业即ICI的一部分）联系在一起，而是与公司的瑞典创始人设立的奖项联系在一起。英国未能进行创新的论点——在有时被称为第二次工业革命的时期内——通常以英国国内投资率低的论据为支撑。从主要数据来看，这有些道理。在1855年至1914年，英国经济的总投资平均每年占国内生产总值的9.0%，相比之下，德国的这一比例为19.8%，美国为21.9%。但这个数字需要谨慎对待。与英国相比，德国和美国在这一时期都在住房方面投入了大量资金，这也许改善了生活条件，但可能对它们的制造业实力没有什么帮助。同样，两者都在建设英国于19世纪上半叶就已经发展起来的那种铁路和其他运输网络上花费了大量资金。如果仅仅考虑对生产设备的投资，英国与美国和德国的差异就不那么明显了。1855年至1914年，英国平均每年的投入占国内生产总值的3.2%，而德国和美国分别投入了5.1%和5.3%。

从维多利亚时代开始，就有一些声音试图将维多利亚时代的英国大量储蓄外流与它在经济增长方面没有跟上步伐的所谓失败联系起来。一些人认为，英国的金融系统选择将资金输出到外国铁路而不是升级英国的制造业，抛弃了英国的工业。伦敦金融城（City of London）经常被认为是英国制造业投资不足的罪魁祸首。这种说法的问题在于，虽然英国对制造设备的投资相对较低，并且国民储蓄的大量外流是既定的事实，但几乎没有证据表明英国制造商当时正在寻求资金且被拒绝了。与美国的对比则很有启发性。美国制造业获得了更多的投资，理所当然比英国制造业更加资本密集。但19世纪末的美国工业家面临着不同的制约因素和激励措施：他们最大的问题是熟练劳动力短缺，因此需要用机器取代人工。在并不缺乏熟练的制造业类型的英国，资本投资更倾向于基于手工艺的技术。

在经济学家约翰·霍布森[①]看来，英国的资本账户盈余确实是一个非常现实的问题，但这并不是因为它意味着国家对制造业的扶持欠佳。他在财富不平等、资本账户、帝国主义和最终战争之间建立了联系。霍布森提出了他称为"消费不足"的理论，他本人则在后来影响了20世纪第二个10年列宁的思想，以及20年代和30年代凯恩斯的思想。简单来说，他认为理论上任何个人在任何特定年份的实际支出都是有限的。在所有条件相同的情况下，富人储蓄占收入的比例会比穷人更高。这一点仍然没有争议。总的来说，储蓄率与收入呈正相关，一个人每年的收入越多，他的储蓄比例就越高。对霍布森来说，他认为维多利亚时代晚期和爱德华时代英国的不平等是过度储蓄和消费不足的驱动因素。他设想，随着收入的分配更加平等，更多的收入将被用于消费。在霍布森看来，英国庞大的储蓄量是英帝国主义的驱动力。国内根本没有足够的盈利渠道来满足可用资金的流动。在他看来，这种过度储蓄促使英国寻求海外投资渠道。根据这种模

[①] 约翰·霍布森（John Hobson，1858—1940）是英国新自由主义政治思想家、经济学家、社会改良主义者、帝国主义理论的创立者。——译者注

式，英国收购了一个更大的帝国，因为富人需要一个地方来存放他们的现金。霍布森把不平等和帝国主义联系了起来——这一点后来被列宁采纳了，但与英国海外借贷的模式不太相符。虽然帝国带走了英国的大量资本，但欧洲和美国通常带走的更多。同样，他关于不平等是资本账户盈余主要驱动力的论点表明，在整个19世纪末，不平等正在加剧，这似乎与数据不相符。霍布森的工作虽然可能被过分夸大，但确实展现了不平等的结构在宏观经济发展中发挥的重要作用，更重要的是，在国家间的经济互动中发挥的重要作用。在21世纪人们对中国和德国在全球经济中的角色的关注中，可以找到对他的观点的共鸣，即消费不足可能推动超额储蓄并导致大量的经常账户盈余/资本账户赤字。

造成维多利亚时代失败的一个更大的因素是人力资本（human capital）而不是物质资本（physical capital）。19世纪80年代的各个议会委员会和皇家委员会通常很快就诊断出社会缺乏具备在化工等新兴行业工作所需的技术技能的劳动力。在现代人看来，维多利亚时代的教育政策无疑是相当奇怪的。在1850年之前的一个世纪里，成年人的识字率一直保持在50%左右，到1870年时，识字率的确急剧上升到75%左右，但大部分功劳并不属于政府。那时的主导思想是自愿而非义务。在19世纪60年代末，大约一半的儿童没有途径上学，大约四分之一的儿童就读于自愿开办的学校（通常与教会有关），另有四分之一的儿童就读于政府资助的小学。1870 年的《教育法》(Education Act)要求在缺少学校的地区设置新的政府资助学校（这些学校会收取费用，但费用通常会得到减免），但与维多利亚时代的许多社会立法一样，它将是否强制入学的决定权留给了当地选举产生的政客。到 1876 年，父母有义务确保他们的孩子上学，但还没有真正的方法来强制执行。到 1880 年，学校被要求确保 5 至 10 岁的儿童出勤，并得到授权对缺席儿童的父母进行罚款。不过，直到 1891 年，政府才同意支付最多 10 先令的小学学费，有效地普及了免费全民初等教育。普遍的看法是，教育是一个自主的问题，正如 19 世纪 70 年代的财政大臣罗伯特·劳（Robert Lowe）所说："我认为我们有责任不花公共资金来做人们能为自己做的事情。" 19 世纪末，英国的教育支出（以占国内生产总值的比例表示）通常约为德国和美国的一半。这不仅仅是因为英国在普及初等教育方面起步较晚，中等教育——培训许多技术技能的地方——仍然是少数人的追求，而且据许多批评家说，英国在大学教育方面也落后了。

当然，正是在 19 世纪 80 年代和 90 年代，德国技术教育令英国向往，类似事情在其他的所谓的衰落时期会再次出现。有许多关于向青少年传授技术技能的贸易进修学校或与大学方向并存的技术高中的小册子。但是，这些证据往往被有意挑选出来作为失败的理由。例如，德国在化学方面的成就受到了赞誉，而英国在物理学方面的进步却被忽视了。英国大学在19世纪下半叶开始扩张，帝国理工学院和曼彻斯特大学等新教育机构在很大程度上达到了欧陆同行的标准。大规模初等教育推广较晚，但到1900年，19世纪50年代至80年代的问题已基本克服。

在19世纪下半叶，英国在制造业方面的投资水平确实落后于一些竞争对手，英国的教育也确实没有跟上国际最佳实践的步伐。但是，19世纪50年代至1900年英国经济相对衰退的主导因素是，英国已经完成了决定性的转变，不再是一个以农业为主的经济体。维多利亚时代的英国有很多衰落论者（declinists），他们经常把英国经济优势减弱的罪魁祸首归咎于社会或政策的某个特征上。通常情况下，就像20世纪末的衰落论者所写的那样，这些抱怨的特点会被一位现代历史学家称为"竞争对手（国家）"问题；海外最佳实践会被拿来与英国的经验比较，但它们往往来自不同的国家——英国没有被公平地与个别对手进行比较，而是与一个有着来自多个国家的不同特征的大杂烩进行比较。英国的成功——无论是在金融、航运还是服务方面——往往都被排除

第6章 成功的失败

在故事之外。

随着英国19世纪下半叶城市化和经济增长继续进行,其社会的其他方面也发生了转变。从1820年到1860年,出生时预期寿命稳定在40岁左右,到1900年上升到50岁。出生率有所下降,每名妇女一生中的平均生育次数从1800年的5次下降到1900年的3.5次。虽然预期寿命的延长是日益繁荣的证明,但在1900年,可能有多达六分之一的英国人仍然生活在绝对贫困中。在20世纪初的那次布尔战争①中,许多志愿者未能达到军队所要求的体能和健康标准,这引发了一场关于贫穷和国家效率的广泛辩论。

也正是在维多利亚时期,可以找到英国某些地区不平等现象的根源。只要看一眼英格兰的人口分布,就大概知道怎么回事了。1801年,全国约有27%的人口居住在广义上的北部——英格兰东北、英格兰西北、约克郡和今天的亨伯赛德(Humberside)。在1901年之前的每次人口普查中,这一比例都在上升,直到达到37%左右的峰值。在过去的120年里,这一比例一直在下降,现在已经回落到28%左右。

---

① 历史上一共有两次布尔战争(Boer War):第一次发生在1880年至1881年,第二次发生在1899年至1902年。此处指第二次布尔战争。——译者注

在工业革命的早期，许多关键发展发生在伦敦以外的地区。曼彻斯特是伟大的工业中心，利物浦是伟大的棉花港口，威尔士、苏格兰以及英格兰北部和米德兰（midlands）的煤炭开采和钢铁加工蓬勃发展。虽然计算区域层面的历史人均生产总值比计算国家层面上的数字更棘手，但大致的事实似乎很清楚了。在19世纪中期，伦敦作为英国最富裕地区的领先地位已经确立，但领先优势的急剧扩大发生在1900年之前的30年内。英格兰西北和西米德兰的人均生产总值在1870年前高于全国平均水平，但到1900年则低于全国平均水平。东盎格利亚（East Anglia）——这一最依赖农业的地区——在19世纪末经历了远比20世纪末去工业化所造成的任何后果都要剧烈的相对衰退。1871年，伦敦承担了英国20%的所得税收入来源，而到1901年，这一比例为25%。即使在主要基础工业的鼎盛时期，伦敦的就业增长也比兰开夏郡或克莱德赛德（Clydeside）等其他当时的高收入地区要更快。在19世纪上半叶，新兴工业的发展将财富和人口吸引至最能够满足对这些新产品不断增长的需求的地区。但是，随着这些产业的成熟和对服务的需求——长期以来伦敦的强项——成为整体经济的一个更重要的驱动力，首都的领先优势再一次开始扩大。对许多公司来说，现有的服务和商业企业集群使得在伦敦运营比在布里斯托（Bristol）

或纽卡斯尔（Newcastle）从头开始要容易。

尽管经济际遇各不相同，社会变化迅速，但政治进展缓慢。与现代政治家相比，维多利亚时代中后期的政治家们（他们几乎全是男性）在构成现代政治大部分内容的就业和增长等关乎民生的宏观经济问题上花费的时间极少。在工厂立法、一些贫民窟拆除和教育改革的同时，偶尔也有关于经济表现的委员会或调查，但政治往往被社会改革、英国国教的角色、治理爱尔兰的本质或帝国的扩张等问题所主导。与20世纪相比，经济政策和政府职能的概念仍有很大的局限性。

但是，尽管辩论中存在分歧，英国政治的形式确实变得更加现代。议会本身的构成继续朝着更好地反映经济权力所在的方向转变，并摆脱了旧时的地主利益。1867年和1884年的两项深化改革的法案扩大了选举权，因此，到19世纪90年代，每三名21岁以上的男子中就有两名（约占人口的五分之一）拥有投票权。对贿选行为的严厉打击和秘密投票制度的引入消除了该制度下一些更明目张胆的腐败，但选举仍然喧闹，时而会出现暴力事件。直到1918年，大选都是在四周内进行，而不是在一天内进行，部分原因是为了让警方能够调度警力以控制事态发展。暴力推搡竞选对手，打碎他们办公室的窗户，在他们拉票游行时投掷腐烂的蔬菜，这些都是非常寻常的事情。竞选紧张席位时的气氛可以与20世纪70年代或80年代的足球德比①相提并论。

下议院的构成从地主贵族的儿子转向接纳更多的工商业中产阶级。1874年，尽管存在固有障碍（议员的角色仍然是无偿的，而且占用了越来越多的时间，因此工人阶级男子如果"胆敢"考虑竞选议会议员，他通常需要找到一个财务赞助人），但仍首次有两名工人竞选成功（两人都是作为自由党人在矿业席位上当选）。随着更多企业主的到来，上议院的组成也开始发生变化——此时议员仍然被授予世袭贵族而非终身贵族爵位。然而，尽管发生了这些变化，直到19世纪末，内阁仍然由贵族和贵族的儿子主导。部分原因是人们进入政界的年龄：对于一个成功的工厂主或律师来说，议员通常是他们30多岁或更有可能是40岁、50岁时开启的第二职业，而那些贵族子弟不到30岁就可以在议会中找到自己的一席之地。

政党制度的结构无疑开始感觉更现代了。独立议员人数下降，议员们开始更多地按照党派路线投票。虽然19世纪50年代的政府并不把每年在一些政治分歧上落下风当作一回事，但到1900年，政府通常可以依靠党鞭（whip）来使

---

① 体育术语，在欧洲多指足球队之间的比赛。——译者注

其法案通过。到19世纪60年代，两党制已经确立，辉格党、皮尔派（Peelite）和激进党（Radical）一起组成自由党，成为保守党的政敌。选民范围的扩大使得该两政党组织的发展成为必要。

总的来说，19世纪50年代至19世纪70年代自由党占据主导地位，该世纪后期则由保守党占上风。人们倾向于将19世纪末的政治称为格莱斯顿和迪斯雷利时代（The Age of Gladstone and Disraeli），但格莱斯顿、迪斯雷利和索尔兹伯里的时代（The Age of Gladstone, Disraeli and Salisbury）是一个更公平的描述。从1868年到1902年的34年里，除了19世纪90年代中期短暂的18个月外，首相一职由这三人轮番担任。每个人都以自己的方式对现代英国的政治经济产生了深远的影响。

威廉·埃瓦特·格莱斯顿（William Ewart Gladstone）出身于托利党，后加入皮尔派，再经由合并成为自由党人，在19世纪60年代末担任自由党领袖前，曾于19世纪50年代和60年代两次长期担任财政大臣，自由党是由前托利党皮尔派人、激进党人和老辉格党人组成的具有差异化的联盟。在接下来的30年里，他一直主宰着自由党，在其职业生涯结束时，他不仅是该党唯一令人信服的领导人，也是其对手最想攫取的选举资产。格莱斯顿的自由主义将崇高的道德说教与对改革和整顿的更加敏锐的关注结合起来，如果某项成本可以被削减，格莱斯顿一般都赞成削减。他在很多方面都是一个典型的自由主义者，信奉自由放任的自由市场和小政府、低税率的政策，但同时为了使更多机会自由成为可能，又会纠正明显的错误。他平时似乎很少像为一些任务或目标而奔走游说时那么高兴。奥斯曼帝国的基督教徒境遇的探讨、爱尔兰地方自治的缘由以及英帝国在非洲政策的不公都为他所用。在他职业生涯的最后 20 年里，他经常从公共生活中隐退，只有在某些道德问题出现时才被召回。虽然他开辟制度的主要受益者很明显往往是中产阶级，但偶尔被称为"人民的威廉"的格莱斯顿确实赢得了工人阶级的广泛支持。按照 20 世纪或 21 世纪的标准，他早期的纲领所描述的"和平、经济和改革"对工人阶级选民来说可能不是一个特别受欢迎的主张，但当时的背景却大不相同。在一个税收主要基于对产品征收的间接费用而不是直接从收入中扣除的时代，负担不成比例地落在了穷人头上。与此同时，政府的大部分支出要么用于武装部队支出，要么用于偿还以前战争中累积的债务利息。对英国工人阶级来说，缩减开支通常意味着缩小军队规模，对他们来说，这就意味着降低商品价格。当政府只代表着战争能力时，弱化它可以被认为是中间偏左的立场。

第6章 成功的失败

欧内斯特·贝文[1]曾开玩笑说，他听说格莱斯顿从1860年到1930年都在财政部工作。在很多方面，他的精神确实如此。正是在19世纪，财政部成了英国政府机构中最强大和最核心的部门。不过，维多利亚时代的财政政策不是为了支持经济增长或平滑经济周期波动，而是为了管理和偿还政府债务。英国在1792—1815年的六次反法同盟的组织和筹资方面发挥了核心作用。那次胜利的"价格"并不便宜，18世纪70年代美国独立战争的失败也很昂贵。英国的政府债务占国内生产总值的比例在1815年达到顶峰，约为国内生产总值的210%。到1850年，这一比例已降至130%，到1900年则仅为35%。当然，对维多利亚时代的政策制定者来说，国内生产总值的概念本身就是陌生的。他们认为债务是一个绝对数字，一个必须偿还并最终偿还的英镑价值，而非一个与经济规模相关的抽象概念。1815年至1850年，债务与国内生产总值之比的下降主要是由国内生产总值上升而不是债务下降驱动的。1815年，国家债务达到8.2亿英镑，在1850年仍为7.7亿英镑左右。鉴于每年的税收总额

---

[1] 欧内斯特·贝文（Ernest Bevin，1881—1951），英国政治家、工会领袖、工党政治家，20世纪上半叶最有影响力的工会领袖之一。——译者注

仅有5 700万英镑,这被认为是一个天文数字。而解决方法,按照当时财政部的说法,即为严格控制支出。较轻的债务负担将意味着支付的利息更低,为减税和鼓励增长腾出更多空间。

即便是当时所有政党的政治家通常都会感慨的税收,按照现代标准来看也是非常低的。1851年,在英国的2 700万居民中,只有大约50万居民有义务缴纳所得税,即使如此,所得税的税率也仅为2%。所得税是在1799年作为一项临时措施引入的,以资助拿破仑战争。它在1816年被废除,但在1842年又被重新引入,以帮助偿还政府债务。格莱斯顿和迪斯雷利在1874年大选的竞选宣言中都承诺将再次废除所得税,但这一承诺并没有得到履行,就像多年来的许多选举承诺一样。

格莱斯顿本人以及吸收了他观点的19世纪几代财政部官员认为,政客通过承诺在某些规划上的支出以竞争选票存在巨大危险。为了避免这种危险,格莱斯顿自由主义在他的托利党改革家导师罗伯特·皮尔的原则基础上,强调政府在经济事务上的中立性。例如,对农业的征税应与对工业活动的征税平衡。因此,所得税的任何增加或减少——通常会影响殷富工业家的钱包——将由遗产税和继承税的变化来平衡,而遗产税和继承税的负担最重的是土地所有者。政府当然不会在各阶级之间重新分配收入。控制支出被认为对保持这种阶级中立性和防止"旧腐败"卷土重来至关重要。其结果是，财政部在当时的国内政策制定中发挥了重要作用，比许多当代财政部的同行地位要高得多。各部门的支出计划不仅要事先与财政部协商，而且每年都要通过议会投票表决。对钱袋子的严格控制赋予了财政部在整个白厅[①]的影响力。

从19世纪中叶开始，政府确实在其他领域逐渐扩张。本章前面已经讨论了政府对教育的干预。现代警察部队在19世纪40年代至19世纪60年代发展起来；到1900年，皇家邮政（于1840年推出了均一便士邮票，并于1852年设立了邮筒）每年处理23亿封信件。但政府规模仍然很小。就业也许是最好的衡量标准：1890年，约1.7%的工人在陆军和海军服役，而为中央政府工作的只有0.7%。更广泛的扩张发生在地方政府另外雇用的1.2%的员工之中。宽松的中央政府社会立法通常具有允许地方当局采取某些行动但不做要求的特点。鉴于任何地方政策都必须由当地纳税人买单，其结果往往参差不齐。

---

① 白厅（Whitehall）位于英国伦敦威斯敏斯特市内的一条大道，是英国政府中枢的所在地，"白厅"一词亦指代英国中央政府。——译者注

伯明翰（Birmingham）是伟大的革新者。在内维尔①的父亲、可能是最重要的从未担任过首相的英国政治家乔·张伯伦②的领导下，英国开创了一些人所称的市政社会主义（municipal socialism）。不过，张伯伦不是社会主义者，而是那种最罕见的人：一个成功的商人，并且成功转型进入政坛。他于1873年成为伯明翰市长，并迅速推进了教育改革和贫民窟拆除。更重要的是，他将该市的天然气和自来水工程纳入了公有制，帮助建立了一种所谓的自然垄断（本质上是公共事业）的市政所有权模式，并在许多其他城市和城镇中复制。乔·张伯伦在19世纪70年代和80年代被称为"激进的乔"，并成为自由党政治中的全国性人物，敦促采取格莱斯顿正统观念所允许的范围外的更多干预措施。他在1885年提出"激进计划"③，呼吁进行土地改革、提高直接征税和普及免费教育。然而，作为英国政治史上最大的讽刺之一，他很快就发现自己与保守党一起执政。张伯伦就爱

---

① 指英国保守党前首相内维尔·张伯伦（Neville Chamberlain）。——译者注

② 即约瑟夫·张伯伦（Joseph Chamberlain）。——译者注

③ "激进计划"（Radical Programme）即为乔·张伯伦在1885年大选期间提出的使农业劳工受惠的"未经批准计划"（Unauthorised Programme）。——译者注

尔兰地方自治的问题与格莱斯顿分裂，他带领一众"三教九流"的前自由党激进人士和老资格辉格党人转换阵营，组建了自由统一党（Liberal Unionist Party），该党不久后就加入了与保守党合作的联合政府。自由统一党人虽然坚持认为他们仍然是一个独立的政党，但逐渐被保守党吸收合并，正如奥斯卡·王尔德的《不可儿戏》（The Importance of Being Earnest）中布拉克内尔夫人（Lady Bracknell）所说的那样，"哦，那就算是保守党了"。自由党的所谓激进左派可以因为他们对爱尔兰地方自治的看法而选择与保守党坐在一起，这一简单的事实说明了维多利亚时代后期政治的性质和主要关注点：经济并不是一个核心特征。

事实上，就其经济政策而言——只要存在任何经济政策，两个主要政党都是广义上的自由"派"而非自由"党"，从政治经济学的角度来看，两者都是资本政党。如果非要说的话，保守党更为主张"干涉主义"。迪斯雷利并不是一个非常成功的财政大臣，他的继任者们经常亲切地称呼他为"一国保守主义"（One Nation Conservatism）的缔造者，这是一个略为狡黠的措辞，在不同的时代有不同的含义。将迪斯雷利与一个狡黠的短语紧密联系起来并不奇怪；毕竟，他是最狡黠的政治家。他总是能很快地讲出一个笑话，如果出生在一个半世纪后，那他无疑是那种人们在推特上关注的有趣人物，并在电视小组比赛节目中声名大噪。但生于1804年的迪斯雷利不得不安于通过写小说来填补政治之外的时间。《西比尔，或两个民族》（*Sybil, Or the Two Nations*）是他1845年对英国工人阶级状况的描述，与恩格斯在同一时期的著作相比，其数字要少得多，笑话也更多。一国保守主义通常意味着支持传统制度，加上有时对改善工人条件的近乎家长式的关注。

这种做法当然适合保守党，因为英国正在如此缓慢地走向类似于大众民主的道路。人们可能会臆断，在一个快速工业化和城市化的国家，一个传统上被视为地主利益的捍卫者、更适合在农村扎根的政党，会因为核心支持者的经济实力下滑而陷入困境。这样想就错了。保守党证明了自己在其方案中具有难以置信的灵活性，并且能够建立一个坚实的跨阶级选举联盟。事实上，从许多方面来看，它是一个半世纪以来任何民主国家中在选举上最成功的政党。在迪斯雷利的见解基础上，索尔兹伯里勋爵（Lord Salisbury）——他本人是一个真正的蓝血贵族——创建了一个选举基础，范围从像他自己这样的地主，到维多利亚时代英国越来越多的郊区人口，还有相当一部分工人阶级。"别墅托利主义"（Villa Toryism）——这里的"别墅"是19世纪70年代和80年代兴起的那种维多利亚时代大型排屋——是一个受欢迎的计

第6章 成功的失败

划,其基础是对帝国的支持、普遍意义上的约翰牛[①]式爱国主义和一些改善工作条件的温和措施,如制定工厂法案和拆除贫民窟。它从未完全发展到意识形态的高度,甚至在许多方面,也从未发展为一套思想,而是一种情绪和意识。一直以来,自由党人被更多地与思想联系在一起,约翰·斯图尔特·穆勒甚至称保守党为"愚蠢的政党"。穆勒本人在1868年输给了保守党候选人——后来的内阁大臣——威廉·亨利·史密斯,失去了他的议会席位。正如《泰晤士报》所言,选民们更喜欢卖书的不知名保守党人,而不是写书的知名自由党人。英国政治并不总是善待知识分子。

穆勒可能确实在1868年失去了席位,但很难说他失去了影响力。他更"激进"的想法(如赋予女性选举权)大多被政治共识所忽视,但他关于自由放任自由主义的广泛经济探讨在维多利亚女王统治期间主导了英国的政策制定。到19世纪末,英国经历了长达一个世纪的历史上前所未有的增长,它建立了一个庞大的帝国,并且是一个——也许是唯

[①] 约翰牛(John Bull),是英国的拟人化形象,源于1727年由苏格兰作家约翰·阿布斯诺特所出版的讽刺小说《约翰牛的生平》。这个形象原本是为了讽刺辉格党内阁在西班牙王位继承战争中的政策所创作的。——译者注

——一个——全球领先的政治和金融大国。这一成功似乎是建立在相对不干预政策的国家管理方式之上。当欧陆强国和美国政府通过国有银行、关税和社团主义（corporatism）的新生形式，在发展本国经济方面扮演着越来越积极的角色（往往明确旨在追随英国的道路）时，19世纪末的英国托利政府采取了格莱斯顿或穆勒的方针。自由贸易和自由市场似乎带来了成功。在20世纪的第一个10年，这种情况将开始发生变化。

第 7 章 爱德华时代插曲

回过头看，夹在维多利亚女王去世和第一次世界大战开始之间的13年的时间，无疑是与惨烈的索姆河战役相比，才经常被描绘成某种更纯真的年代，如一场没有尽头的唐顿庄园夏日聚会。但对于那些经历过这一时期的人来说，它往往远非平静。经济经历了一段困难时期，并且正如在困难时期经常会发生的那样，政治格局变得更加动荡不安和危机四伏。随着在漫长的维多利亚时代首次播下的种子开始开花，英国的政治经济在这一时期发生了重大变化。国家的规模越来越大，而工人的组织化程度越来越高，并开始以自己的方式闯入政治领域。更广泛的爱德华时代的危机涉及宪法僵局、日益激进的妇女争取选举权运动和爱尔兰蓄势待发的内战。所有这一切都伴随着工会活动的浪潮，关于税收的重大争议以及关税与自由贸易辩论的重新打响。这并不是一场漫长的夏日派对。

虽然爱德华时代在大众文化中获得了良好的声誉，但经济历史学家对第一次世界大战之前的几十年一直比较悲观。事实上，许多学者已经开始用"爱德华更年期"（Edwardian climacteric）的概念，借用一个通常与绝经期有关的医学术语来描述所谓的英国经济的低迷状态。由于经济历史学家倾向于使用与非经济领域同行不同的年表，他们的爱德华更年期可以追溯到19世纪80年代末，远在爱德华登基之前。解释该经济放缓的传统方式是认为19世纪末和20世纪初恰好是蒸汽时代结束和现代电力诞生之间的断档。对于像英国这样处于技术前沿的先进经济体来说，蒸汽的收益（在提高生产力和进而提高人均收入方面）已经逐渐消失，而距离大规模电气化推动各行业出现类似的生产力繁荣还有一段时间。2018年，英格兰银行的一位副行长在试图将英国2010年代疲软的生产力增长与20世纪90年代初的表现相提并论时，同样使用了更年期这个术语。最近的学术研究认为，英国经济增长放缓并没有早期历史学家曾经想当然的那么严重。也许没有那么严重，但仍然在数据中有所体现。当然，这也是当时主导政治的重要因素。维多利亚时代举世瞩目的英国经济似乎已经失去了活力，当时的两个主要政党就如何恢复经济展开了斗争。

如果将爱德华时代的政治和经济政策的制定置于国家信心危机的背景下，则更有意义。主体增长已经放缓，英国制造业不仅被迫与美国人和德国人竞争，而且越来越多地与法国人竞争。报纸上充斥着外国商品包围英国商店的故事。英国曾经举世无双的模式似乎出了问题：它不仅没有产生健康的经济数字，而且没有产生健康的人群。

爱德华时代是英国维多利亚时代经济模式的旧世界与后来的新世界之间缺失的纽带。在旧世界里，自由放任的经济模式主导了对市场的态度，政府尽可能不参与经济的直接管理，随之而来的是：政府规模不断发展，重新分配和监管越来越多。第一次世界大战的危机推动了这一转变，但许多在1914年至1918年加速发展的趋势在1900年就已经显现。正是在这一时期，描述国家工人的广泛称呼——劳工（labour），变成了有组织的政治力量——工党（Labour Party）。维多利亚时代早期的政治被地主利益集团和新兴中产阶级之间的斗争所支配；在维多利亚统治接近尾声时，正式的政党政治基本上是在资本的不同派别间进行斗争。在维多利亚时代后期和爱德华时代，劳工开始在政治上发挥其巨大的经济影响力。

工艺工会（craft union）——在许多方面非常类似于基于特定技能的中世纪行会的工会——在整个维多利亚时代早期到中期不断发展。工会代表大会（Trades Union Congress）是一个于1868年在曼彻斯特成立的伞式组织，最初由工程师工会等主导，它在很大程度上代表了所谓的"工人贵族"，通常是那些有需要经过多年培训和学徒传承才能掌握的"工艺"（trade）的人（谜底就在谜面里）。就像小贵族一样，工艺工会相当热衷于保持他们的与众不同。例如，更多的机车司机加入了机车工程师和消防员协会（Associated Society of Locomotive Engineers and Firemen），而不是听起来很平民化的铁路工人总工会（General Railway Workers' Union），后者向所有人开放，包括从高技能的工程师到从事体力劳动的行李搬运工。19世纪60年代，木匠和细木工联合协会的卡迪夫分会被描述为"用常青树精心布置，主席椅子顶部雇主和工人亲切握手的设计描绘了他们之间存在的友谊"。这是与后来的工会运动不同的形式。

在成为福利国家之前的日子里，工会的作用远不止与雇主讨价还价那么简单，它们提供疾病津贴和人寿保险，组织葬礼俱乐部以支付葬礼费用，并且具有社交属性。19世纪60年代末，对工会进行调查的皇家委员会成员在起草1871年《工会法》时，所设想的正是这种工会模式，该法案将行业组织置于更坚实的法律基础之上。毕竟，这些工会成员是与他们的社区息息相关的明智的小伙子们（他们确实主要是男性），事实上，他们中的许多人正是在第二次和第三次改革法案中获得了选举权。

英国工会运动的特点在19世纪80年代发生了深刻的变化。在工业革命的最初几十年，即"恩格斯的停顿"时期，工人们度过了一段糟心的岁月，但随后迎来了几十年的追赶式增长。随着这种增长逐渐消失，实际工资增长开始下降，工人们开始推动更多的进步。19世纪80年代的"新工联主义"（new unionism）不仅采用更激烈的方式与雇主对抗，而且吸纳了一大批完全不同的、以前没有组织的工人群体——半技术工人或非技术工人，更不用说女工。

伦敦火柴女孩的罢工就是一个很典型的例子。维多利亚时代的英国每天估计要使用2.5亿根火柴，火柴制造既是大生意，又是苦差事。大部分工作都主要由年轻女工构成的劳动力在家里完成，以避免受到各种工厂法条款的约束，她们被要求每周工作6天，每天工作10小时，工作内容是将火柴浸入硫黄中并涂上白磷。工资很低，而且工人们还会因为火柴破损而被处以各种罚款，这进一步降低了工资。除了微薄的工资，许多工人还得到了一笔不那么受欢迎的"奖金"，那就是"磷下巴"，一种因吸入磷而造成的面部损毁。许多雇主给员工的建议很简单：如果你的牙齿开始出现疼痛，就把它们全部拔掉。火柴公司布莱恩特和梅（Bryant and May）的伦敦分部出现的数次夭折的罢工贯穿了19世纪80年代，直到1888年最终迎来了一场最初起始于一名工人被解雇的罢工，促成了更高的工资和更少的罚款。

如果堡区（Bow）的火柴女孩能够让资本家作出让步，那么当时世界上最大的港口——伦敦的码头工人也可以。在为期一个月左右的1889年伦敦码头工人大罢工中，大约10

万名主要是非技术工人拒绝复工，直到雇主同意将他们（码头硝皮匠）的基本工资提高到每小时 6 便士。不过，比罢工本身更重要的是，在接下来的 10 年里，罢工中产生了码头工人们和劳工们的新工会，并加入了工会代表大会。

英国工会在 19 世纪 80 年代至 1914 年的发展速度比历史上任何时候都快。工会当时的核心诉求通常是每天工作 8 小时，在标准的 6 天工作制下，这相当于每周工作 48 小时。这在现代人听来仍然很长，但考虑到 1900 年的平均每周工作时间几乎为 57 小时，这被雇主视为一个不合理的激进要求。

到 1900 年，约 200 万英国人加入了工会，占所有工人的不到 10%。到 1913 年，这一数字增加了 400 万，超过了雇员人数的五分之一。劳工的产业组织力量正慢慢转化为政治力量。如前所述，两名工人在 1874 年被选为所谓的自由劳工联盟（Lib-Lab）议员，他们是由工会支持的工人，但作为自由党人出席议会。1892 年，尽管自由党拒绝提供直接帮助，但是退出竞选间接给了工会和保守党竞争的机会后，工会组织者基尔·哈迪（Keir Hardie）设法使自己当选为西汉姆南区（West Ham South）的议员。第二年，他成立了独立工党（Independent Labour Party）。然而，工会运动的主体在支持新成立的独立工党的问题上退缩了，而是倾向于坚持与更成熟的自由党合作。工会代表大会于1900年成立了"劳工代表权委员会"（Labour Representation Committee），将独立工党和更多的中产阶级左派团体，如费边社（Fabian），凝聚在一起，并为他们提供工会支持，其目的是建立一个挥舞自己的鞭子、在议会中为工人的呼声而据理力争的议员团体。早期的工作并不顺利：不到一半的工会代表大会的成员工会选择加入这个新组织，在1900年的大选中只有两名议员当选。

工会在法院的一次失利后，情况发生了更快的变化。在铁路员工联合会（Amalgamated Society of Railway Servants）举行罢工后，塔夫谷铁路公司（Taff Vale rail company）决定将工会告上法庭并要求赔偿。令许多法学家惊讶的是，该公司胜诉了。这一判决被上诉法院推翻，但上议院却维持了这一判决。工会被裁定对公司遭受的经济损失负有责任，并被要求支付2.3万英镑（接近今天的300万英镑）作为赔偿。实际上，法院已经推翻了1871年《工会法》：是的，工人有权利进行罢工，但如果他们的雇主可以起诉他们的工会承担罢工造成的损失，那么罢工的权利只在理论上存在，在实践中绝无可能。在看到了对自己组织工作的潜在影响后，一个又一个工会抛弃了自由党，加入了劳工代表权委员会。加入的工会数量增加了一倍，1906年的选举结果为29人当选议员（在与自由党签订秘密选举协约[1]之后）。这个新团体将自己更名为工党（Labour Party），总体上支持自由党的广泛纲领直到第一次世界大战。

新的自由党政府通过的1906年《劳资争议法》（Trades Dispute Act）否决了塔夫谷判决案的先例，工会再次自由地组织起来并进行罢工。他们成群结队地这样做。对此最好的衡量标准是看整个经济中每个工人因罢工而损失的工作周数。如果一个经济体中有1 000万名工人，其中50万名工人进行了为期一周的罢工，该比率将为0.05（总计1 000万名工人共50万周的罢工行动）。如果这50万名工人持续罢工两个星期，或者100万名工人罢工一个星期，这个比率将是0.1。在19世纪90年代末，这个数字一般在0.02或0.03左右；换句话说，罢工是罕见的事件。在第一次世界大战前夕，这一比率达到了0.07——原来的两到三倍。1912年，比率达到了0.30——这个比率只有在1926年举行的全国总罢工（General Strike of 1926）中才被超过，几乎两倍于

---

[1] 1903年8月，自由党与劳工代表权委员会签订秘密协约，自由党答应把35个选区让给劳工代表权委员会去竞争，以此得到工人方面的允诺：他们将在其他选区支持自由党，并支持日后可能产生的自由党政府。——译者注

1978年"不满的冬天"①（winter of discontent）中0.17的比率。工会在第一次世界大战前的几年里，始终处于最斗志昂扬的状态。当英国政治家在1914年初面色阴沉地谈论"三角同盟"（Triple Alliance）时，他们很可能是指铁路、运输和通用工人工会间的新联盟，而不是指他们不久将与之交战的德意志帝国、奥匈帝国和意大利王国的军事同盟。

早期的工党不应该被认为是特别具有意识形态的，虽然它的成员肯定包含社会主义者，但无论怎么看，它都不可能是一个社会主义政党。1906年，当29名议员被要求说出他们最喜欢的作家时，亚当·斯密被提及了4次，没有人选择马克思或恩格斯。只有约翰·拉斯金（John Ruskin）和查尔斯·狄更斯（Charles Dickens）成功获得了比《圣经》更多的支持。有句老话很有道理，工党卫斯理宗（Methodism）的成分多过马克思主义的成分。生产资料公有制直到1918年才被提出，并且工党坚定地支持自由贸易。就该党的意识形态而言，它可以被称为劳工主义（Labourism），即劳动者应在议会中拥有发言权，立法应逐步向改善工作条件倾斜。

---

① 由于不满政府的一系列政策，1978年冬，英国各地发生了一系列的罢工和暴力冲突，被称为"不满的冬天"。"不满的冬天"是英国战后经济问题的总爆发。——译者注

对 20 世纪后期来说，至关重要的是，英国工会对谈判的观点——与他们创建的政党相同——在某种层面上是一种基本自由市场的观点。自由集体谈判意味着就工资和工作条件的讨价还价应该在公司层面上由老板和工会进行。许多欧洲国家后来尝试的那种更广泛的部门协议或国家协议，与英国工会运动的理念可谓是南辕北辙。

正是在有政治组织性的工人的崛起、经济增长放缓、劳工动乱的浪潮不断涌现的背景下，在人们普遍丧失信心的情况下，我们应当看到爱德华时代国家的逐步扩张。除此之外，还可以算上"妇女参政论者"（Suffragette）为妇女争取投票权的日益激进的运动，以及进一步陷入以武力解决其当下面临的宪法困境的爱尔兰现状。

1898 年格莱斯顿的去世使自由党得以重塑，而以压倒性优势赢得 1906 年选举的自由党已经与其之前的自身形象截然不同。虽然最初由亨利·坎贝尔-班纳曼（Henry Campbell-Bannerman）领导，但它由更年轻的成功男性主导，他们通常是中产阶级律师，如赫伯特·亨利·阿斯奎斯[①]

[①] 赫伯特·亨利·阿斯奎斯（Herbert Henry Asquith），原文为 Henry Herbert Asquith，该信息与史实不符，疑为原作者录入错误。——译者注

（Herbert Henry Asquith）和戴维·劳合·乔治（David Lloyd George）。在重启自由贸易辩论的背景下，该党重新上台执政（关于这一点，后面会有更多介绍），但一上台就开展了一系列被称为新自由主义（New Liberalism）的改革。如今，这通常被视为英国福利国家的诞生。改革的步伐很小，但方向明确。正如温斯顿·丘吉尔（他本人曾因保守党的自由贸易问题而倒戈并担任自由党大臣）在谈到其中一项新福利时所说的那样："只要你得到了它，你就觉得这不算什么。"

对许多人来说，德国是榜样。俾斯麦（Bismarck）于1871年组建的新的第二帝国在社会政策方面领先英国约20年。面对19世纪80年代工人阶级日益高涨的不满情绪，德国宰相采取了两手准备的方式加以应对，一方面通过立法强硬镇压社会主义者，另一方面试图通过增加国家在社会保障中的作用来减轻工人阶级的苦难。在20世纪初，英国的精英阶层中有相当多的人以类似的方式看待问题：工人可能会被相对廉价地收买，如果不采取行动，那么后果可能会更严峻。然而，对于大多数自由党政治家来说，他们对待工人的态度没有那么犬儒。自由党人冒着成为自身成功的受害者的风险，使该党在19世纪焕发生命力的伟大斗争大多已经取得胜利。大学的大门已经敞开，选举权范围已经扩大，宗教宽容度有所增加。逐步改革英国经济模式，给予工人更多保障，这似乎是显而易见的下一步，它具有帮助遏制身为英国政治边缘参与者的新工党的附带作用。

1908年《养老金法》(*Old Age Pension Act*)通过邮局向70岁以上的老人发放小额养老金。1911年《国民保险法》(*National Insurance Act*)不仅为该方案所涵盖的工人引入了法定病假工资和医疗费用保障，还引入了失业补贴。这些都体现了英国政府工作性质的巨大变化。政府应该管理一项计划来向那些没有储蓄的人提供失业补贴或支付养老金的观念完全违背了格莱斯顿对政府作用的看法。但从格莱斯顿时代起就未曾改变过的是预算应该保持平衡的观念。爱德华时代政治的真正戏剧性事件发生在政府账簿的收入那一栏。

政府收入增加的压力来自两个方面。与以前相比，养老金和国民保险都发生了深刻的变化，但至少在最初，费用是可控的。社会转移支付（由政府向公民支付）从1900年占国内生产总值的2.3%左右上升到1914年的接近3%——比例大幅上升，但按绝对值计算仍然很小。尽管如此，在一个税收仅占国内生产总值10%左右的国家，即使这种小幅增长也意味着总体税收负担的相对大幅增加。但是，不仅仅是社会支出在增加，国防支出也在增加。一些英国政策制定者可能会对德国新生的社会保障制度心生仰慕，但很少有人对德国不断增长的海军实力持温和态度。

至少自拿破仑战争以来，英国就一直是全球主导的海军力量，这种领先优势的延续在1889年的《海军防卫法》（Naval Defence Act）中得到了正式确立，该法制定了双强标准（two-power standard）。法案决定英国舰队的实力应始终至少与全球第二和第三大国的总实力相当。在当时，这项法案最有可能针对美国、法国和俄国间的某种组合，但在十年内，海军部就不安地把目光投向了北海另一侧的德国。从1898年开始，一系列德国海军法案开始将该国的工业实力转化为战列舰队。

当然，在军事创新走上正轨并重启军备竞赛之前，英国的领先优势仍将处于掌控之中。无畏号战列舰（HMS Dreadnought）于1906年下水。作为一艘"全装重型火炮舰"（all big gun ship），它配备了12英寸（1英寸≈2.54厘米）口径的主炮，可以打击海面上漂浮的任何目标，并配备了推进机组，使它比可能面对的任何对手都要更迅速。速度和射程的结合实际上使所有现有的战列舰在一夜之间成为过去式。从那时起，海军战略家们开始谈论"前无畏舰"和"无畏舰"[①]，而后者才是

[①] 无畏号代表战列舰技术的重要分水岭，一般通称其同类为"无畏舰"，之前的战列舰则称作"前无畏舰"。——译者注

算数的。英国的领先优势重新由一艘舰船决定。无畏舰也很昂贵，成本大约是上一代主力舰的两倍。无畏舰的建造继续以越来越快的速度进行，直到战争来临。例如，1908年12月，海军部要求在1909—1910财政年度内建造6艘无畏舰。内阁推脱称，可以先在1909—1910财政年度建造4艘，在下一个财政年度开始时再建造4艘。保守党反对派和许多报社以"我们要8艘，不要再等待"的有力口号进行反驳，最终迫使内阁让步，并在1909—1910财政年度内订购了全部8艘无畏舰。只有在爱德华时代英国极度偏执的气氛中，"8"才是"6"与"4"之间可以被接受的"委曲求全"。结果证明，尽管有一些惊吓，但英国海军对德国的领先优势从未受到严重挑战。1914年，英国集结了32艘无畏舰，德国19艘，美国仅10艘，远远落后于前两名。

在海军军备竞赛和政府日益增强的国内角色的双重压力下，英国支出不断上涨，问题则变成了如何筹集这笔费用。约瑟夫·张伯伦——现在是保守党/自由统一党联盟的领军人物——有一个潜在的答案：征收关税。

在张伯伦这个一直有创新精神的政治家看来，关税似乎可以一步到位地解决许多问题。他希望关税可以通过防止外国人向英国市场"倾销"廉价商品和压低国内企业的价格来振兴英国制造业，可以通过"帝国特惠制"（Imperial

Preference）——一种将英国与其殖民地和自治领联合在一起的共同对外关税边境制度——将帝国捆绑在一起，可以为扩大社会支出筹集收入，并且最重要的是，它将帮助张伯伦建立一个跨阶级政治联盟。制造商将从免于海外竞争中受益，从而将他们与保守党绑定，而工人将从更高的社会支出中受益。

自19世纪40年代以来，情况确实发生了变化。英国作为唯一值得注意的真正的制造业大国，它在全球经济中的地位开始转变。虽然在19世纪中叶曼彻斯特及其工厂老板一直是自由贸易的核心支持者，但现在许多公司愿意接受这样的观念，即关税可能的确在政策中占有一席之地。自19世纪70年代以来，全球关税水平的普遍上升无疑让英国——一位单边自由贸易拥趸——显得格格不入。

但是，在这个计算过程中，所有的假设逻辑都被推翻了。保守党本身也蒙受了叛逃（尤其是年轻的温斯顿·丘吉尔），虽然一些制造商被笼络了，但这对大多数工人并不奏效。19世纪40年代的辩论带着朝气蓬勃的新观念重启热议，活动家们（包括自由党和工党）强调，关税的真正含义是昂贵的食物。这方面的标志性符号是"自由贸易面包"，这是一种用来在集会上挥舞，并与较小的关税改革面包做比较的道具，自由贸易者认为，如果张伯伦得逞，工人就只能买得起那种小面包。在食物政治中，不止一个自由贸易者声称，德国人吃马肉香肠不是反映出他们偏好这样，而是反映出德国工人阶级因保护主义的弊端而陷入贫困。

在1906年的大选中，自由党赢得了近400个席位，而保守党和自由统一党只有156个。29名工党议员和零零散散82名爱尔兰民族党员在大多数问题上都可以跟随自由党投票。不过，上议院仍然是坚定的保守党，这将在未来几年内产生影响。

如果关税被排除在收入来源之外，那就只剩下了税收，自由党正是转向了后者。坎贝尔 - 班纳曼于1908年卸任首相，由一位喜欢喝酒和与年轻女性为伴的成功的伦敦大律师阿斯奎斯取代。事实证明，他是一个相对随和的首相。他是那种善于交际的人，似乎很享受战前的管理节奏，是那个时代新自由主义的典型代表。他的口号是"进步，但步伐要稳"。他的财政大臣劳合·乔治也是一位律师，尽管此处严格来说是威尔士事务律师。劳合·乔治也对年轻女性情有独钟，但两人的相似之处就仅此而已。作为一名伟大的演说家，他以反对英国在布尔战争中的行径而扬名，作为一名拥有着更激进的本能的财政大臣，他不是一个会回避战斗的人，特别是与地主阶级的斗争。

劳合·乔治解决预算短缺的方法是增加税收，而且对富人尤甚。这当然是与格莱斯顿正统观念的又一次决裂，后者坚信政府没有责任参与再分配。从一个多世纪后来看，劳合·乔治1909年"人民预算"（People's Budget）的目标看起来相当可笑。所得税标准税率从3.33%提高到5.8%，而新的最高税阶仅对超过5000英镑——相当于现在的50万英镑——的收入征收8.33%。死亡税也将增加，土地权益将被征收每年2%的税。这对上议院来说太过分了，他们拒绝了财政法案，从而引发了一场贯穿1910年的宪法危机。

劳合·乔治很高兴能奋起抗争，他嘲讽道"一位家底殷实的公爵的全部财产可以建造两艘无畏舰，而且公爵就像无畏舰一样可怕"。目前暂不清楚他的大臣同僚兼好友温斯顿·丘吉尔——一位公爵的孙子，对这一切有何看法。虽然上议院在理论上有权否决预算草案，但他们已经两个世纪没有这样做了。

1910年的两次大选，以及国王的最终威胁——册封足够数量的自由党新贵族来压制保守党在上议院的多数席位——让上议院退让了，就像19世纪30年代和40年代在《1832年改革法案》和《谷物法》上的博弈一样。下议院的一项新《议会法》（Parliament Act）限制了上议院声明反对（与"延迟执行"相对）立法的权力，虽然大多数税收的上调得到了通过，但对土地价值的征税从未完全实现。

第7章 爱德华时代插曲

爱德华时代的经济动荡引发了政治动荡。有组织的工党作为一股政治力量的崛起推动了政府支出的增加，排除关税则迫使必要的收入更多来自税收。财政政策即使引发了宪法僵局，也仍然立足于维多利亚时代的原则。至少在战争之外，预算必须保持平衡。如果渴求更多的支出，那就意味着更多的税收或更多的关税。

劳合·乔治作为经济政策制定者第一次崭露头角时，可能（相对而言）出手阔绰和横征暴敛，但他对赤字及其风险的看法从根本上来说是传统的，正如年轻的工党一样。通过政府政策积极管理经济，即使只是试图抵御经济衰退的防御性方式，也不是政府的事。财政政策是关于平衡账面，而货币政策是（当时仍然是私人所有的）英格兰银行的工作。但是，积极利用货币政策来管理商业周期，通过提高利率来冷却经济过热，通过降低利率来推动经济扩张，仍然是几十年后的事情。相反，货币政策仍然受到金本位制的约束（关于这一点，后面会有更多介绍）。英格兰银行的职责是当英镑价值下降时通过提高利率来吸引资本流入，当价值上升时降低利率，以维护英镑和黄金之比价。英国高级官员认为，自由贸易、金本位制和平衡预算的三位一体，为国家创造了一个"防滥用"（knave-proof）的经济宪法。当时的人们认为，或者希望，一个既不能管理赤字又不能调整贸易安排或寻求调控利率，几乎没有如今被政策制定者视为理所当然的经济管理工具的政府，是一个不会把事情搞得太糟的政府。摧毁了这个"防滥用"系统的是第一次世界大战，而20世纪20年代的艰巨任务则是试图将其重组。

第8章 满目疮痍：第一次世界大战

历史学家们习惯于争论年代的划分。埃里克·霍布斯鲍姆[①]的"短暂的20世纪"从1914年持续到1991年，而其他人则将当代的开始时间定为早至19世纪70年代或晚至1944年。当然也有人喜欢坚持字面意义上的解读，将20世纪定为从1901年到2000年。不过，不管怎么说，第一次世界大战是英国历史——尤其是英国经济史——上的一个决定性转折。20世纪20年代的英国经济与20世纪第一个10年的经济几乎截然不同，就像工业革命后的经济比起之前的经济。

这场战争与英国政府或英国经济面临的任何其他事情都不同，而经济战略，就像总体大战略一样，随着战争的进展不断演变。至少在最初，大多数自由党大臣们一致认为，对战争的管理最好是尽可能少插手经济的其他方面，以及整场事件并不会持续太久。商界倾向于认同这种观点，伦敦商会会刊满怀希望地指出，"我们的大多数贸易路线，除了北海，也许都是开放的，即将与欧洲以外市场开展正常渠道贸易的期望可能并非不合理"。

[①] 埃里克·霍布斯鲍姆（Eric Hobsbawm，1917—2012），英国著名左派历史学家及作家。——译者注

这两种观点,"战争会相对较快地结束"与"经济正常运行是对胜利的最好帮助",都不像现在看来那样奇怪。19世纪下半叶的欧洲大国战争都是速战速决的。1859年法国在短短几周内击败了奥地利,1866年普鲁士和奥地利之间的"六周战争"(Six Week War)之所以叫这个名字也是有原因的,1870年至1871年普法战争(Franco-Prussian War)在传统意义上只持续了几个月。自19世纪50年代克里米亚战争以来,英国一概"不干涉"欧洲冲突,但它有长期的历史经验可以借鉴,根据许多决策者的说法,这一经验的教训是,英国的力量在于其海军力量以及经济和工业影响力。1914年,英国拥有世界领先的经济和全球最强大的舰队,但陆军相对薄弱。许多政治家盘算的战略是一个世纪前在与拿破仑的长期战争中似乎行之有效的战略:英国在财政和经济上支持其在欧洲大陆的盟友,同时对其对手实施海上封锁,只有在绝对必要的情况下才派遣地面部队。如果这就是英国要打的战争,那么尽可能多地保留其现有经济确实会证明是有益的。

然而,陆军却有其他想法:在战前与法国人的会谈中,他们承诺提供一支远征军来保卫法军左翼防线。而一旦在法国领土加入战斗,英国人发现自己越来越身陷其中。冲突开始时作为陆军大臣(Secretary for War)进入内阁的基钦纳勋爵(Lord Kitchener)迅速将武装部队的规模在1915年1月前增加到约200万人。战争爆发后，一支有着6个师兵力的英国远征军（British Expeditionary Force，BEF）被派往法国；到1918年，70个师进入战场——武装部队的规模空前扩大。

1915年8月，经过一年的冲突，英国终于不得不正视"它要打什么样的战争"的选择。基钦纳当时正在推动他的70个师的计划，但遭到了财政部和贸易部的反对，他们认为这样一支庞大的军队会从工业中抽调出太多的劳动人口，影响生产和英国在财政上支持盟国的能力。基钦纳赢了，征兵的进程和一场截然不同的战争被确定下来。这场战争——用德国将军埃里希·鲁登道夫[①]广为人知的说法来说——是一场全面战争，不仅需要动员一个国家的武装部队和人民，还需要将其经济、工业和财政资源完全投入对胜利的追求中。从长远来看，工业和经济因素被证明对战争的进程至关重要。

英国的将军不是驮着耶稣进入耶路撒冷受难的驴驹[②]，难以想象他们会派士兵在考虑不周的进攻中送死，但士兵们面

[①] 埃里希·鲁登道夫（Erich Ludendorff，1865—1937），德国的著名将军，也是第一次世界大战时的重要主将。——译者注
[②] 驴是象征和平的动物，骑驴象征着是和平使者。——编者注

临着一种新局面：敌人的实力大致相当，装备有现代武器，而且由于堑壕线从海岸延伸到瑞士，没有明显的翼侧可供迂回。在战争过程中，陆军的战术沿着所谓的学习曲线发展。到1918年，协约国军队对现代战争的性质有了更好的把握，而现代战争本身也在迅速发展。英国远征军曾在1914年带着皇家骑兵团前往法国处理其侦察工作。到1918年，它配备了坦克且有飞机的支援。但战争结束时的决定性因素不是战场上的事件，而是源源不断抵达西线的充裕的物资，加上德国经济在封锁下崩溃，迫使了德国投降。

起初，英国的政策制定者们接受冲突的整体性质是缓慢的，但后来以更快的速度接受了，"一切照旧"的想法被抛诸脑后。政府不仅支出增加，而且权力扩大，直接或间接地控制了更广阔的经济领域。一个在1911年试验性地引入有限社会保障的政府，到1916年发现自己正在征召和调遣劳工。对于内阁的许多原自由党成员来说，所有这些都难以接受。

关于战争首当其冲的是财政部控制支出的学说。在最初的几个月里，海军和陆军的支出计划之间完全没有协调，导致两个军种为了在有限的产能范围内保证供应而相互竞价，从而更快地抬高了军火价格。两军都想装配，而且都想尽快装配炮弹，所以他们干脆向产能无法跟上的国内军工企业下了巨额订单。财政部最初提议成立一个由所有武装部门代表组成的联合常设委员会，但陆军部（War Office）干脆拒绝参加。劳合·乔治从财政部调任为军需大臣（Minister of Munitions）后，被雷金纳德·麦克纳（Reginald McKenna）——政治上相对而言轻量级的人所取代，进一步削弱了该部门的影响力。在劳合·乔治出任首相后，财政部迎来了一位真正有影响力的大臣，他就是保守党领袖安德鲁·博纳·劳（Andrew Bonar Law），但对他来说，控制战时支出的优先级极低。

西线战场对武器和军需品的需求是尤其超乎寻常的。英国在1914年生产了12万支步枪，而1917年的产量达到了120万支。同一时期，机枪产量从300挺增加到8万挺。但从1915年开始，堑壕战的本质意味着炮火开始支配战场和工业生产。英国的军备工业在1914年生产了50万枚炮弹，但到1917年，产量几乎达到了9 000万枚。为了实现这一切，维克斯（Vickers）和阿姆斯特朗（Armstrong）等战前就成立的军火企业加大了生产力度，而民用工厂也被投入新的生产中。例如，总部设在林肯郡（Lincoln）的拖拉机制造商威廉·福斯特公司（William Foster and Co.）于1917年生产了世界上第一批坦克。

正是所谓的炮弹短缺导致了战争中第一次政治危机和一

次洗牌，劳合·乔治被调去管理军需品生产，保守党进入政府。18个月后，阿斯奎斯发现自己被赶下了首相一职，劳合·乔治顶替了他的位置，尽管后者的主要支持者是保守党人。

首相劳合·乔治对公共财政提出的要求，对于战前的财政大臣劳合·乔治来说是难以想象的。1913—1914财政年度，政府总支出（即使在无畏舰军备竞赛和扩大社会保障造成如此大的财政风波之后）仍为1.97亿英镑。他不得不努力争取增加税收，这带来了1.98亿英镑的收入。到1917—1918财政年度，支出已升至26.69亿英镑，是战前水平的13倍多。税收也飙升了3倍，达到7.07亿英镑。然而，仅在该财政年度，仍有约20亿英镑的缺口，约占国民总收入的47%。

实际上由劳合·乔治起草的所谓麦肯纳方案认为，英国应该设法提高税收，使之足以支付战后支出和抵付战争结束前的任何借款的利息；其他一切也都可以用来垫补。虽然财政部的某些人士主张更大规模地增税，但这在政治上被视为是行不通的。虽然所得税和消费税确实有所增加，但增加的税收负担中约有四分之一是以1915年首次引入的超额利润税的形式向参与战争工作的企业收取的。到1917年，任何超过企业自身战前利润水平1.2倍的利润都将被征收80%的税率。话又说回来了，这种税率在战前是难以想象的。但即使有如此高的税收增长，麦肯纳方案也未能充分得到施展，偿债费用是20世纪20年代的一个大问题。

政府的大量借贷和大幅增加的政府支出对经济提出的需求，使得总体价格水平在战争期间翻了一番。一品脱（1品脱≈0.568升）啤酒的价格从1914年的3便士上涨到1918年的6便士，而从伦敦到布莱顿（Brighton）的火车票价格涨了不止3倍。不过，这作为一种抑制消费的方式而在私下里受到了政策制定者的欢迎。英国战争领导人面临的基本经济挑战是调度尽可能多的国民产出用于战争，这意味着抑制对消费品的需求。英国需要提高枪支的产量，减少黄油的产出。增加税收是压低消费支出的一种方式，但该手段使用起来却充满了政治风险；通货膨胀也能发挥同样的作用。尽管在冲突的4年里，人均国民收入增长了10%，但消费支出额却下降了约四分之一。

在战争过程中，英国的赤字水平与德国的赤字水平没有根本性的区别，两个国家都无法通过提高税收来偿付其战争账单。但是与其对手不同的是，英国一般都能设法以借贷来填补支出和税收之间的缺口，而不依靠印钞机。

战争以现代资本主义有史以来面临的最严重的金融危机之一拉开帷幕，却往往被当时发生的其余一切事情所掩

第8章 满目疮痍：第一次世界大战

盖。股票市场对在萨拉热窝（Sarajevo）发生的弗朗茨·斐迪南大公（Franz Ferdinand）遇刺事件的反应平静，几乎没有波动；在过去的几年里，股市已经多次见证了巴尔干危机（Balkan Crises），因此并没有意料到这一次会有什么不同。但四周后，奥匈帝国向塞尔维亚发出的最后通牒引起了金融市场的注意。在1914年7月的最后一周，国际上出现了哄抢流动资产、抛售股票和催收贷款的情况。作为主要金融中心的伦敦面临重大风险。伦敦的经纪人和银行的大部分业务都在海外，因此完全不清楚如果战争真的发生，谁能收回资金，谁会血本无归。当时的大型商业银行，如巴林（Barings）、克莱沃特（Kleinworts）和格伦费尔（Grenfell）等公司，已经向德国客户提供了价值数百万英镑的贷款。德国制造商的债权人在为国际贸易提供资金的贴现行处聚积，这些制造商的产品因战前填满了英国的商店而引起了极大的愤怒。在这种情况下，理性的做法是减持任何风险性资产，并转向黄金等安全资产。当然，所有人都急于抛售同样的东西，使得风险资产的价格受到更严重的打击，并使任何被视为安全的资产获得更高溢价。这些都是2007—2008年次贷危机中发生的情况，但这一次被压缩到短短几周之内。到7月底，英格兰银行外排起了长队，因为储户们急于将他们的现金兑换成黄金。很快银行的院子里便人满为患，人群一路排到了齐普赛街（Cheapside）。为了遏制该流动，英格兰银行开始加息，以鼓励储户将黄金留存在银行的金库中。每次加息后，消息都由传话人传达给人群。当利率达到4%时，《每日镜报》（*Daily Mirror*）报道说，"人群外围受雇的跑腿人飞奔而过并以他们的最高音量大声叱喝着'四'，仿佛他们已经完全疯了"。只用了几天工夫，利率便从3%上升到10%。

这场危机迅速得到了解决，年轻的梅纳德·凯恩斯自始至终担任财政大臣的非官方顾问。股市从战争开始一直关闭到1915年1月。由于英国宣战，8月头几天的银行假期（bank holiday）被延长，使财政部有时间采取行动来阻止正在发展的挤兑。一位银行老板抱怨说，"银行"很多，但"假期"很少。在一项三管齐下的战略中，《银行法》（该法要求英格兰银行履行承诺，交出黄金兑换纸币）被暂停，新的票据[①]（以财政部常务次官的名字布拉德伯里命名并印有其签名）被发行，以阻止黄金从银行流出。当局也介入了市场，承诺尽可能以合理的价格买下战前票据，以恢复货币市场的些许平静。与此同时，当局还暂停了许多商业合同的付款，直到市场环境稳定下来。9月，公共资金被用来对一些

---

① 即国库券。——编者注

濒临破产的小型银行进行资本重组。这是为了恢复秩序而对金融市场做出的有力干预。

到1914年9月,伦敦金融城已重新振作起来,并且政府希望它准备好开始履行其在资助战争方面的国家责任。然而,尽管人们都在谈论国家责任和爱国主义,战争债券仍然为投资者带来了非常可观的回报。国家发行的第一期战争债券的价格给出了4.1%的收益率,远高于政府债券的2.5%。对20世纪20年代而言,至关重要的是战争债券独特的结构。在熟知的维多利亚时代,乃至维多利亚时代之前,政府借款通常是通过统一公债(consol)的形式。统一公债没有固定的赎回日期,但在某些情况下可以由政府赎回;相比之下,战争贷款主要采取10年期债券的形式。也就是说,政府同意在10年内每年支付年息票(之所以这样称呼,是因为它曾经是一张从凭证的侧面剪下并每年进行赎回的字面意义上的票券),而后偿还本金。1914年发行的100英镑战争债券的持有者预计每年可以获得4英镑2先令[①]的利息,直到1924年拿回他们的100英镑本金,而100英镑统一公债的持有者,只要他们还活着,每年就可以预计获得2英镑10先令。

---

① 先令为旧时英国货币单位。20先令为1英镑。——译者注

调查派金融史学家最近的工作表明,战争筹款并不像曾经认为的那样顺利。第一期债券发行的市场需求程度远远低于预期,英格兰银行的分类账显示,它参与了向市场和公众隐瞒这一信息的掩盖工作。

在战争期间,政府发行的总额巨大的债券是通过不断提供沉甸甸的利率(到1917年超过5%)以引诱储蓄者掏钱来吸纳资金的,并越来越多地限制了其他金融活动。到1915年1月,未经财政部许可,私营公司不得筹集资金,普通公众被禁止购买大多数新发行的股票。财政部基本上是通过让储蓄者别无他选来为自己提供部分资金。

从1914年到1918年,真正制约英国军火生产的因素不是政府的融资能力,而是私营企业交付货物的供应能力。造船业既要努力满足对新船不断增长的需求,又要满足更换沉没的商船的需要,而金属行业的需求呈指数级增长。由于战前依赖德国进口,炸药所需的化学品严重短缺。

然而,核心问题是劳动力问题。早期陆军征兵人数激增导致到1915年约25%的工业和矿业劳动力流失,在实行征兵制后,到1918年这一数字上升至45%。早在1915年,陆军部就被迫让技术工人退伍,重要行业的男子被派发特殊徽章,使他们免于被视为逃兵的社会耻辱。工程师、煤矿工人和机车司机是第一批脱下军装的人。在战争期间,约有250

万新工人踏入工业领域,其中约三分之一是女性,但大多数是来自非工业类职业的男性。这是工会运动的焦点,直到《财政部协议》(*Treasury Agreement*)的谈判前。该协议致使工会领导人同意在冲突期间暂停罢工,以换取对生产商征收重税,防止牟取暴利。

劳合·乔治手下的新军需部挤满了经验丰富的商界人士,他们在重新安排生产和推行政府管控体系方面发挥了作用。其中的典型代表是威廉·威尔(William Weir):战前他是格拉斯哥的一位水泵制造商,1915年他被任命为新的(苏格兰)军需署长。虽然这份工作根据官方说法是没有报酬的,但他确实在当年晚些时候获得了爵士勋衔,并在战争结束前获得了贵族身份。一些新加入政府的商人,如武器制造商珀西·吉鲁瓦德(Percy Girouard),只坚持了几周或几个月就决定不能为政治家工作;其他人则承担了在全国范围内组织生产的任务。1915年,政府开始建立自己的工厂,作为对私营企业工厂的补充。1916年政府对铁路、航运和煤炭实行了控制。整个行业的产出,尤其是化工行业,都被国家征用。尽管直到1918年才开始实行定量供应,但食品供应也逐渐受到国家的控制。截至1918年,食品部(Ministry of Food)负责约85%的食品采购。如果财政部的财务控制是战争的早期牺牲品,那么自由放任理论不会持续太久。甚

171

至酒吧也感受到了政府逐渐伸长的长臂，它们的营业时间受到限制，以确保工人在轮班开始时不会太醉，从而帮助提高军需产量。至于为什么会有人想在与炸药打交道之前喝个一两品脱，这个问题没有答案。

到1918年，英国还没有完全成为一个指令性经济体，但它正在朝那个方向发展。产量和方向，甚至人们的工作地点，都或多或少地受到白厅的控制。私营企业发现自己甚至在接受各政府部门的直接命令，或者至少被坚定地推向一个或另一个方向。随着一条又一条曾经不容置疑的金科玉律不得不被暂时弃置，自由贸易这道防线也被冲垮了。1915年的麦肯纳关税法令对汽车和手表等奢侈品的进口征收关税，以抑制进口和钳制消费支出。这也许是一个很小的措施，却是一个重要的措施——最重要的是，这一违反英国过去70年贸易政策的措施在几乎没有异议的情况下获得通过。

这场战争不仅改写了英国国内国家和市场的经济边界，还改变了英国在全球经济中的地位。令人意外的是，总体数字并没有给人以大量事情正在发生的印象，但仔细观察细节，就会发现其中更准确的故事。在战争期间，货物的贸易平衡急剧恶化。英国政府的需求榨干了制造商的产能，而这些产能本来是可以用来生产出口产品的。同时进口量急剧上升，特别是从 1916 年开始。1914 年贸易逆差为 1.7 亿英镑，到 1918 年创下了 7.84 亿英镑的历史新高。但英国在"无形出口"（保险、航运等）方面的传统优势继续表现良好。这方面的顺差从 1914 年的 3.95 亿英镑增加到 1918 年的 58.02 亿英镑，抵消了部分货物贸易的差额。事实上，直到 1917 年，尽管进口激增，但蓬勃发展的无形出口仍有助于保持经常账户的大致平衡。

不过，真正的好戏上演在国际收支的资本账户方面，新的关键因素在于英国向其欧陆盟友预付的巨额贷款和补贴。正如在第二次世界大战中再次发生的那样，问题出在美元。英国及其协约国需要美元为它们在美国的采购提供资金，而英国作为信用评级最高的盟国，接管了法国和俄罗斯的所有美元融资。英国居民所持有的以美元计价的证券，如美国公司的股票，也被政府征用，或被出售以筹集现金，或用作贷款的抵押品。为了筹集更多资金，一些黄金被运到大西洋彼岸。然而，大部分的美元需求是通过——英国政府在纽约的代理人 J. P. 摩根公司（J. P. Morgan）为政府筹集的——大量美元贷款来满足的。1916 年，凯恩斯警告政府，每天所需的 500 万英镑战争资金中的 200 万英镑必须是美元，且其中大部分是借款。如果美国政府采取行动限制英国在其货币市场上借款，那么协约国的战争努力将受到致命的打击。1916

年11月发生的正是这种情况,当时美联储对美国投资者发出警告,当心已经捉襟见肘的英国政府进一步暴露风险。到1917年3月,英国的美元存量已降至大约相当于在美国一个月的采购量。唯有美国在1917年4月参战才避免了一场严重的危机,美国随后接管了盟国的美元融资。不过,这也是场难分高下的对决。因其在美国的新债务以及为资助战争而耗尽战前海外资产,英国在世界范围内的整体金融地位发生了根本性的变化。维多利亚时代数十年的海外积累在短短四年的时间内产生了重大逆转。就像英国国内背负的债务一样,这将对英国整个20世纪20年代产生巨大的负面影响。

胜利所产生的经济成本是高昂的,根据一项现代估算,四年内英国可能损失了大约15%的国家财富。但总算取得了胜利,成功的原因之一是英国战前的经济结构。虽然在战争中,英国和德国经济的总体规模大致相似,但英国的人口较少,人均国内生产总值较高。事实证明这是一个重大优势。与德国相比,更高的人均收入使得每个英国人在实质上能为战争做出更多的牺牲。将资源重新分配给全面战争的需求,大大减少了为满足消费者的需求而付出的努力。但对英国来说,由于人均国民收入比德国高出近70%,即使消费水平大幅下降也不会迫使人们回到勉强糊口的生活状态。整

第8章 满目疮痍：第一次世界大战

体而言，英国与德国相比更能从容地从经济生产转入战争投入。同样，英国对粮食进口的依赖以及缺乏庞大的农业部门其实是有利的。大批军队的动员将人员从工业中调离，但政策制定者、商业领袖和工会找到了一种管理这种转变并使产量仍然处于增长的方法。德国更大的农业部门意味着大规模动员使工人远离粮食生产，并有可能造成严重的粮食短缺。德国粮食生产的崩溃，加上进口受到英国封锁的阻碍，为其战争投入带来严重后果。

尽管人们都在谈论战争中国家粮食安全的必要，但第一次世界大战的教训却恰恰相反。英国可以通过从中立国进口食品来养活自己，并将更多的经济资源投入军需品的生产，而德国却疲于追赶。在整个冲突期间，牛肉依旧来自阿根廷河床（River Plate），培根来自丹麦。当然，这种进口能力有赖于皇家海军把守海运航道。德国转向无限制潜艇战看似接近破坏这种进口能力，但英国采用护航体制，最终将损失降至可接受的水平。德国潜艇战术最终没有盼来英国退出战争的喜讯，却等来了美国加入战争的噩耗。海军战役的一个讽刺之处在于，主导战前规划和预算政治的无畏舰大多留在了港口。在很难对胜负下结论的日德兰海战（Battle of Jutland）后，德国公海舰队仍然留在港口，海军战役的真正成功不是由昂贵的战列舰取得的，而是由更便宜的巡洋舰、破袭舰和潜艇取得的。

英国在军事上和政治上都取得了胜利，从第一次世界大战中脱颖而出。夺取"托管权"以接管前德属非洲殖民地和奥斯曼帝国位于中东的省份，使英帝国的版图比以往任何时候都要大。英国是巴黎和会上的三巨头之一，也是全球舞台上的主要参与者。然而，它的经济状况却很糟糕。其作为债权国的国际地位已经改变。维多利亚时代数十年的财政保守主义使政府债务到1913年降至国内生产总值的25%左右，但在1919年又回升到135%。英国工业已经在战争中被对重型制造业和军工企业的持续强调扭曲得不成样子，而战后的世界对这些产品的需求大大减少。由于英国公司退出以专注于满足政府需求，出口市场已被竞争对手夺走。但是，对于一代经济政策制定者来说，他们更为担忧的事——"防滥用"系统的规则分崩离析——已经发生了。国家对整个经济进行了全方位的干预，它实际上运营着整个产业。平衡预算的概念已经消失了。甚至连金本位制都被暂停。自由贸易已经无路可退，看样子自由放任失灵了。此外，与劳合·乔治在战后向西线退伍军人所做的将英国建设成"一片适合英雄居住的土地"的承诺相比，自由党在战前拼搏而来的社会支出小幅增长显得黯然失色。

20世纪20年代，以及30年代的大部分时间，对英国经济来说都是一个艰难的时期。这在很大程度上是战争期间直接产生的费用和战后政策制定者试图将战前"矮胖子"[①]的碎片重新拼凑起来的无奈之举所造成的直接结果。第一次世界大战彻底改变了英国的经济模式；国家向前迈出了一大步，却再也没有回头路。但政策精英们耗费了几十年才接受了这一点。这造成了两次世界大战之间动荡的政治局势和严峻的经济形势。

---

① 矮胖子（Humpty Dumpty）原为《鹅妈妈童谣》中的人物。因为有句歌词是"所有的兵马都修不好它"，所以矮胖子有"一经损坏无法修复的东西"的含义，引申为"破镜难圆"或"盛势不再"。——译者注

第 9 章 不那么『咆哮』的二十年代

没有什么比"咆哮的二十年代"这一说法更让英国经济历史学家恼火的了。当然，在美国，20世纪20年代是战后释放和股市繁荣的时期，10年的好日子之后便是大萧条的困苦。但英国的20世纪20年代大不相同。就政治经济而言，这10年更类似于20世纪70年代：以疲软的经济以及动荡和不稳定的政治为特征。

这10年以经济衰退拉开序幕，这种情形直到2020年新冠肺炎疫情的暴发才可与之比拟。经济随着战争的结束而急剧下滑，一场以月而非季度为单位的短暂复苏成功上演，然后在1920年再次陷入深度衰退。最准确的现代估算指出，直到1925年左右，经济才恢复到1913年的产出水平。晚至1927年，人均国内生产总值仍低于1913年的水平。在战后调整、糟糕的宏观经济政策决策和疾病的共同作用下，15年的增长已经消失。

对战后经济表现的现代估算因联合王国自身不断变化的版图而变得复杂。爱尔兰独立战争导致英国在20世纪20年代初撤出爱尔兰岛的大部分地区，改变了根据与爱尔兰签订的《联合法案》所建立的联合王国的构成。虽然人们有一种强调英国历史的连续性的强烈倾向，但至少与欧洲邻国

第9章 不那么"咆哮"的二十年代

相比,从宪法演变而非革命的角度来看,我们不应忘记,第一次世界大战结束后,在一大块本应稳定的联合王国的土地上,人们进行了一场独立战争并取得了胜利。但是,尽管爱尔兰独立是一个重大的政治事件,它在经济上并没有那么重要。在《英爱条约》(*Anglo-Irish Treaty*)签订时,爱尔兰人均国内生产总值仍然显著低于英国本土水平,并且该岛所拥有的少量工业都集中在北部。

1919年的迫切问题是一场重大战争后通常面临的迫切问题:复员。就像一个世纪前拿破仑战争结束时一样,突然的停火导致了经济滑坡。不过,此次滑坡伴随着一场大流行病。

1918年至1919年的西班牙流感在全球造成约5 000万人死亡,仅英国就有20多万人死亡。与大多数大流行病不同,死亡高度集中在20多岁到50多岁的青壮年劳动者。这次疫情似乎永远处于第一次世界大战的历史阴影以及俄罗斯帝国、奥匈帝国、奥斯曼帝国和德意志帝国土崩瓦解的总体动荡局势之下,直到2020年人们重新开始关注大流行病。但时机本身并不是它在种种历史中缺席的唯一原因。当时大多数当代政治回忆录也未能详述它——人们无法想象2020年的政治领导人的回忆录会不涉及新冠肺炎疫情——这也是一个原因。这反映了政策制定者在1918年和1919年缺乏可支配的工具。当时没有有效的治疗方法，而且赢得战争的必要性要求消灭任何形式的社交隔离，即使科学表明其是有益的。针对这场疫情的社交隔离主要出现在战后，且范围有限。这种疾病在拥挤的运兵车和军工厂里像野火一样蔓延。在同时代人看来，国家以某种方式负责管理医疗紧急情况的想法本身似乎是值得怀疑的。1920年的卫生支出不到所有公共部门支出的3%，这在一定程度上表明了国家的相对优先事项。1919年或1920年，尽管一些剧院和电影院确实在自愿的基础上关闭，但英国经济没有出现强制关闭的情况。

大约五分之一的英国工人在1919年或1920年经历了一系列病痛，这与高死亡人数一起，进一步阻碍了经济表现。尽管如此，很难将疫情的直接影响与更广泛的战后余波区分开来。一个1918年在商品和服务上花费约18亿英镑的政府到1920年时支出还不到5亿英镑，这在任何情况下都是大幅下降。然而，就在财政紧缩的同时，向来依赖出口的英国经济其实在更暗潮汹涌的经济海域沉浮着。根本不存在什么简单地从1914年7月的原点重新开始的选项。战争期间，出口市场已经沦陷，金融领导权已经远渡重洋到达大西洋的另一侧。各地区的老工业主力和伦敦的服务经济都要适应恼人的崭新情况。很少有经济部门能够运作良好，以吸收即将蜂拥而至的劳动力。

第9章 不那么"咆哮"的二十年代

随着武装部队的规模从 1918 年的近 450 万减少到 1920 年的不足 80 万，失业率急剧上升。到 1921 年，有 220 万人失业，失业率超过 11%，这是几十年来的最高水平，是战争前几年的 3~4 倍。劳合·乔治"适合英雄居住的土地"的承诺并没有持续多久。直到 1929 年，失业率仍居高不下维持在 7% 以上，彼时华尔街股灾已经爆发。英国经济在进入 20 世纪 30 年代全球大萧条时仍未从 1914—1918 年的破坏中完全恢复过来。

以"一系列重大政策失败"以外的视角去看待英国 20 世纪 20 年代的经济史是困难的。这些失败的原因也许是可以理解的，但结果又何尝不同。

宏观经济政策的两个主要工具财政政策和货币政策在严峻的 10 年中都发挥了灾难性的作用，两者均由政治性的思路所驱动。虽然大多数英国的"难兄难弟"在战后都旋即加入了低迷的行列，但很少有国家一直延续到 1929 年。

第一次世界大战造成的市场流失和经济脱节总是会使战后的调整变得严峻，但战争的另一个后果——英国的高额债务使问题变得更加复杂，或者更确切地说，政府寻求管理债务的方式。

与 1815 年滑铁卢战役后债务占国内生产总值的 210% 相比，1918 年约占国内生产总值的 140% 的债务表面上似乎是可以控制的。但这种比较具有误导性。首先，1815年的英国正在经历经济"起飞"。虽然维多利亚时代的审慎财政政策有助于缓慢偿还债务，但降低债务占国内生产总值的比例的真正工作是通过快速的经济增长完成的。其次，债务的性质相当不同。拿破仑战争的资金来源是利率普遍较低的超长期债券，而1914—1918年发生的债务是相对短期的，而且利率更高。在战斗持续期间发行的所有这些10年期债券在20世纪20年代中期将不得不面临被清偿或可能性更大的再融资（也就是说，用新贷款来偿还旧贷款）的境遇。

利息成本的突然跃升使战前的财务规划成为泡影。在第一次世界大战前的10年里，债务利息支出每年约为4 000万英镑，而在战后的10年里，这项支出则每年接近3.5亿英镑。与1913年的税收制度相比，1920年的税收制度几乎不可同日而语：比劳合·乔治在其"人民预算"中的提案对经济造成的负担更沉重。但是，仅仅是那份拟议预算就引发了一场宪法危机，而战争期间的税收增长却大多被挥霍了。作为国民收入的一部分，税收从1913年的10%以下上升到1920年的20%以上，以现代标准来看仍然很低，但在此之前的英国历史上没有先例。1913年只有100多万户家庭缴纳所得税，而1920年则接近400万户，最高边际税率从8.3%飙升至52.5%。

第9章 不那么"咆哮"的二十年代

尽管战争的结束使政府支出大幅下降,但偿还冲突期间承担的债务的需求使政府支出占国内生产总值的比例维持在比爱德华时代高得多的水平。1920年,政府支出约占国内生产总值的20%,而1913年为12%。但这8个新增百分点的支出中,大部分是以新增的债务利息费用的形式产生的。实际上,1920年的纳税人被要求支付的费用是1913年纳税人的2倍左右,这些钱正被用于偿还战争债务,而不是加强政府服务。即使在最好的时代,纳税人也不太可能对这些情况特别满意,更何况20世纪20年代也不是最好的时代。

其结果是,中产阶级的劳动者感到非常愤怒,在看不到许多好处的情况下,他们越来越多地发觉自己有义务缴纳所得税,而这在以前只限于高收入人群。不仅大部分中产阶级感到自己受到了更高税负的打击,他们还为工会化程度更高、要求也越来越高的工人阶级的所谓权力感到担忧。20世纪20年代初,出现了成为现代英国政治常规特征的第一波重大浪潮:由报纸主导的反对政府浪费的运动。虽然劳合·乔治继续领导一个"联合政府"(由一位自由党人前领导,实际上几乎完全是一个保守党政府),但保守党的报界大亨罗斯米尔勋爵(Lord Rothermere)将《每日邮报》和《每日镜报》的支持转向了一个新的政党,即有着一个抓人眼球的名称的"反浪费联盟"(Anti-Waste League)。

该联盟给政府带来了压力,它在补选中表现出色,并吸引了许多前保守党(乃至自由党)选民的支持。劳合·乔治,这位"人民预算"的前激进提案人,意识到他要指派保守党商人埃里克·格迪斯爵士(Sir Eric Geddes)领导一个研究公共部门节省支出办法的委员会,以安抚中产阶级的反抗情绪。作为国家支出委员会,格迪斯委员会很快就为人所知,其于1922年1月向内阁汇报了约8 500万英镑潜在支出削减,其中超过5 000万英镑被政府在下一个财政年度执行。在大幅削减国防支出的同时,社会住房建设和教育支出也受到了严重挤压,这些削减被称为"格迪斯大斧"(Geddes Axe)。换句话说,安抚中产阶级纳税人——政府的政治联盟核心的构成者——的代价是在应实行的紧缩性财政政策中收紧支出,无异于从已经需求不足的经济中釜底抽薪。

即使在公共部门紧缩之前,造成这种需求短缺的一个原因是国际经济性质的变化。正如我们所看到的,维多利亚时代后期和爱德华时代的英国是一个独一无二开放的贸易经济体。但第一次世界大战结束了第一个近代的全球化时代。随着各国转向内部发展,跨境贸易不复当年,英国从未重拾起美国和日本公司在战争期间抢占的许多出口市场。战前,布莱克本(Blackburn)一直是一个蓬勃发展的棉花镇,其大部分产品都运往印度。战争期间,为了腾出船舶运力,出口被停止，在此期间，印度已经发展出了自己的国内供应。在1919年，仅仅像1914年时那样继续下去是行不通的；到1923年，大约三分之一的工厂已经关闭，到1930年关闭了一半。整个20世纪20年代，整体出口量约为战前水平的四分之三。

经济的供应方面也正在发生变化。1914年之前的20年间出现的工会和工会力量的发展因冲突而加速。1914年以前，20%的就业者是工会会员，而在整个20世纪20年代，这一比例都在30%以上。维持工资水平的战后罢工浪潮帮助工人保障了他们的生计但也清楚地表明，战前那种极其灵活的经济已经成为过去。事实上，按照一个现代学派的观点，正是工会力量的增强和灵活度较低的劳动力市场推动20世纪20年代失业率上升。因此，工会有能力将工资维持在比原来更高的水平，这意味着一些在20世纪头几年或19世纪90年代本可（以较低工资）从事工作的人发觉自己失业了，因为工会阻止了这种工作的产生。正如20世纪大部分时间的情况一样，煤矿开采是紧张的劳资关系的一个特殊爆发点。在战争期间，工资上涨了约50%，工会在1919年抵制任何工资削减。即使退伍军人准备好以每天6先令的旧工资工作，这种工作也不再有了。毫无疑问，20世纪20年代灵活度较低的劳动力市场确实造成了更高的失业率，但很难断定，除了需求严重不足外，还有哪些主要原因。

如果说20世纪20年代的英国财政政策是糟糕的，然而与和财政政策并驾齐驱的货币政策相比，它看起来还是很不错的。20世纪20年代的关键宏观经济决策实际上在1919年便已做出：英国决定将回到金本位制。

了解金本位制是什么，以及为什么它在1914年之前的几十年里是一个合理可行的货币政策体系，但在20世纪20年代却是一个灾难性的体系，这意味着要深入探索一下国际宏观经济学，特别是要了解所谓的三元悖论（trilemma）。三元悖论，或称为不可能的三位一体（impossible trinity），直到20世纪60年代才被经济学家正式理论化，但它是理解整个历史上货币政策制度的有用框架。简单来说，这是一个事实陈述：一个经济体只能拥有以下三个目标中的两个：固定汇率、开放的资本市场和国内利率管控。或含蓄或明确（自20世纪70年代以来，此类选择通常是明确的），政策制定者必须在这三个经济目标中选择放弃一个。例如，如果一个国家（如今天的英国）想拥有一个开放的资本市场（这意味着货币可以自由流入或流出该国）和对国内利率的管控（以便英格兰银行可以根据国内经济状况降低或提高利率），那么该国必须接受其货币的价值——相对于他国货币的价值——将以日为单位浮动。如果英格兰银行认为经济状况良好并提高利率,那么英镑对外国人将更具吸引力(因为英镑资产的利率将提高),他们会想多买一些英镑,推动其价格的上涨。英镑将走强,这让希望购买欧元和美元的英国游客感到高兴,他们将体验到相对便宜的假期,这也让制造商愁眉苦脸,他们将发现自己的商品在国际市场上的价格更高了。相反,如果英格兰银行降息,英镑的较低回报率可能会导致资金离开英国,去其他地方寻求更好的回报率,从而压低英镑的价值。无论哪种情况,国内利率管控加上开放的资本市场,都意味着固定汇率是难以维系的。

但英国并不总是选择"不可能的三位一体"中的某一组合。例如,从第二次世界大战结束到20世纪70年代,英国选择了固定汇率和国内利率管控,同时放弃了开放的资本市场。资金只能在政府的管制下进入或离开经济,甚至连英国游客随身携带多少现金出国都受到限制。一般来说,英国的储蓄者只能投资于英国的公司,而企业购买海外资产需要政府的许可,同外国人需要寻求官方许可才能将资金转移到英国一样。至少在理论上,利率可以被设定在英格兰银行所希望的任何水平上,甚至可以将英镑兑美元或英镑兑法郎的汇率维持在其挂钩和预设的水平上。当然,在现实中,货币会找到其流动的方式,挂钩汇率制度也会有变化,但这是第二次世界大战后,而不是第一次世界大战后的故事。

金本位制代表了三元悖论中的第三个潜在选项：享有固定汇率和开放的资本市场，但放弃对利率的管控。在1914年之前，英镑的价值与黄金价格挂钩，世界上大多数主要货币也是如此，至少从19世纪70年代开始是如此。由于每种货币都以固定的汇率与黄金的价值挂钩，因此货币之间实际上是相互挂钩的，例如，英镑与美元的汇率为1英镑兑4.86美元。当涉及货币政策时，英格兰银行的工作只是设定利率以维护该价值。正如我们所看到的，英国的资本市场不仅是开放，而且是超乎寻常的开放。英国投资者很乐于为全球各地的基础设施项目提供资金，并获得源源不断的利息作为回报。

自由贸易、金本位制和平衡预算是战前"防滥用"系统的基石。政客们不能为了政治利益而企图玩弄经济，但他们也不能试图管理经济。该系统在普遍良性的国际经济环境中，特别是在一个英国处于中心的经济环境中，得以良好运行，但在20世纪20年代更具挑战性的情况下，却带了无穷后患。

理论上——这一理论[①]至少可以追溯到18世纪——金本

---

① 该理论为18世纪哲学家、经济学家大卫·休谟提出的"物价—现金流动机制"。——译者注

位制应是管理全球经济并保持某种平衡的自我修正机制。如果一个国家出现贸易逆差（从国外购买的商品多于在国外销售的商品），那么这些进口商品最终将不得不以黄金来结算，从而减少本国黄金储备。黄金储备的减持将减少流通中的货币供应量，最终拉低国内价格水平，直到该国竞争力提升到足以向海外销售商品并消除其贸易逆差。一个持续贸易顺差的国家将增持黄金，直到其国内价格水平上升到足以削弱其竞争优势。这个理论虽然优雅，但是不大符合现实。特别是在20世纪20年代。例如，该理论假设可灵活调整以维持国际收支平衡的价格水平，但价格往往具有黏性——尤其是劳动力价格。很明显，在20世纪20年代工会化程度更高的环境中，为恢复竞争力而压低工资要难得多。

由于战争行为导致国际支付系统崩溃，金本位制在战争爆发后被中止。由当时的英格兰银行行长担任主席的坎利夫委员会（Cunliffe Committee，20世纪初的政府非常热衷于委员会）在1919年建议（唯一持反对意见的是梅纳德·凯恩斯）应尽快重新确立战前标准。最后直到1925年英国重返金本位制。

回归金本位制的问题有两个方面。首先，放弃对利率的管控——特别是在财政政策不必要地紧缩的情况下——意味着放弃了通过放松政策来刺激经济增长和将未就业和就业不足的资源投入工作的机会。其次,更严重的是,回归金本位制的过程本身即意味着积极收紧货币政策。回归金本位制已经够糟糕的了,但政策制定者不仅执着于将英镑与黄金重新挂钩,而且要按战前汇率重新挂钩,这使问题变得更加严重。对大多数官僚来说,他们无法——或者至少不愿意——承认英国在世界上的地位及其经济的性质,已经因1914—1918年的事件而发生了根本性的转变。

问题在于通胀差异。1913—1920年,价格总体水平上涨了2.5倍,这对英国来说是一个新现象。1913年的总体价格水平与17世纪90年代大致相似。两百多年来,偶尔会出现通货膨胀,通货紧缩也时有发生,但总的情况是总体价格基本保持不变(一些商品的价格上涨被其他商品的下跌所抵消)。全面战争改变了这一点。相比之下,在美国,通货膨胀也达到了前所未有的高度,但价格水平"仅仅"翻了一番。那里的战后经济衰退,往往在"咆哮的二十年代"的主流叙事中被遗忘,这有助于进一步降低价格水平。无论从哪个角度来看,英国的物价上涨幅度都称得上更大,因此,如果要重现战前1英镑兑4.86美元的汇率,那么英国的物价水平就必须回落以恢复竞争力。

这就是格迪斯大斧的背景。削减公共支出不仅有助于安抚反抗的中产阶级选民,而且作为一揽子政策的一部分,还能够压低整个经济的价格水平和工资水平，为回归战前的金本位制铺平道路。其代价是高失业率和在20世纪20年代前半期下降了约5%的实际工资。

压低价格水平意味着在战后时期经济陷入困境的情况下依然保持较高利率。20世纪20年代，实际利率（计入通货膨胀因素后）平均每年约为7%，这是20世纪70年代之前的最高连续水平，约为1914年之前的3倍。如此高的借贷成本可能有助于推动价格下降，但这也使得在这个十年中必须要进行再融资的巨额政府债务负担大大增加。事实上，尽管纳税人"赞助"了大量的基本盈余（即为财政盈余剔除利息费用），但债务占国内生产总值的总体水平实际上从1920年的140%上升到1929年的近170%。乏力的增长和高昂的偿债成本轻松掩盖了艰难上涨的税收和削减的支出。

回顾这一时期，引人注目的是金本位制回归背后广泛的政治和经济共识。丘吉尔是最终恢复金本位制时的财政大臣，他声称"没有任何政党，没有任何前财政大臣质疑过，或者据我所知现在正在质疑恢复金本位制这一原则"，这并非夸大其词。凯恩斯预见到了这场灾难，但他也指出，丘吉尔"对传统财政的喧闹呼声闭目塞听，并且，重中之重的是，他被幕僚专家引入歧途了"。

削减支出和高利率有助于在1920年至1925年将总体消

费价格水平降低约四分之一，但即使如此，1英镑兑4.86美元的汇率被采纳也不足以恢复竞争力。时至今日，经济学家们对英镑在回归金本位制后被高估的程度仍存在分歧，尽管10%左右的数字似乎是合理的。成本过高的英镑使已经陷入困境的英国出口商在这10年的后半程更加不具备竞争力了。

后果之一是1926年的全国总罢工。长期以来，煤炭一直是英国的主要产业，但像许多其他主要产业一样，它受到了战争的严重影响。英国国内的大量消耗使储煤量丰富的煤层被开采殆尽（与战前常态相比，每名工人的年产量下降了五分之一），并造成了出口市场的流失，因为外国生产商已经介入，填补了英国出口规模缩小留下的缺口。在1926年之前的7年里，矿工的工资已经下降了约40%，试图进一步降低工资——同时延长工时——所得到的反应是可以预见的。较难预见的是，至少在最初，工会代表大会支持煤矿工人的事实。1926年5月4日，170万运输和重工业工人加入了120万罢工的矿工，以迫使矿主和政府做出改变。罢工总体算得上和平——只有零星、有限的暴力事件——但没有成功。到5月12日，工会代表大会已经宣布停止罢工，尽管矿工们对劳工运动的其他成员所谓的背叛感到痛苦，在贫穷迫使他们重返工作岗位之前，他们又在外面待了几个月。总的来说，工会代表大会的领导层相当温和，他们总是很不安，认为长期的冲突会使更多激进的工会成员进入领导层，在高等法院裁定罢工包含政治目的，而不是一次产业冲突，因此不受1906年《劳资争议法》的条款保护后，他们越来越担心法律和财务上的后果。1927年，工会法略有收紧——伴随着同情性罢工被宣布非法，但这对劳工运动的长期影响微不足道。两次世界大战之间疲软的就业市场对工会来说是一个比任何立法的发展变化都更严重的问题。当失业率居高不下时，工会在留住成员并推动更高工资这条路上举步维艰。

不过，即使大罢工失败了，它也揭露了回归金本位制的根本问题：本该以自我调节机制管理经济的"防滥用"系统依赖于一个灵活和自由调整的物价和工资体系，而这一体系根本不存在。工人阶级不仅在人数上有所增长，而且在产业组织上也有所增加。重要的是，他们现在掌握了更多的政治权力。1918年的《人民代表权法》(Representation of the People Acts) 赋予所有21岁或以上的男性和30岁或以上的女性（性别差距要到1928年才会被抹平）投票权。在一个工会更加普遍、劳动人民拥有投票权的时代，一个在经济衰退中依赖削减工资的系统不能长久。

与之前的爱德华时代以及之后的20世纪70年代和21

世纪 10 年代一样，20 世纪 20 年代的经济陷入困境，引发了政治的动荡。大选于 1918 年、1922 年、1923 年、1924 年举行，并在英国人民五年没有为他们的意见而烦恼后，再次于 1929 年举行。劳合·乔治最终于 1922 年年底被保守党抛弃，他们的新领导人先是安德鲁·博纳·劳（Andrew Bonar Law），然后是斯坦利·鲍德温（Stanley Baldwin），两人都曾是钢铁业的老板。这与由贵族及其逢迎者组成的战前旧领导层相去甚远。在迪斯雷利和索尔兹伯里领导下开始的旅程于 20 世纪 20 年代完成，保守党曾属于地主利益集团的政治派别，重塑自身后该党成为中产阶级、产权人和希望在生活中"发迹"的爱国工人阶级之声。

乍一看，20 世纪 20 年代政治的大致情况似乎是自由党的衰落和工党的取而代之。工党在 1922 年大选后一跃超过自由党而成第二大党，并组建官方反对党。到 20 年代末，自由党（在这期间的许多年里，自由党在阿斯奎斯和劳合·乔治分别领导的派别下处于分裂状态，直到 1928 年阿斯奎斯去世后才重新团结起来）已经稳固地沦为第三大党。凯恩斯命中注定就是一位自由党人，他思考该党如今是否只是负责为工党政府提供思想，为保守党政府输送大臣。

20 世纪头几十年发生的选举权的扩大和普遍围绕工人阶级与中产阶级利益的政治重组，对自由党来说总是很棘

第9章 不那么"咆哮"的二十年代

手。阿斯奎斯和劳合·乔治两派之间的恶性内斗也几乎于事无补。但是,现代观察家过于倾向于关注20世纪20年代不断变化的席位和得票率的整体数字,继而认为工党取代自由党成为保守党最主要的反对党是一个顺利的过程,并在某种程度上表明所谓的"进步同盟"(Progressive Alliance)的不同派别在起主导作用。当然,这是70年后托尼·布莱尔[①]采用的论调。实际情况更为复杂——这并不是一个许多前自由党选民决定支持工党的简单情况。许多受到工党崛起威胁的前自由党人事实上开始投票给保守党。同样,工党能够吸引一些工人阶级的保守党选民,这是自由党从未做到的。这十年来,工党从保守党手中直接赢得了一些席位,而一些前自由党席位则由保守党当选,过程跌宕起伏。

在1923年混乱的选举中,保守党赢得了最多席位,但远未达到绝对多数,显然已经"输"了,第一届工党政府得以组建。该政府仅存在了9个月,且依托于自由党的投票来通过立法。作为农场工私生子的拉姆齐·麦克唐纳(Ramsay MacDonald)大部分职业生涯都在工党政治中度过,但他的本性更贴近第一次世界大战前爱德华时代的新自由主义。由

---

① 托尼·布莱尔(Tony Blair,1953—),英国政治家,1994年至2007年任工党党魁,1997年至2007年任英国首相。——译者注

于缺乏多数席位，除了失业福利略有提高外，他的政府在经济方面收效甚微。如果说麦克唐纳的倾向隐约是阿斯奎斯派的，那么他的财政大臣菲利普·斯诺登（Philip Snowden）肯定是格莱斯顿派的。作为自由贸易和平衡预算的坚定支持者，他甚至设法"复制"了"维多利亚时代的元老"①的基督教道德感。资本主义的不平等让他极为震惊，而预算不平衡的概念也让他感到恐惧。该党正在变得更加激进并转向更加明确的社会主义。由费边社②韦伯（Webbs）起草的新1918年工党党章包含了如今著名的党章第四条（Clause Ⅳ）——该党承诺"生产、分配和交换资料的公有制"。麦克唐纳和斯诺登在1924年未曾取得多数优势，无法在经济社会化的道路上做出很多尝试——不过即使他们掌握了这样的权力，也很难想象他们会对这个概念特别热衷。

20世纪20年代的真实故事并非工党的崛起或自由党的衰落，而是保守党在这十年的大部分时间里对政府的支配。1923年，斯坦利·鲍德温在就贸易保护主义问题的选举中

---

① 指格莱斯顿。——译者注

② 费边社（Fabian Society）为英国的一个社会主义团体，成立于1884年，由一群中产阶级知识分子所发起，以古罗马名将费边（Fabius）作为学社名称的来源，主张一点一滴地改造资本主义，和平进入社会主义。——译者注

失利后，很快意识到必须做出一些改变。尽管他曾在一次集会上宣称"我不是一个聪明人，我对政治手段一无所知"，但鲍德温对行之有效的事物有一种本能的嗅觉。他很快就抓住了无线电用于政治沟通的可能性，并接受了英国公众尚未准备好真正重新讨论的自由贸易与关税问题。鲍德温的"新保守主义"包括将本党宣传为除工党外唯一有盼头的政府，把相关中产阶级从自由党处招揽过来，同时在合理范围内提供积极的社会改革方案，并本着索尔兹伯里和迪斯雷利的精神向工人阶级选民发出传统的爱国呼吁。现如今与1924—1929年的政府最常联系起来的是金本位制回归和全国总罢工，但就其时代而言，它在社会改革方面是很有活力的。约瑟夫·张伯伦的儿子内维尔·张伯伦担任了卫生大臣一职（在那个年代，卫生大臣的职权范围更广），负责监督福利制度的改革、扩大养老金范围和建设社会住房。

但纵使拥有鲍德温的政治技巧和张伯伦的改革热情，保守党在1929年的大选中仍被赶下台。这也是英国第一次就宏观经济问题进行大选，在20世纪剩余的大部分竞选中，这种宏观经济问题将主导英国政坛。

第10章 一种萧条

1929年的大选是第一次在普选制度下进行的选举。21~29岁的年轻女性被加入了选民名册，这使得同时代的人将其称为"飞来波①选举"（Flapper Election）。英国的政治家们第一次在真正的民主选举中进行角逐，而且这也是第一次由宏观经济主导的竞选。当然，在以前的选举中经济问题也举足轻重，但议题通常是1923年或1906年的自由贸易与关税问题，或1910年的税收水平问题。1929年，失业和更广泛的财政政策等核心宏观问题成为中心议题，在接下来90年的大部分时间里，它们都将保持这一地位。

恢复金本位制四年后，英国面临着一系列严峻的经济困境：失业率居高不下，工资增长缓慢，公共债务仍在增加，煤炭、金属和纺织品等传统大宗出口行业仍然处于低迷状态。劳合·乔治再次领导了一个重新统一的自由党，提出了最大胆的竞选纲领。在凯恩斯的建议下，自由党宣言声称"我们能战胜失业"，并提供了一个大胆且在当时很新颖的观

---

① 飞来波（flapper）指20世纪20年代西方新一代的女性。她们穿短裙、梳妹妹头发型、听爵士乐，张扬地表达他们对社会旧习俗的蔑视。Flappers原意为"刚刚学会飞的小鸟"。——译者注

点，即通过借贷投资公共工程项目，与继续向失业者发放失业救济金相比，国家不仅将获得有用的新基础设施，还可以节省资金。这样的想法在财政部并不特别受欢迎。事实上，该文件的财政部抄本被一位公务员用大写字母写上了"奢侈""通货膨胀"和"破产"的字样。

鲍德温以典型的鲍德温式措辞作出回应，提出了"安全第一"的口号，发起了一场向公众警示劳合·乔治大胆试验的危险性的运动。对于鲍德温和当时许多其他人来说，英国面临的问题并非"宏观经济问题"，例如可以通过政府支出来缓解的需求不足，而更多的是微观经济困境。对他来说，核心问题在于英国工业在国际上没有竞争力，只要这个问题一日不得到解决，繁荣就一日不会重现。尽管"安全第一"作为一句口号听起来乏善可陈，加之保守党在过去五年的执政记录喜忧参半，鲍德温仍获得了约38%的普选选票，而劳合·乔治的自由党仅获得23%的选票。碰巧又因为"简单多数制"，工党以一份颇为平淡的宣言伺机潜入其间，与保守党的260个席位相比，它仅凭37%的选民支持便获得了287个席位。麦克唐纳和斯诺登重新掌权，尽管这一次他们又领导了一个少数派政府。

作为一名优秀的格莱斯顿追随者，斯诺登自然不会赞成预算不平衡。工党宣布承诺对失业问题采取行动，但没有提供什么细节。更确切地说，是承诺重新平衡税收，将矛头从穷人转向富人，并承诺将陷入困境的煤炭开采业国有化。奥斯瓦尔德·莫斯利（Oswald Mosley），这位前保守党人，退出成为独立人士而后担任工党议员，是呼吁在公共工程上进行赤字支出以振兴经济的一个引人注目的声音——但对莫斯利来说，做一些大胆的事情这件事本身即是目的与终结。

可以说新政府的野心不大，但即便如此，它也没有多少时间来付诸行动。困难的经济背景使工党得以再次掌权，而这一背景即将变得非常糟糕。在麦克唐纳和斯诺登再次入主唐宁街的5个月后，1929年10月的华尔街股灾造成了我们现在通常称之为大萧条（Great Depression）的后果，但当时的英国观察家将其轻描淡写为"低潮"（slump）。

平心而论，用"低潮"来形容20世纪30年代英国的经济困境可能比"萧条"更合适。与"咆哮的二十年代"的概念一样，大萧条的大众印象更多地受到美国而非英国经验的影响。从巅峰到低谷，美国经济在20世纪30年代初收缩了约四分之一，而英国经济则下降了大约7%。无论如何，这都是一个重大事件，但英国与大西洋彼岸经历的痛苦相比，却是天壤之别。

此次经济崩盘使许多人的财富化为乌有，打击了商业信心，并导致消费者支出和商业投资骤降。直到1929年之后，

第10章 一种萧条

重建国际金本位制的最大问题才暴露出来。国际汇率的固定、货币政策应对冲击的无力和全球范围内开放的资本市场共同起到了冲击传导的作用。美国现在是全球金融体系的中心，各国央行需配合其公开的紧缩货币政策才能维持本国货币与黄金挂钩。即使在经济开始收缩时，利率也在上升。

美国和中欧的银行倒闭浪潮，加上紧缩的货币条件，导致全球货币供应萎缩。随着在第一次世界大战后开始的去全球化进程的加速，贸易紧张局势变得愈发严峻。越来越多的国家为了照顾本国民众而背弃了全球市场。对于英国这样一个开放的出口经济体来说，这是一场灾难。在截至1931年的2年内，出口下降了约50%，对生产这些产品的彼时仍是劳动密集型的部门产生了毁灭性的影响。英国造船商在1929年第一季度大约完成了36.2万吨新船的加工，而在1931年第一季度，这一数字仅为3.3万吨。美国在经历了经济增长和资产价格蓬勃发展的辉煌岁月之后，正在经历一场经济危机；英国也陷入了经济崩溃，但却从未过上经济增长的快活日子。

莫斯利呼吁在与大选前劳合·乔治计划类似的基础上进行赤字融资的公共工程，但遭到内阁否决，导致他从政府辞职，并适时另立了他的新党（New Party），该党在最终转变为反动的不列颠法西斯联盟（British Union of Fascists）之前获得了一定支持。政府没有采纳所谓的《莫斯利备忘录》（*Mosley Memorandum*）中的建议，而是转向了两次世界大战间的英国政府屡试不爽的方法：成立一个委员会。麦克米伦委员会（MacMillan Committee）由一位苏格兰法学家担任主席，成员包括一位自由党前财政大臣、一位财政部前常务次官、工会领袖厄尼·贝文（Ernie Bevin）和梅纳德·凯恩斯。虽然委员会的议事程序为了解发展中的凯恩斯理论提供了一个迷人的窗口——这些理论稍后将在十年内被编纂成册，但在1931年提交的《麦克米伦报告》让情况发生了变化。委员会的该项工作的长远意义也许在于，通过将凯恩斯和贝文——一个在更广泛的劳工运动中具有巨大影响力的人物——放在一起，在这位伟大的经济学家和工党之间建立了沟通的渠道，这在后来被证明是非常重要的。报告的大部分内容都没有涉及更广泛的宏观经济问题，而是集中在英国银行业的结构上，它认为与海外竞争对手相比，英国银行业较难支持国内企业。所谓的"麦克米伦缺口"（MacMillan Gap），即英国银行不愿意以中小企业所要求的条件提供资金的观点，是一个随后在英国经济史上不断再次出现的主题。值得注意的是，该委员会并没有对回归金本位制的决心提出质疑。

到1931年夏天，麦克唐纳的少数派政府面临着一场严重的危机。其实也算不上什么"罪不可恕"，只是他们不幸

第10章 一种萧条

在最糟糕的时候上任了。他们眼睁睁地看着贸易和工业生产大幅下滑。工党曾承诺解决失业问题，但失业率已从其当选时的10%左右上升到1931年5月的20%以上。这届政府在面对经济危机时表现出的畏首畏尾遭到了左派的频繁谴责。但很少有政府被证明具备胜任这一任务的资格，或者愿意采用未经检验的方法来应对经济衰退。同一时期的澳大利亚工党政府也同样受制于盛行的正统经济指导思想。美国富兰克林·D.罗斯福的新政（New Deal）的经济影响无论如何都是值得商榷的，只有在1931年的关键事件之后才会显露。麦克唐纳政府的反对者在当时很难举出任何例子来说明政府可以做点什么。

异常疲软的经济、高利率、税收下降和对财政资金需求增加的有害组合可能会破坏公共财政。紧缩政策和通货紧缩在20世纪20年代未能控制住债务占国内生产总值的比例，到1931年中期，该比例已跃升至180%。就在债务总额进一步上升的情况下，利息支出眼下吞噬了约四分之一的税收收入——这是一个不可持续的局面。

在不仅来自保守党，同样也来自政府依赖其选票的自由党的压力下，麦克唐纳于1931年2月成立了另一个委员会来调查政府的财政状况。政府前财政顾问、曾任保险公司老板的乔治·梅爵士（Sir George May）于1931年7月作出汇报。当时，由于黄金从英格兰银行快速流出，英镑正承受着沉重压力，迫使该银行将利率从3%提高到6%，以试图遏制黄金外流。上升的利率无疑会给政府的财政带来进一步的压力。尽管工党指派的两名委员会成员持反对意见，但构成了梅委员会（May Committee）主体的自由党和保守党成员以及传统的专家们，掸去已尘封十年的埃里克·格迪斯意志上的尘土。他们建议对富裕人群增税约2 400万英镑，同时削减9 600万英镑的公共支出。其中，失业救济金将被削减20%，公共住房支出将缩减，警察、士兵和地方政府公职人员将面临降薪。

整个8月，内阁就其对紧缩呼吁的回应进行了辩论。斯诺登在麦克唐纳的支持下，主张采取折中立场，将救济金削减10%，同时在整个公共部门减薪。但是，内阁对此坚决不接受，他们宁可请辞也不同意。麦克唐纳在月底向国王递交了他和政府的辞呈。但事情随后的走向变得离奇。

在国王的恳求下，麦克唐纳同意继续留任新的"联合政府"的首相，以度过眼前的危机，这让他遭到了工党的长期敌视。新联合政府的初衷是组建一个"全才部"（ministry of all the talents），吸纳各党派最优秀的议员。由此产生的领导班子是鲍德温政府的翻版，尽管其中硬塞进工党前议员麦克唐纳和斯诺登（两人均被工党开除党籍）和几十名自由党人装装样子。

新联合政府表面上是以麦克唐纳为首,但实际上是由鲍德温领导的。在上任后的几天内,它就在议会中通过了梅的一揽子削减计划。然而,这并不是危机的结束。削减救济金和薪酬的消息对受波及的人来说确实非常糟糕。事实上,它在军队中的影响十分糟糕,导致发生了一件令英国当局震惊的事件,它引发了一场海军哗变。

大约一千名水手以拒绝服从命令的形式来抗议他们将面临的10%至25%减薪,并在苏格兰的因弗戈登(Invergordon)进行了有效的罢工。被称为"哗变者"的水手们最初在一个足球场上集会,在投票决定停工后,唱起了《红旗》(*The Red Flag*)。9月15日上午,皇家军舰胡德号(HMS Hood)和纳尔逊号(HMS Nelson)的水手们拒绝启航出海,而刚勇号(HMS Valiant)和罗德尼号(HMS Rodney)的船员们则拒绝履行基本职责外的任何任务。被寄希望于执行军纪的皇家海军陆战队也加入了抗议活动。只有在政府同意减薪幅度下调至不超过10%的情况下,纪律才得以恢复。

虽然海军军纪的崩坏很快得到了平复,但对财政信心的损害似乎是不可修复的。投资者和海外英镑持有者被这一消息吓坏了,导致股票市场崩盘,英格兰银行每日的黄金流出量也在增加。

在黄金储备几乎枯竭的情况下,英格兰银行迈出了至少直到那一刻来临之前看来都是难以想象的一步:它单方面退出了金本位制。正如一位见多识广的工党前大臣所说,"没有人告诉我们可以这么做"。事实证明,英格兰银行为英国准备重返金本位制所忍受的通货紧缩的痛苦,以及重新与黄金挂钩时所克服的危机都是毫无意义的。英国正在着手一项新的经济试验,这是过去只有最激进的经济思想家才会提出的主张:自由浮动货币。"安全第一"就到此为止了。

抛弃金本位制是英国经济低潮的转折点。实际上,国家已经转变了在不可能的三位一体中的立场,并通过接受非固定汇率重新获得了对国内利率的管控权。缓解几乎是立竿见影的。

脱离金本位制有两大明显的影响。首先,英镑的价值即刻下跌了约25%,这为出口商提供了一些支持,因为他们的商品现在在世界市场上的成本大大降低。这一时期的现代观察家偶尔会指出,英镑贬值是经济复苏的动力。但这样想是不对的。英国从低潮中复苏并非基于出口。在任何情况下,相对更便宜的货币所带来的优势被证明是转瞬即逝的,因为其他国家慢慢跟随英国的步伐,放弃了与黄金挂钩的政策,允许本国货币贬值。美国在1933年退出了该制度。更重要的是,英格兰银行获得了新的自由——可以将利率设定在一个更适合英国严峻的国内环境的水平的自由。到1932年,利率降至2%，并在这个十年的其余时间里保持在这一水平。较低的借贷成本不仅有助于刺激商业投资和住宅建设，而且减轻了政府财政的一些压力。

在1931年以压倒性优势赢得多数席位并在1935年继续赢得多数席位后，联合政府，本应是应对危机的临时创新，有了一种无限期持续下去的感觉。随着时间的推移，尤其是在鲍德温于1935年正式就任首相之后，联合政府的保守党特质变得愈发明显。

到1931年年底，英国经济低潮的最低谷已经过去，但随后的复苏是一个非常不平衡的过程。尽管如此，重要的是仍应认识到，经济确实复苏了。人们对"饥饿的三十年代"的共同记忆，部分受美国经验的影响，部分受持续了整个20世纪40年代至70年代的"绝不回到战前世界"的跨党派政治言论影响，致使事实被掩盖。

20世纪30年代对英国经济来说是一个对比鲜明的十年。汽车数量和官方失业人数均有史以来第一次超过了200万。煤炭开采、纺织品和造船等为19世纪经济增长提供动力的传统出口工业在全球经济萧条中遭受重创，而新兴工业——汽车制造、电气工程和新生的航空部门——开始回暖，服务业也是如此。这一切导致了一个由不同经济产出拼凑成的古怪区域性集合。到1935年，总体失业率已降至15.5%，以任何客观标准衡量，这仍然是一个极高的数字，但与顶峰时期的22%相比已经低了很多。但这一全国性的数字掩盖了区域情况间的细微差别。到20世纪30年代中期，英格兰东南的失业率降至近8%，比1931年前的水平更差一些，但好于20世纪20年代的大部分时间。相比之下，英格兰东北工业地区的失业率为21%；威尔士南部、苏格兰中部和英格兰北部地区继续经历着与萧条无异的光景，而英格兰南部的城镇和米德兰内越来越多的区域却蓬勃发展。几乎可以肯定的是，英国于20世纪30年代中期见证了自工业革命以来所历经的人均国内生产总值的最大地区差距。伦敦和更广阔的英格兰东南的人均产出约为全国平均水平的140%，而英格兰北部的人均产出仅为全国中位数的63%，威尔士则为68%。

看看1935年的选举结果，就可以对整个英国的经济表现有一个大致的了解。工党的102个席位集中在与传统基本工业相关的高失业率地区。1931年后的经济复苏是真实存在过的，即使它比预期速度要慢，即使它未能"均等地抬起所有船只"[①]。但就政治经济而言，它成功地创造了数量足够的赢家，并专注于数量足够的席位，为政府提供了非常稳健

[①] 此处出自美国总统约翰·肯尼迪（John F. Kennedy）"上涨的潮水（比喻经济繁荣）将抬起所有搁浅的船只"。——译者注

的多数优势。正如20世纪80年代，保守党政府向人们示范了只要有数量足够的地区继续表现良好，高失业率并不一定是连任的门槛。

纽卡斯尔附近的贾罗（Jarrow）不是一个经济表现良好的地区。就业一直依赖于当地造船业，随着全球贸易的枯竭，该行业随之沉沦。由于船坞以大约50%的产能运行，在这十年的大部分时间里，当地的失业率远远超过30%。1936年的贾罗游行（Jarrow March）或称贾罗远征（Jarrow Crusade），是这十年中最有代表性的形象之一。10月，200名前造船厂工人在三周内步行300多英里前往伦敦，向议会递交一份要求振兴他们的工业的请愿书。长途跋涉的最后一段路，他们经过了卢顿（Luton）、贝德福德（Bedford）和圣阿尔本斯（St Albans）等繁荣城镇。

旨在援助受区域发展失衡影响最严重地区的《特别地区法》（Special Areas Act）实际上在两年前的1934年就已通过。被划出的"特别地区"——泰恩赛德（Tyneside）、威尔士南部、西坎伯兰（West Cumberland）和苏格兰——成为政府额外投资的目标。就像后续许多区域性扶持的浅尝辄止一样，《特别地区法》涉及的财政资金很少，并且政府未能坚持依循长期计划。

除了试图直接援助受区域发展失衡影响最严重地区，政府更广泛的产业战略通常被称为"合理化"（rationalisation）。与传统的斯密主义强调竞争的益处形成鲜明对比，两次世界大战期间的政府经常感慨英国许多工业结构零散和不协调。人们将恢复海外贸易竞争力的方法寄希望于鼓励公司合并成为更大型的公司，这些公司有望形成规模经济并在国际市场上有更好的表现。于1926年由4家化工公司合并而成的帝国化学工业（ICI）是典型例子，许多人认为，只有英国国家（或帝国）层面上的巨头才有实力与美国化工巨头杜邦（DuPont）或德国法本（IG Farben）相抗衡。1921年的《铁路法》（*Railways Act*）将大约60家铁路公司重组为4家。20世纪30年代末，煤矿业也完成了类似的重组，但政府为试图集中整合一家新的钢铁企业所付出的许多努力最终打了水漂。

除了新工业外，20世纪30年代复苏的主要组成部分来自住宅建设。事实上，20世纪30年代出现了住宅建设的热潮。固定在2%的利率提振了消费者信心——至少在该国表现较好的地区是如此，因此人们对住房的需求大幅上升。当时限制较少的规划法使建筑商能够迅速做出反应。到20世纪30年代中期，住宅建设达到了每年35万套——以三居室和四居室半独立式房屋的形式在英国各地留下了它的足迹，时至今日这些房屋仍然占地价最低廉的郊区住房的很大一部分。

房屋拥有者从第一次世界大战前夕约占人口的10%上升到20世纪30年代末的近30%。这些新房主正是鲍德温和他的财政大臣（及首相继任者）内维尔·张伯伦视为其政治联盟基石的相当富裕的中产阶级——偶尔也有工人阶级——的选民。

不过，即使在产权大规模扩张之后，大多数英国人还是租房住。第一次世界大战后，公共住房（council housing）得以扩建（尽管很少有新房真正适合英雄入住），并在麦克唐纳政府的领导下得到了第二次推动，但对大多数人来说，租房意味着租私人房东的房。在英国较贫困的地区，这样的房东自己往往也不是特别称职。正如乔治·奥威尔笔下的那样："最合乎常理的情况是，最不好的房东是肥肥胖胖的黑心汉，或许是一个主教，靠着压榨租金大发横财。事实上，一个穷苦的老太婆倾其毕生的积蓄买了三座贫民窟的房子，自己住一座，想靠着另外两座房子的租金生活——她才不肯掏一分钱修葺房子呢。"①

鲍德温是联合政府的真正缔造者，而张伯伦是20世纪30年代政治和经济决策的主导人物，他于1931年至1937

---

① 中文译文摘自《奥威尔作品全集》，上海译文出版社2020年版。——译者注

年担任财政大臣，然后担任首相至1940年。如今，绥靖主义（appeasement）永远伴随着张伯伦的名字，但他在当时要广受尊敬得多——至少直到他生命的最后一刻。他是一位敏锐的政治操盘手，以攻击工党为乐（很难想象他能够主持温斯顿·丘吉尔将要组建的那种战时内阁），在他的时代背景和当时的传统经济思想中，他是一位成功的财政大臣。1932年，随着道德螺丝的拧紧①，他说服了1917年发行的利率5%的战争债券持有者同意自愿将债券所附的利率从5%降至3.5%。同年，在一系列普遍的盟国间债务注销中，英国违约拖欠了其对美国的战争债务。这些措施，加上总体较低的利率和整体更健康的经济，使英国能够稳定其岌岌可危的债务状况，该状况曾波及1931年的政治危机。英国的债务在1933年达到占国内生产总值的190%的峰值后，到1939年回落至150%。

作为伯明翰前市长，张伯伦和他的父亲一样，是公认的地方政府专家。但市政府的背景并不是约瑟夫传承给内维尔的唯一衣钵。20世纪30年代，内维尔见证了张伯伦家族30年来的计划的实现：保护主义。

---

① 出自美国作家亨利·詹姆斯的小说《螺丝在拧紧》，形容将所有人置入一个无法反抗的深渊之中。——译者注

第10章 一种萧条

关税问题使保守党在第一次世界大战前就失去了执政地位,并在之后的1923年选举中失利。然而,自由贸易——近一个世纪以来英国经济思想基石的一部分——在金本位制偃旗息鼓后不久就黯然退场了。进口关税于1932年开始征收,同年的渥太华协定(Ottawa agreements)允许帝国其他地区的商品享有对英国市场的优惠准入。帝国特惠制由此确立。

经过前几十年备受争议的辩论,这一切都发生得相当之快。问题则变成了,自20世纪20年代或20世纪初以来发生了什么变化?答案有两部分,一部分来自国内,另一部分来自国际。在国内,由保守党主导的联合政府在政治上高奏凯歌。1931年的选举使其占据了下议院615个席位中的554个。菲利普·斯诺登将格莱斯顿主义进行到底,在紧缩政策和削减福利方面与麦克唐纳保持相同立场,但最终因自由贸易问题而请辞。其他人则装聋作哑。

在国际上,帝国特惠制似乎更符合20世纪30年代的世界局势。1930年,美国走上了通往更高关税水平的破坏性道路。整个欧洲大陆及其帝国的关税壁垒正在上升。19世纪70年代至20世纪第二个10年的全球化进程因第一次世界大战而终止,在20世纪20年代回退,其崩溃则贯穿了20世纪30年代。1913年,约15%的全球商品跨境,而1938年只有5%。

英国转向保护主义的结果显然是喜忧参半。帝国特惠制在一定程度上"起了作用",它鼓励英国人从帝国内部而不是国外采购。帝国商品占英国进口的份额从1932年的30%左右上升到1935年的40%。这种变化在食品方面尤为明显。商店大力宣传从新西兰进口的"美味的帝国黄油",与自19世纪以来一直是英国主食的老式丹麦黄油形成对比。西班牙橙子被澳大利亚、罗得西亚(现更名为津巴布韦)和南非的橙子所取代。但在出口方面,它却没能取得什么成绩。澳大利亚和加拿大这两个最大的帝国市场,都没有实质性地增加英国商品在其进口中的份额。对印度来说,情况也没有什么改观。从中期来看,整个议题——尤其是与构成"合理化"产业政策的卡特尔化(cartelisation)和公司合并结合在一起——正在损害英国的生产力。由于摆脱了许多国际竞争,且伴随着国内竞争更加受限,许多行业都变得僵化。但实际上,帝国特惠制始终是一个政治课题——旨在将帝国更紧密地结合在一起——而非经济课题。

然而,尽管关于自由贸易和金本位制的旧式正统观念在20世纪30年代已被打破,但关于需要平衡预算的传统观念仍然存在——至少在这个十年末的军备重整正式开始之前。但从那时起,战争以及战争筹备一直被视为是明智的借贷时机。

当然,也有一些声音呼吁政府出于经济原因进行借贷——通过公共工程支出为人们提供就业机会。劳合·乔治在1929年的竞选就是围绕这一概念展开的,这也构成了莫斯利向麦克唐纳呈递却遭到否决的那份《备忘录》的基础。占上风的理由是已为大众所知的"财政部观点",即政府无法通过挥霍来购得繁荣。这一论点背后的经济推理对许多人来说似乎足够合理:如果财政部借钱消费,那么这些钱就无法提供给私人部门。根据所谓的可贷资金学说(loanable funds doctrine),储蓄池的大小受限于私营部门的储蓄需求。但只有一个有限的投资池可用。如果财政部选择将这些资金用于公共工程,那么寻求扩张的企业的可用资金就会减少。公共部门将通过占用资源来"挤出"(crowd out)私营部门。

凯恩斯——如今英国最备受关注的经济学家之一,在某种程度上也算得上一位公共知识分子——是上述观点最严厉、最直言不讳的批评者。他的理论理所当然是随着时间推移而发展的,但其宏伟的思想都汇集于1936年出版的《就业、利息和货币通论》(*The General Theory of Employment, Interest and Money*,以下简称《通论》)中,这本书有资格成为20世纪最具影响力的经济出版物。

在接下来的10年里,"凯恩斯革命"将席卷经济学界,取代斯密、李嘉图的许多老派古典观点,但政策制定者和官员接受起来依旧缓慢。

《通论》发人深省，精彩绝伦。优美华丽的散文装点于枯燥的学术段落间，而理论部分的组织至少可以说是随性的。书中内容包罗万象，读者可以得出自己的结论，并选择追随凯恩斯主义的不同方面。保罗·克鲁格曼是现代著名的凯恩斯追随者，他认为现今有两种类型的凯恩斯主义者："第12章信徒"宣扬凯恩斯对于"未来受到根本不确定性影响时投资决策的问题"的信念，意味着资本主义也将是不稳定的，而"第1部分信徒"则强调经济中普遍存在需求不足的可能性，以及政府可以通过哪些手段来稳定经济。当然，多年以来前赴后继的凯恩斯主义者既不是第12章的信徒，也不是第1部分的信徒：他们中的大多数根本没有读过《通论》。

这部著作的真正天才之处不在于它对经济学传统理论的挑战，而在于它本质上开创了一个全新的领域：宏观经济学——对整个经济的研究。该领域大部分术语和现代宏观经济学家思考问题的框架都可以追溯到凯恩斯。米尔顿·弗里德曼[①]被广泛视为凯恩斯的伟大挑战者，他的思想在20世纪

---

① 米尔顿·弗里德曼（Milton Friedman，1912—2006），美国著名经济学家，第二代芝加哥经济学派领军人物，因他在消费分析、货币供给理论及历史和稳定政策复杂性等范畴的贡献，1976年获得诺贝尔经济学奖，被誉为20世纪最重要且最具影响力的经济学家之一。——译者注

70年代和80年代颠覆了凯恩斯对经济决策的影响。但弗里德曼是在凯恩斯的宏观经济学框架下展开工作的，即使他自己的理念促成了不同的提议。

凯恩斯著作的基本纲领是否定萨伊定律（Say's Law.）。法国经济学家让-巴蒂斯特·萨伊（Jean-Baptiste Say）在19世纪初曾提出，生产产出的行为本身即为对商品需求的创造，即需求实际上是由供给状况决定的。凯恩斯的核心见解是，在某些情况下，经济的整体健康状况可能会因普遍需求不足而受损，供给无法自行创造需求，政府有责任在经济疲软时创造更多的需求来稳定经济。根据凯恩斯的说法，资本主义可以缔造高度繁荣，但同时也处于不稳定状态，因此须谨慎管理。

《通论》将两个理论结合在一起，为挑战"财政部观点"提供了知识框架。第一个理论即节俭悖论（paradox of thrift）。该理论即节俭可能确实是一种美德且为以后的投资准备了资源，但储蓄过多也可能产生不良影响。一个人的支出即为另一个人的收入。无论出于何种原因，如果大量企业和家庭同时选择增加储蓄，那么支出可能会步入枯竭，大多数企业和工人的收入会下降。因此，最终结果是，如果每个人都同时试图增加储蓄，那么随着收入的枯萎，储蓄总量实际上会下降，这就是悖论所在。

另一个理论是乘数理论，即任何支出（尽管乘数理论与政府支出最为相关）可能会在初始注入量之外，对经济产生巨大影响。假设1935年政府选择斥资2.5亿英镑用于公共工程：虽然这2.5亿英镑中的一部分会流向国外以支付进口费用，但大部分最终将落入国内工人与公司之手。这些工人和公司也许已经把他们工资的一部分储蓄起来，但很可能会将大部分额外收入花在购买新产品上，从而激活乘数效应的下一个环节。

总的来说，这些理念代表了对可用投资池有限这一概念和财政部观点的摒弃。如果有可用的闲置资源——失业者，那么花钱让他们工作将增加整体经济活动，而并非挤占私人部门的资金。凯恩斯提供了一个框架以重新构想经济政策的运作方式以及政策的真正宗旨应该是什么。

1936年后，随着军备重整的启动，政府债务确实开始增加，这为重工业领域的就业提供了急需的推动力，但将此归功于凯恩斯则是不恰当的。雷达、喷火战斗机和新型轰炸机的诞生并非仰仗《通论》。

英国的战间期是一段悲惨的时期。20年来，失业率居高不下，工资增长乏力。直到1931年，货币政策都被不合时宜地收紧，而财政政策直到20世纪30年代末都同样毫无裨益。对大众式的民主怀有顾虑的维多利亚时代的政治家们可能会惊异于当时的大众选民并不支持激进主义和拉平议程，而是屡次选出保守党政府，而且往往是以绝对多数票当选。但鲍德温和张伯伦所领导的保守党与其维多利亚中期的前辈截然不同，就其精心呈现的大众吸引力而言，与迪斯雷利和索尔兹伯里的精神更为契合。

20世纪30年代，几代人就放弃金本位制和自由贸易达成了共识。40年代，政府在经济中的角色将发生更大的变化。但首先，英国将不得不再打响一次全面战争。

第11章 一切都在改变

与参加第一次世界大战的英国相比,参加第二次世界大战的英国有一个至关重要的优势——它曾经参加过第一次世界大战。与 1914 年不同的是,英国在管理战争投入方面,不会再在"一切照旧"、志愿兵役制或自由放任的做法上浪费时间了。掌管战争投入的那一代政策制定者知道,或者至少他们认为自己知道究竟会发生什么。第一次世界大战似乎像某种晴天霹雳一样从巴尔干半岛出现,而第二次世界大战则更容易预见。英国政府自 20 世纪 30 年代中期以来就一直在未雨绸缪。

　　根据早前冲突的经验,经济因素对于英国如何应对 1939 年到来的战争至关重要。第一次世界大战的教训似乎非常清楚了:工业产能和财政能力是发动全面战争的关键。事实上,到 20 世纪 30 年代,政治家们明确将经济实力视为"第四军种"(fourth arm of defence)。有时,人们倾向于认为英国在 1939 年尚未为战争做好准备,这一观点受到 1940 年 5 月和 6 月在法国的盟军大规模溃败以及战后丘吉尔撰写的回忆录初稿的影响。尽管没有一个国家对随后在 1939—1945 年所发生的情况做好充分准备,尽管绥靖政策最终造成地缘政治的失败,英国准备不足这一说法通常被夸大了。从 20

世纪 30 年代中期开始，英国一直在认真对待重整军备，即使速度没有丘吉尔（彼时丘吉尔只是一位抨击张伯伦的后座议员）所希望的那样快。

1920 年，国防支出占国内生产总值的比例约为 4.6%，并随后遭到格迪斯大斧的沉重打击。整个 20 世纪 20 年代政府的规划假设（这个假设由丘吉尔在 1919 年首次提出）是英国在未来十年内不会面临重大战争，这条"十年规则"（ten year rule）在 20 世纪 30 年代中期被摒弃之前每年都会向前推进，被用来证明保持较低年度国防预算的合理性。20 世纪 30 年代初，国防预算占国民收入的 2.8% 左右。

但到了 20 世纪 30 年代中期，英国面临着截然不同的全球环境。纳粹德国显然是在为战争摩拳擦掌，法西斯意大利正在成为地中海地区的一个重要对手，而日本（严格来说是英国的盟友①）的威权主义对帝国在东方的版图构成了威胁。张伯伦不仅准备增加国防预算，还准备为此借款。在 1936—1937 财政年度，英国国防支出占国内生产总值的比重超过 4%，第二年达到 5.5%，战前最后一个财政年度则占国民收入的 7.7%。这些资金颇为可观——远远超过英国

---

① 英日同盟于 1902 年成立，后经两次续约，1923 年英日不再续盟，同盟失效。——译者注

在此前150年的和平时期内的任何支出。20世纪30年代中期建立的"影子工厂"——私人拥有但由政府支持的制造中心——将被证明在战争到来时对提高飞机产量至关重要。军用飞机的产量从1933年的近600架增加到1939年的近8000架。1940年，约有15 000架飞机出厂——比德国的产量高出50%。

丘吉尔并不是唯一一个呼吁加快备战步伐的人，但熟练劳动力的短缺造成了生产瓶颈，至少在战争前夕是如此。此外，与工业产能同样重要的是财政部对于即将爆发的冲突的性质的看法。英国官员理所当然地相信他们有能力赢得一场经济因素发挥关键作用的长期战争。毕竟，英国是一个比德国更富裕的国家，人均收入更高。但重整军备过于迅速会危及英国的财政实力和工业实力——试图以过快速度制造武器既可能破坏英国的财政状况，又会推高关键行业的价格。平衡的做法是做好充足的军备重整，以防止在短期战争中被迅速击败，同时保留经济实力从而在长期战争中作战并获胜。财政部在20世纪30年代并没有促使许多事物走向正确的方向，但在这一点上它对牌局做出了准确的判断。

正是在第二次世界大战期间，凯恩斯和他的宏观经济理论不仅获得了官方的认可，而且成了指挥经济管理的核心。事实上，如今人们为理解经济学而应用的大部分统计基础都可以追溯到这场战争。衡量经济总产出的意义一部分是为了对其进行有效调配以击败敌人。在《如何筹措战争经费》（*How to Pay for the War*）一书中——该书最初以系列文章的形式发表在《泰晤士报》上，并在1940年整理成册出版——凯恩斯将《通论》的理论框架付诸实践。凯恩斯本人——战前经济政策最尖锐的批评家——发现自己在战争期间成了政府的主要经济顾问、英格兰银行董事，并最终被尊为凯恩斯男爵。

与1914年相比，当局迅速采取行动，加强对生产和财政的控制。市场机制暂停，许多商品实行配给制，制造业受到引导。最初，财政部预估，大约50%的国民收入将不得不用于战争，因而预留出了一些工业产能来维持出口市场并帮助支付进口费用。该计划是基于战争将为期3年这一假定之上的。直到法国沦陷后，政府才将谨慎抛到九霄云外，并使所有其他考虑都服从于战争胜利的需要。与第一次世界大战时允许通货膨胀发挥抑制消费的作用不同，在第二次世界大战中财政部更多地依赖税收。60%的超额利润税加上更高的直接个人所得税率（所得税的标准税率从25%上升到50%）和针对奢侈品更高的关税，完成了大部分的重任。战争的一项持久创新是引入了所得税预扣法（Pay As You Earn，PAYE）——就像今天一样，直接从工资支付中扣除税款。所得税预扣法允许所得税进一步适用于各收入阶层，不仅是为政府筹集资金，而且至关重要的是，进一步抑制了消费。家庭支出在战前占国民收入的80%左右，到1944年被压缩至50%。物价在1914年至1918年翻了一番多，但在第二次冲突期间"仅"上涨了50%。

法国的沦陷并没有致使英国当局对战争经济计划进行重新评估，却促成了丘吉尔领导下一个真正联合政府的组建，工党自1931年以来首次进入政府。该政府的成立使战时一项关键的国内任命得以实现：厄尼·贝文成为劳工大臣（Minister of Labour），并被授予前所未有的权力。贝文是一位言辞强硬、自学成才的工会领袖，在被任命为内阁成员时甚至都不是国会议员。为了让他进入下议院，政府不得不迅速安排一次补选。1939年的《紧急权力法》（*Emergency Power Act*）让他几乎完全控制了劳工队伍，他开始利用它，不仅是为了赢得战争，也是为了加强有组织的工人力量。与第一次战争时相比，第二次战争中的劳资关系总体上要融洽得多，因罢工而损失的天数约为1914—1918年的一半。工人缺乏战斗性的部分原因是对作为消费限制因素的通货膨胀的依赖程度较低——生活成本的可控上涨抑制了推动提高工资的必要性。

战争中，以白厅为首的军事工业复合体得到了全面发展,它规划生产,对造船厂进行现代化改造,指挥劳动力并制定生产目标。国家比1914年更早地夺取并广泛动用了这些权力,以引导经济转向军需生产。尽管在1940年夏天损失惨重,但皇家空军在不列颠战役(Battle of Britain)结束时拥有的战斗机比战争开始时还要多,德国难以望其项背。对扩大军需品生产至关重要的机床产量,从战前每年不到20 000台增加到1942年的100 000台以上。总的来说,军需品产量在1939年至1944年增长了大约650%。

尽管有战前的帝国特惠制和两次世界大战之间的去全球化,但英国的战时经济投入是全球性的。希特勒在1940年征服了欧洲大部分地区,但在某种程度上,他被困于欧洲大陆,而英国则保留了获取美国工业力量以及非洲、亚洲大部分地区、大洋洲和拉丁美洲的资源的途径。英国战争中最显著的错误观念就是它曾经孤军奋战的说法。即使在敦刻尔克大撤退(Dunkirk)和法国沦陷之后,丘吉尔所领导的也不仅限于一个国家,而是一整个帝国的战争投入和战时经济。而且这个帝国还得到了欧洲大部分地区的流亡政府,以及在大多数情况下,它们的海军舰队、商船船队和殖民地的支持。

以食物为例。尽管宣传的海报有那么多,但实际上并没有那么多英国人在为胜利而耕种。农业就业人数从战前的

80万左右上升到战时的100万，生产力也因机械化程度的提高而得到提升，但食品仍然主要来自国外。按吨位衡量，食品进口确实减少了，但这个原始数字放大了这一变化。牛肉的进口量从1938年的60万吨下降到1944年的35万吨，但罐头肉的进口量从7万吨上升到21万吨。将世棒午餐肉（SPAM）与战争联系在一起并非有失偏颇，以前按不同品质等级出售的粗盐腌牛肉现在只有最低等级这一个等级。彼时真实发生的情况是对于不便于运输的食品的替代。按重量计算，战争期间进口的人类消费食品总量下降了25%，但每吨食品的热量却增加了25%。水果和蔬菜运输量下降，而冷冻肉类进口量增加了。与上次战争一样，英国依靠世界资源来养活它的人民，这使得该国更大比例的人口可以直接参与或支持战争。

德国也从过去的冲突中吸取了教训，并且比1914—1918年更多地致力于击沉英国商船；无限制潜艇战从战争开始就成为常态，商船舰队遭受的伤亡比例比三个军种中的任何一个都高。不过，护航系统和布莱切利园（Bletchley Park）内的密码破译机意味着，在整个战争期间，损失的船只比例实际上在下降——从1941年穿越关键的大西洋航线的每181艘船中有1艘，再到1943年的每344艘船中有1艘，到了1945年，每1 000艘船中仅1艘船只受损。

当然，这场巨额的战争投入，以及其所赖以支撑的进口产品，都必须有人买单。税收的大幅增加使政府收入从1938年的不足7亿英镑增加到1944年的超过29亿英镑，但同期支出从不到8亿英镑增加到57亿英镑。换言之，年度赤字约为战前税基的四倍。以占国内生产总值的份额来表示，政府借贷在1941—1942财年达到近27%的峰值。这一切都意味着大量的借贷。但政府对国内财政状况的处理比第一次世界大战期间好得多：与1914年不同的是，伦敦金融城甚至没有试图维持"一切照旧"的幻象，政府也不再热衷于重蹈上次战争的覆辙——用巨大的收益率来引诱投资者，使自己在今后的道路上背负上沉重的偿债负担。政府的意图是打一场"3%的战争"，更少才好。在20世纪20年代造成此类困扰的5%战争贷款不会重现。道德劝说发挥了作用，被施以压力的金融城及其机构慷慨放贷，但与上次战争一样，资本发行委员会（Capital Issues Committee）对其他类型的资本筹集进行了严格限制，以防止资金竞争。实际上，金融系统正通过直接向政府或军事工业提供贷款来支持战争投入。进一步的创新是以国库存款收据（Treasury Deposit Receipt）的形式出现的，它允许政府以略高于1%的利率直接向商业银行借款，期限为6个月。

对外融资的管理也比上一次战争时要好——当时大部分

融资工作都外包给了纽约的 J. P. 摩根公司。然而，这是英国经济最脆弱的领域。特别是由于第一次全面战争的经验使美国政策制定者对卷入任何与欧洲冲突紧密相关的经济瓜葛持谨慎态度。美国 1934 年出台的《约翰逊法案》(*Johnson Act of 1934*) 禁止美国公民向任何拖欠先前战争债务的国家贷款，从而对英国关闭了其借贷市场的大门。美国《中立法案》[①]不仅禁止英国在美国贷款，而且禁止英国在美国采购任何战争物资，但在冲突爆发后有所放宽。但所有此类购买都必须在相当古板的所谓"现购自运"(cash and carry) 的基础上进行。

敦刻尔克大撤退和法国沦陷后大量军事装备的损失迫使英国加紧在美国的战争物资采购，英国介入接管原本由法国政府订购的物资，支付这些采购几乎使英国的黄金和美元储备濒于枯竭，或许还用上了出口的微薄收入。美元资源在短短几个月内就消耗殆尽，特别是在以前致力于维持一些出口市场份额的英国工业部门转向直接进行军事生产的情况下。

1941 年 3 月的《互助协定》是一个转折点。根据这项

---

① 美国《中立法案》是美国政府于20世纪30年代所通过一系列法案的总称。这些法案是用以回应第二次世界大战前在欧洲和亚洲日益混乱的局面。——译者注

协议，美国同意切实有效地提供食品、石油和战争物资。美国直到当年 12 月才直接参战，但北美的财政和生产已经是英国战争投入的一个重要组成部分。美国通过该计划提供的 500 亿美元的支援，有三分之二流向了英国。到 1944 年，租借援助占英国经济战力的 15% 左右。美国的援助对于维持英国的战争投入至关重要，尽管它并非完全没有附加条件。协议第七条[①]要求英国在战后取消对美国商品的歧视性待遇（实质上是推翻了帝国特惠制，并撕毁了 1932 年的渥太华协定），但这对战争结束后的英国来说是道难题。

但是，仅靠租借援助还不足以涵盖英国在 1940—1945 年的对外支付。听起来很高深莫测的"英镑结存"（sterling balance）发挥了重要作用。在一战后的几年里，全球金融领导权可能已经从伦敦转移到了纽约，但伦敦金融城仍然是一个主要的金融部门。英镑不再是全球支付系统的基石，但它也保留了重要的角色。随着金本位制在 20 世纪 30 年代瓦解，一个英镑集团发展起来，集团内国家的大部分贸易皆以英镑进行，且通常在伦敦进行任何必要的支付。尽管加拿大基本上属于以美国为首的美元集团，其他自治领和帝国其他

---

① 即就《互助协定》的具体实施而进行谈判的英美《互助协定》第七条。——译者注

地区仍然采用英镑标准。阿根廷等英国的重要贸易伙伴也是如此。

战争期间，这些国家像以前一样持续向英国供货。货物以英镑支付且货款将被冻结在伦敦。由于现金将留在伦敦，这实际上是在赊购商品。然而大多数参与者别无选择：它们要么实质上受白厅统治，要么几乎没有其他可替代的经济方案。以阿根廷为例：其肉类产业依赖于对英国的销售，尤其是在大多数其他欧洲市场现已关闭的情况下。与其眼睁睁看着农场被废置，不如继续将冷冻牛肉运往利物浦，以换取承诺的日后付款。英国约三分之二的对外赤字由租借援助填补，其余由英镑结存垫补，其中印度、埃及和澳大利亚是主要债权国。

到1944年，西方盟国几乎可以被视为一个单一的经济单位，而且是一个利用其组成部分的比较经济优势的经济单位。制造业生产力更高的美国生产了更多的军火，而英国则动员了更大比例的人口。到1944年6月的"D日"[①]时，大约55%的英国劳动力要么在军队中要么从事与战争相关的工作，而在美国这一比例仅为40%。事实上，英国的武装力量规模远远超过了本国的装备能力，因此对北美工厂的依赖

---

① "D日"即诺曼底登陆战役发生的日期。——译者注

性很大。

第一次世界大战中英国实施封锁战略且效果显著，但在第二次世界大战中，出现了一种形式更直接的经济战：轰炸。战间期的政客们对轰炸机所开启的新世界非常狂热。"轰炸机终将抵达"被认为是无可争议的信条，许多人普遍认为，任何战争都会相对迅速，因为双方的空中舰队会如雨点般向对方倾泻毁灭。实际上，炒作已经领先于技术。

闪电战对英国的城市、工业和人口的影响贯穿了1940年和1941年，但经济影响相对较小。那个时代的飞机根本不具备有效瞄准工业区的能力，也没有足够大的载弹量来造成持久的经济损失。在战争期间，德军的轰炸造成约60 000人丧生，200万户房屋受损或毁坏，铁路运输线偶尔被切断，但生产从未受到严重威胁。与后来英美对沦陷的欧洲大陆和德国的轰炸规模完全不在同一数量级上。战争期间，大约5万吨炸弹（包括后期的V型火箭）被投到英国本土，而在欧洲大陆这个数字则为270万吨。战略空袭的规模之大令人瞠目结舌。把20世纪40年代初至中期在英国建造的飞机跑道首尾相接铺成一条11码宽的道路可延伸近万英里，是其现代高速公路网长度的两倍多。空战的影响仍争议重重，它未能击垮德国的士气，但到1944年对德国发动全面战争的能力施加了巨大压力。被空战摧毁的轴心国装备远多于陆战。

丘吉尔在第二次世界大战中不惜一切代价将胜利放在首位，那么随之而来的胜利无疑代价高昂。经济损失——毁于轰炸的工厂和房屋、沉入海底的船只以及为支付进口费用而抛售一空的海外资产——达到了战前经济总量的19%左右，比一战还高出了15%。政府债务与国内生产总值之间的比率飙升至260%，几乎是1918年的2倍，甚至高于1815年滑铁卢战役之后的215%。与第一次世界大战一样，财政资源早已枯竭，资产被变卖，出口市场沦陷，工业被重新用于战争。但这场全面战争的后果将与上一场大不相同。

劳合·乔治可能曾承诺在第一次世界大战后建设"一片适合英雄居住的土地"，但他的计划仍然粗略且发展不完善；对于1940年至1945年战时政府忙前忙后的战后计划，情况就并非如此了。威廉·贝弗里奇（William Beveridge）是一名自由党文官，后来转为学者，迫于工党大臣的压力，他被政府委以重任，编写一份关于战后社会保障的报告。他在1942年年底呈递给内阁的白皮书比他们中许多人预期的要更加大刀阔斧。当时的财政大臣，保守党人金斯利·伍德爵士（Sir Kingsley Wood）认为报告"涉及不切实际的经济举措"，他的许多保守党同事也都认同他的看法。不过，工党大臣们对劳工运动的处理对战争投入至关重要，他们一致坚持认为，由于感到战时公众的士气需要得到鼓舞，政府应同意在当年 12 月全文公布该报告。该报告出人意料地成了畅销书，甚至在美国售出了 5 万册。信息部（Ministry of Information）下设的情报收集机构认为，它收到了几乎所有政治立场的人的一致好评与赞扬。

《贝弗里奇报告》(Beveridge Report) 是现代英国福利制度的奠基文件。维多利亚时代两个主要政党的政治家都推动了一些社会改革。爱德华时代的新自由主义创建了失业保险制度和养老金制度。战间期的政府改革了济贫制度，扩大了公共住房，并改善了公共卫生服务，但这一切都是在削减预算的背景下进行的。贝弗里奇提议将这个修修补补的系统扫地出门，并在阿斯奎斯政府的工作基础上建立一个协调统一的社会保险体系取而代之。贫困、疾病、愚昧、肮脏和懒惰的"社会五大罪"将通过政府的正式行动予以铲除。

贝弗里奇的蓝图勾勒了一个基本的全民福利制度，以防止任何家庭处于最低限度的生活贫困线下，再加上失业保险和养老金的缴费系统，所有这些措施都以免费使用的医疗保健为支撑，最重要的是，政府承诺将充分就业作为政策目标。这一切都非常契合他年轻时的新自由主义的精神。贝弗里奇绝不是一个社会主义者，左派后来抨击他的报告未能消除贫困，未能采取更多措施来鼓励平等。女权主义者会注意到，他的充分就业概念实际上意味着男性的充分就业，而女性的福利与丈夫的收入挂钩。对于右派来说，有太多的地方可供反对。全民福利的性质使一些人幡然嗅到了反常的气息，正如金斯利·伍德爵士所说，"百万富翁每周到邮局领取他的养老金，这将是一场闹剧，因为养老金事实上很大部分是由一般纳税人缴纳的"。财政部做了财政部一直以来都在做的事情，并为如何支付这一切而发愁。

虽然政府最终确实承诺执行该报告，但工党对报告更热情的支持是其在1945年大选中获胜的一个因素（令许多政治精英感到惊讶）——竞选在德国投降后进行，但当时战火仍然在亚洲蔓延。

这场选举胜利迎来了自1931年以来英国第一个非保守党主导的政府，也是自1915年以来第一个掌握有效议会多数的政府。它由克莱门特·艾德礼（Clement Attlee）领导，"一个谦虚的人，但他仍有很多事值得谦虚"，一位当代人士如此调侃他。艾德礼出生于1883年，仅比他的前任首相年轻9岁，但来自一个截然不同的时代和背景。作为一名诉状律师的儿子，他接受过公学和牛津大学的教育，相比之下，丘吉尔可是一位公爵的孙子。维多利亚女王去世时，丘吉尔可能只有25岁，但他在精神上本质是一个维多利亚时代的人，一个曾在帝国版图边缘浴血奋战的军官。而艾德礼是属于爱德华时代的人。他在爱德华时代进步主义思潮的顶峰中成长，并在为伦敦东区贫民区的孩子服务期间加入了年轻的工党，然后在第一次世界大战中应募入伍担任军官。任职于地方政府一段时间后，他于1922年当选为议会议员，并于1935年几乎以各种机缘巧合成为工党领袖。1931年工党的惨痛失利意味着在1935年几乎没有其他严肃的候选人来接替请辞的乔治·兰斯伯里（George Lansbury）。艾德礼将出任工党领袖并持续在位20年。而事实证明，在经济方面，他是20世纪最重要的两位首相之一。

艾德礼政府只持续了6年：1945年以70%的多数优势当选，1950年在胶着的选情中险胜，但1951年以微弱劣势败下阵来（事实上它在得票总数上是赢家）。但在这6年的时间里，它改变了英国政治经济的性质，并建立了一个沿用至20世纪80年代的主导政策制定的体系。它的其他变革和改革时至今日仍然适用。

艾德礼时代很少——即便其本该——被作为一个战后政府来评判。英国在20世纪上半叶参与的两次大战使其经济处于巨大压力之下，复员以及某种步入正轨的重建的挑战是巨大的。无论人们如何批判1945年的政府，都很难论证它如何能更好地完成复员任务。1946年，失业率为1.9%。这反映了更为良性的国际经济环境、从1918年吸取的教训以及一套完全不同的政策目标的综合影响。1918年，政策制定者的目标是尽快重返金本位制、平衡预算和自由贸易的正常的世界。而1945年的目标是建造"新耶路撒冷"。艾德礼和他的大臣们最不愿意看到的就是重回20世纪20年代和30年代的旧世界，甚至是更久远的20世纪第二个10年的旧世界。1945年，格莱斯顿的思想，至少在一段时间内，被逐出了财政部。

1945年的工党致力于经济规划的理念，只是不太清楚这到底意味着什么。到1945年，工党对计划经济而非自由市场经济这一抽象概念的投入并不是特别激进。20世纪30年代，谈论计划经济在所有主要政党间成了一种风尚。无论是斯大林的苏联还是希特勒的德国，独裁决策者在经济领域表面上的成功都吸引了左派和右派的知识分子的目光。美国的新政激起了一些人的兴致，当然，战时计划经济的成功经验为当代英国树立了榜样。工党自身在20世纪30年代身为反对党的漫长十年中进行了大量的经济思考，并从麦克唐纳政府在经济危机面前的失败中吸取了教训。整个政党内部，几乎完全致力于某种形式的计划，但受凯恩斯影响的年轻经济学家，如哈罗德·威尔逊（Harold Wilson）、休·盖茨克尔（Hugh Gaitskell）和道格拉斯·杰伊（Douglas Jay），对计划的看法与党内左派更明确的马克思主义思想家截然不同。

第11章 一切都在改变

毋庸置疑的是政府对充分就业这一理念的承诺，这理应是宏观经济政策的核心目标。在战时联合政府执政时期，一份深受凯恩斯和贝弗里奇影响的 1944 年白皮书明确提出了这一目标，工党的大部分政治议程基本上都是"绝不回到 30 年代"。但是，如果说目的是明确的，那么手段则有待商榷了。执政圈子里更为"左倾"的经济学家被称作"苏计委派"（Gosplanners，以苏联的国家经济计划委员会 Gosplan 命名）。虽然他们不赞成苏维埃式的计划经济，但他们本质上提倡一种战时的计划经济，包含生产目标、劳动力分配和配额：一种英式的指令性经济体。反对他们的是所谓的恒温派（Thermostaters），即凯恩斯的门徒。在这些人看来，战间期的失业问题从根本上说是经济中需求不足的问题。一个致力于充分就业的政府可以通过刺激性的财政政策，在需要时提高消费能力来实现这一目的。年度预算将不再只是简单地决定支出重点、上调所需的税收和在各部门之间分配现金，而是成为宏观经济政策的一个积极工具。如果经济遇冷，可以通过减税或增加支出来刺激更多需求；如果经济过热，通货膨胀加剧，政府可以通过预算盈余来削减需求。为改变经济热度而调整政策——因此得名恒温派。

最终，在工会代表大会的支持下，"恒温派"赢得了胜利。工会运动完全致力于充分就业的原则——毕竟没有什么比健康的就业市场更能增强工会在工资谈判中的力量，但同样也致力于企业层面的集体谈判的概念。工会在不情不愿的情况下，虽然可以忍受政府在战争期间积极参与对劳动力的分配，但在和平时期却不会坐视不管。工人必须能够自由地在他们想工作的地方工作，并获得由工会集体议定的工资。无论更"社会主义"的苏维埃式计划经济在意识形态上有何吸引力，它都与最初创建工党作为其政治武装的英国工会主义传统格格不入。

当然，从1945年开始成为英国宏观经济政策指导原则的需求管理，本可以利用财政政策或货币政策。在1931年放弃金本位制之后，扩张性货币政策已经被证明是有效的。但是，在战后的最初几年里，财政政策才是主导。财政政策是艾德礼政府（及其20世纪50年代的保守党继任者）的首选工具，主要原因有两个：首先，它在方法上更具有针对性——削减利率是一个相当迟钝的工具，通过更大的预算赤字，政策制定者能够就削减税收和增加支出领域之间的确切平衡做出一系列选择。然而，更重要的是，货币政策对1945—1951年的政府来说有着一项与众不同的职责：保持低利率，以帮助控制政府债务的成本。几十年来，英格兰银行的宏观政策职能一直是维持金本位制，但从20世纪40年代起就转为通过保持低利率来帮助控制债务比率。英格兰银行自身是一个核心国家机构,于1946年被国有化,这确实是艾德礼政府对伦敦金融城改组的极限。艾德礼曾经指出,"处于社会主义国家中央的金融城,就像教皇出现在莫斯科一样反常",但似乎教皇可以被安全地留在克里姆林宫的走廊里游荡。英国第一届多数派工党政府未能认真改革金融城,这与他们在工业和社会保障方面的全面改革形成对比,看起来有点奇怪,常常被视为保守主义的标志。现实情况是,即使有所削弱,伦敦金融城仍然是英国赚取外汇的重要手段,而政府不打算在美元还是个稀罕玩意儿的时候冒险把金融城搞得一团糟。

当涉及社会政策时,激进主义无疑是显而易见的。"从摇篮到坟墓"的社会保障体系在一系列法案中得到落实。在某些领域,如卫生政策,政府领先贝弗里奇创建了国民医疗服务体系(National Health Service, NHS),而不只是像1942年报告中建议的那样依靠地方当局提供卫生服务。在其他领域,改革没有达到贝弗里奇的预期。相较于依据家庭收入状况调查发放福利,贝弗里奇的普世主义原则却从未得到应用,或者说是从未得到"普世"应用,家庭收入状况调查仍然是许多福利政策的重要组成部分。尽管如此,即便有这些局限性,到1950年,福利支出仍占国内生产总值的4.4%左右,是1938年比例水平的两倍多。公共卫生支出从战前占国内生产总值的1.5%左右上升到1950年的2.5%——全民医疗保健出奇地便宜，这也反映了与之相当的医学知识状况和相比近几十年更年轻的战后人口结构。随着离校年龄从14岁提高到15岁，教育预算从占国内生产总值的3.5%上升到近4.5%。这是国家提供的公共服务的一次大规模扩张，这一点从公共部门工作人员的数量上就可以明显看出。中央政府的就业率从1938年的2.6%上升到1951年的4.8%（不包括军队和新的国有化工业部门），而地方政府的就业率从6.2%上升到11.5%。加上军队和国有化工业部门，公共部门的在职人员在20世纪50年代初约为总就业人数的1/4。自1913年以来，政府在就业市场上已经增长了4倍。不过，现代福利国家的建立不应掩盖这样一个事实：艾德礼的英国仍然是一个战争国家。正是在艾德礼的领导下，英国研发出了自己的核武器，保持了庞大的海外军事存在，并帮助建立了北约（NATO）。针对国民医疗服务体系处方和眼镜商进行收费，部分是为了腾出资源用于朝鲜战争。在艾德礼政府执政的每一年里，英国用于国防的费用都比用于医疗的费用多。

如果试图维持高就业率的新宏观经济框架是由凯恩斯（他于1946年去世，年仅62岁）指导的，那么社会保障体系在很大程度上要归功于他的自由党同僚贝弗里奇。但关键的产业政策——国有化（nationalisation）显然属于工党。

自第一次世界大战结束以来，该党一直致力于公有制，但从未获得多数席位来将其计划付诸实施。在1945年至20世纪90年代中期的那些年里，英国的许多产业都在私有制和公有制之间摇摆不定。英国的"简单多数制"的选举制度，加上阶级分化鲜明的两党制，促使政府和市场部门的经济边界发生了比大多数西欧国家更加规律的变化。钟摆从1945年开始摆动。

艾德礼政府将铁路、煤炭、天然气、电力、钢铁行业连同一些陆路货运以及——非常奇怪的是——一家旅行社托马斯库克（Thomas Cook）收归国有，并对股东予以补偿。后来的英国航空（British Airway）在战争期间已完成国有化，而后来的英国电信（British Telecom）则是从国有邮政总局发展而来的。国有化通常有两种类型：一种是自然垄断，如被认为不可能存在竞争的能源产业；另一种是"战略产业"（如钢铁），国家希望牢牢地掌握舵柄。国有化模式在很大程度上是由20世纪30年代管理伦敦地方政府的劳工大臣赫伯特·莫里森（Herbert Morrison）所开创的公共企业（public corporation）。国家在引入任何形式的产业民主或工人参与企业管理方面几乎未曾有任何尝试，只是取代私人股东成为最终所有者，并往往依靠先前经营这些行当的经理人来继续日常管理。

当然，从理论上讲，这些行业现在可以为公共利益运营，因而无须赢利。但是，由于受到政府的庇护从而免于竞争，效率低下的情况开始出现。更严重的是，国有化产业在艾德礼时代遇到了一个困扰经济的问题：投资不足。

如果艾德礼政府的首要宏观经济优先事项是保持充分就业，那么其次则是使经济恢复某种平衡——尤其是在国际地位方面。1945年，人们迫切担忧1919年重演，战后需求崩溃导致立即出现经济滑坡和失业率上升，但到20世纪40年代后期，人们对宏观经济的担忧更多地集中在国际收支上——这些问题将在今后40年内折磨英国政府。事实上，1947年后，"恒温派"财政政策的重中之重是试图为经济降温，并实施了预算盈余以试图减少消费并允许更多资源流向出口。1945年的出口比战前水平下降了70%，航运资源的损失连同海外资产的清算（及其支付流程中的损失）降低了资本收益。"无形"收益的下降幅度与"有形"收益一般多。

1945年《互助协定》的结束比英国政府希望的要更早，这是一个迫在眉睫的问题。1946年帮助英国渡过难关的英美贷款（由凯恩斯在其最后一次公开活动中谈判达成）并没有人们希望的那么慷慨。美国提供37.5亿美元贷款，加拿大额外拨款12亿美元，按2%的利率在50年内偿还。痛苦伴随着附加条件而至。英镑将在协议签署后的一年内实现英镑对美元的可兑换。英国的政策制定者们紧张地注视着战斗期间累积的大量英镑结存，并想知道如果英国的债权人要求以美元支付这些债务，他们将如何履行该义务。

全球性美元短缺是20世纪40年代中期迫在眉睫的国际经济问题。经过六年的全球战争，人们被压抑着的对商品的大量需求一触即发，只有美国工业能切实满足这一需求。但包括英国在内的其他国家发现，不是难以找到向美国出口的国内资源，就是难以在该市场上与美国生产商竞争。战后的伊灵喜剧（Ealing comedies）在英国票房上表现良好，但部分原因是英国政府拒绝将宝贵的美元用于进口美国电影等无聊轻浮的事物上。与此同时，美国国内观众对好莱坞更为追捧。美元短缺最终通过1948年的马歇尔计划（Marshall Plan）得到了解决，该计划是美国对西欧的大规模经济援助计划，提供了平衡国际资金流动的美元。但是，这一切姗姗来迟，无法阻止美元和黄金——在按照凯恩斯所达成的协议于1947年实现英镑可兑换后——从英国大量外流，英镑的可兑换性在实现后的几周内就不得不被叫停。艾德礼政府的大部分殖民政策背后都源于对美元的需求。英国在推行社会进步改革的同时，也使用了极其严厉的手段再次强加对马来西亚的控制——橡胶出口是国际市场上非常行之有效的美元

249

收入来源。

政府扩张和同时试图使国际收支恢复平衡意味着对消费的严重挤压：税收仍然很高，而配给和管控仍在实行。英国人民可能正沉浸在更高的就业率和更慷慨的公共服务中，但他们不能自由地冲去商店一掷千金——特别是不能购买进口商品。这些政策大大削弱了艾德礼政府在其选民中的声望，特别是当在野保守党并没有严正呼吁削弱新的大政府时。1949年，英镑贬值30%，以通过抬高进口成本和缓解出口商处境来缓解国际收支问题。到1950年，英国已经实现了大致的外部平衡，但其代价不仅是消费延迟，而且投资也相对疲软。

对艾德礼政府经济履历最准确的批评不在于其对英国经济的整体宏观管理，而在于微观经济领域。从管理不善到投资率低等困扰英国企业的根本问题，艾德礼政府几乎没有采取任何措施。例如，曾经是世界领先的英国造船业，如今却在与海外竞争对手竞争时遇到了困难，这些竞争对手的新船坞资本密集程度更高，自动化程度也更高。虽然英国船厂仍然依赖灵活的、以工艺为基础的熟练工人，但行业新贵瑞典、德国和美国船厂采用了更大规模的批量生产技术，兼顾了焊接和制造工艺的快速迭代。到20世纪40年代末，其生产力比英国高出了30%~40%，而且差距还在不断扩大。在直接受公共管辖的国有化行业中，管理层通常留任原职，并削减了投资，以便将更多的资源用于出口。到 1950 年实现的平衡是以未来增长为代价的。这一时期的规划改革旨在重新平衡各地区之间的经济，却阻碍了伦敦和伯明翰的发展，而其他地区也没有取得很大的提升。

20 世纪 40 年代是英国经济和英国政治经济发生巨大变革的时期。20 世纪 30 年代凯恩斯的理论革命成为现实。以政治学语言来表达，英国经历了一次范式转换（paradigm shift）。也就是说，不仅经济政策工具发生了变化，而且政策目标也发生了变化。英国走出了战争的阴影，明确提出了保持充分就业的目标。而这个目标需要一个更大、更积极的政府。与 20 世纪 20 年代相比，英国没有试图将政府的作用缩减到战前的程度。政府支出和政府税收（在 20 世纪 30 年代都占国内生产总值的约 20%）均稳定在 40% 左右。政府以税收的形式轻而易举赚得了两倍于产出的份额，并将其用于支出。

20 世纪 40 年代也可以被视为另一个重要方面的转变时期。英国曾是 1914 年以前世界上领先的全球化国家，一个独特的开放经济体，货物、资金和人员在其中自由流动。两次世界大战期间的去全球化和 20 世纪 30 年代的帝国特惠制将其逆转，但这一过程直到 20 世纪 40 年代才完成。20 世纪40年代中期，随着疾风世代①（Windrush generation）与其他帝国和英联邦公民（更不用说另一波爱尔兰移民了）帮助战后英国重建，移民人数急剧增加。但是，当时的工党政府的思维方式隐含着国家保护主义。毕竟，政府的目标是不列颠的充分就业，而不是一个繁荣的开放经济体。

然而，尽管20世纪40年代发生了种种变化，且同样规模的变化直到20世纪80年代才再次出现，但某些东西仍然存在。虽然政府规模翻倍、税收增加、整个部门的国有化以及对经济采取积极的财政管理都表明英国的集体主义色彩更加浓厚，但19世纪自由主义制度的重要方面仍然存在：基于市场机制的公司之间的竞争、公司层面的自由集体谈判，基于个人获得通用技能而非具体技能的国家培训体系，以及改革相对不充分的伦敦金融城和银行系统。艾德礼先生的革命并不像人们所看到的那样彻底。

---

① 疾风世代一词源自客轮"帝国疾风号"（HMT Empire Windrush），是指1944年至1971年从以前大英帝国在加勒比海的殖民地（主要来自牙买加）移居英国本土的一群人及其后代的名字。这个名词在2018年4月随遣返丑闻，以及备受争议的"严峻环境政策"而为人所知。——译者注

第12章 未曾如此之好

鉴于艾德礼政府的持久影响，它仅持续了 6 年这件事有些令人费解。然而，到 1951 年，政府已经疲态尽显。主要的大臣们不是从 1945 年开始上任，而是自 1940 年以来一直任职。发动一场全面战争，然后在 10 年内从根本上重塑英国的政治经济，这想必是相当繁重的工作。英国国民医疗服务体系的一些收费名目引发了内阁的辞职（包括曾主持国民医疗服务体系诞生的大臣奈·比万[①]），使政府看起来不仅懈怠萎靡，而且还出现了分裂。从长远来看，福利金的扩大、免费医疗的提供、教育经费实质上的增加以及对充分就业的承诺将为许多英国选民带来巨大的好处，但在短期内，艾德礼政府执政时期后半段的生活未必显得美好。

1949 年的英镑贬值不仅对英国的声望造成了打击，而且实质性地提高了进口商品的成本。香烟价格上涨了 14%，这是一个烟民国家往往会留意关注的事情。此外再加上持续的配给和限制，更不用说更高的课税负担，让工人感到有些捉襟见肘。将出口和公共服务置于投资之上，不仅抑制了

---

① 奈·比万（Nye Bevan）即安奈林·比万（Aneurin Bevan, 1897—1960），英国工党政治家。——译者注

第12章　未曾如此之好

商业投资，同样也抑制了房屋建设。如果要在职能范围更广的艾德礼政府和恢复战前常态之间作出选择，几乎可以肯定的是，20世纪50年代的英国人民宁愿与工党站在一起。但他们当初所面临的选择并非如此。1951年再次当选的保守党再次进行了自我革新。丘吉尔可能仍然是党魁，但他的国内议程更符合他年轻时的新自由主义改革精神，而不像他在20世纪20年代作为财政大臣支持货币紧缩并监督金本位制回归时所做的那样。从根本上说，保守党在1951年的选举主张相当于"你可以保留所有你喜欢的东西，但我们也会削弱对个人支出的限制并建造更多的房屋"。这被证明是一个广受欢迎的提议，它将使保守党得以掌权直到20世纪60年代中期。就整体经济方针而言，人们认为这样的主张是工党立场的延续，并用"巴茨克尔主义"〔Butskellism，以工党最后一任财政大臣休·盖茨克尔（Hugh Gaitskell）和他的保守党继任者拉布·巴特勒（Rab Butler）命名〕一词被用来描述1945年至1979年的广泛宏观政策。巴茨克尔主义从未像有时人们以为的那样连贯一致或未受质疑。但在第二次世界大战后的30多年里，必然存在有大量的经济连续性。

1957年，保守党首相哈罗德·麦克米伦（Harold Macmillan）在贝德福德（Bedford）宣告："走遍全国，前往工业城镇，前往农场，您将看到我有生以来未曾见过的繁荣状态。"正如他说过的一句名言,"我们大多数人的生活未曾如此之好"。麦克米伦的讲话之所以触动人心,是因为它不仅是真实的,而且是因为他是对一个刚刚走出全面战争12年的国家发表的此番讲话。正如我们所见,这两场战争的经济成本不相上下,而英国在打响第二场战争时并未曾真正处理好第一场战争的持久影响。然而,战后的发展轨迹却截然不同。两场战争中,政府债务与国内生产总值的比率都有大幅上升,1918年达到125%,1945年超过240%。但是,在第一次战争之后的20年里,债务从1918年的125%上升到略超过150%,而在第二次战争之后的20年里,债务比率从历史最高点下降到1965年的84%。债务大幅下降后,国家地位更举足轻重,经济成果更好,没有再出现大规模的失业,正如麦克米伦指出的那样,繁荣在民众间广为传播。

与悲惨的战间期相比,战后几年似乎取得了成功,其基础是基于两个主要差异:一是对宏观经济政策采取截然不同的方针,二是全球经济环境也同样不同。

战间期的全球经济不容乐观。围绕战争赔偿和国际债务展开的鏖战扼杀了经济外交,而关税水平的不断上升和全面战争的遗留问题使全球化彻底逆转。重建的金本位制不仅阻碍了人们应对始于美国的大萧条,而且将冲击传递到了全球。相比之下,20世纪50到60年代的情况则天翻地覆。

在德国，它们被称为"经济奇迹"（Wirtschaftswunder），而在法国，从1945年到1975年的三个十年，从经济角度来说，是"辉煌三十年"（Les Trente Glorieuses）。有些人甚至将这一时期命名为"资本主义的黄金时代"，这是一个就业率高、增长快速、实际工资增长强劲和金融市场相对平静的时期。

全球经济的繁荣增长在一定程度上反映了经过六年战争被压抑的需求的释放，但战后的繁荣并非理所当然，事实上，战后的萧条也同样普遍。更重要的是，欧洲的工业化达到了前所未有的规模。以法国为例：在第二次世界大战初期，约35%的劳动力仍从事农业工作。到1960年，这一比例下降至20%，而且，正如一个世纪前的英国一样，工人从低生产率的农村工作转移到不断发展的城镇中每小时产出更高的岗位，推动了整体增长。

这一次，一个新的全球货币合作框架规避了自20世纪20年代以来混乱的国际货币政治，该框架被称为布雷顿森林体系（Bretton Woods system），以新罕布什尔州（New Hampshire）的一个小镇命名，协定细节在战争临近结束时于此地敲定。

由凯恩斯（不然还能是谁呢？）曾率领英国代表团参加的布雷顿森林会议的逻辑似乎很合理。旧的金本位制不仅在20世纪20年代传导了全球性的冲击，还引出了极为不合时宜的国内政策。除此之外，还有一种感觉，即国际流动增添了经济的脆弱性。1914年，凯恩斯笔下的啜茶的英国人曾享有在世界任何市场上自由投资探险的机会。但在20世纪30年代，同是这一批但脸上多了干瘪皱纹的啜茶者发现英国容易受到突然的资本外流的影响。

还有人担心，允许货币自由浮动可能会导致货币快速的竞相贬值，因为各国都试图通过贬值本国货币来获得相对于彼此的竞争优势，以使其产品更便宜并抢占全球市场份额。

解决方案似乎是转向全球货币三位一体的另一选项。金本位制蕴涵固定汇率和自由流动的资本市场，但是以失去对货币政策的国内管控权为代价。在布雷顿森林体系下，开放的资本市场被封闭起来。各国货币将与美元挂钩（尽管挂钩汇率可以调整），而美元本身又与黄金挂钩，货币跨境流动将受到监管。个人和公司需要获得许可才能在国际上转移大量现金。有限但并非完全受限的资本流动赋予了央行更大的权力来制定适合国内情况的利率，而不必担心其货币价值的问题，譬如，即使英国投资者希望将他们的资金从英镑市场转移到回报更高的市场，比如美元市场，他们也会受到限制，因此对英镑价值的压力更小了。

在布雷顿森林体系持续的30年里，全球金融危机和银行业危机几乎没有发生过。但其失败的种子从创建伊始就已经埋下。首先，资本管制总是漏洞百出，企业找到了规避管制的方法并转移资金，而这些漏洞随着时间的推移变得越来越大。20世纪60年代，伦敦金融城在推动扩大这些漏洞方面可谓"功不可没"。正如英国将于20世纪50年代、60年代和70年代发现的那样，国际收支问题仍有能力使国内政策脱轨。

但更严重的是，虽然布雷顿森林体系旨在帮助平衡全球货币和经济体系，并创建了所谓的布雷顿森林机构（国际货币基金组织和后来的世界银行的前身）来实现这一目标，但没有任何机制可以迫使一个出现大量国际收支盈余的国家削减其盈余；相反，减少进口的重担落在了逆差国家身上。如果一个国家的国际收支持续出现逆差，那么对其货币的压力就会增加，最终迫使其政策发生变化。而一个实现持续盈余的国家则可以愉快地继续这样做。在会议上，凯恩斯主张采取对称的方针，且事实上主张该系统不以美元为基础，而是以一种新的全球储备货币为基础。但这个论点无法超脱当时既有的经济实力权衡的桎梏。美国宁愿拥有一个以本国货币为基础的体系，而且作为世界上最大的顺差国家，它更偏向于由体系内其他国家来进行调整。

如果有哪个英国观察家还没有完全参透全球金融和经济力量以及全球领导力的归属，那么他们将在1956年迎来一记当头棒喝。苏伊士运河事件（Suez Crisis）在战后英国历史上占据着一个奇怪的位置：它仍然是评论界在寻求描述危机的严重性时的参照。在 1982 年阿根廷占领福克兰群岛[①]（Falklands）片刻之后，以及在 2016 年英国脱欧投票之后，都有人用"自苏伊士运河事件以来最严重的溃败"来作比喻。这多少说明了英国 20 世纪后期历史的本质，被用来作为后续危机基准的巨大灾难——尽管具有戏剧性——并非军事占领或战败，而是未能将国家的帝国意志强加于埃及。苏伊士运河事件最终不是一次军事失败，而是一次财政失败。

1956 年 7 月，埃及对苏伊士运河的国有化被英国的军事政治精英视为对英国利益的严重威胁，而这正是精英们在 20 世纪 20 年代或 30 年代有能力阻止的事情。但 20 世纪 50 年代已经不可同日而语。根据与法国和以色列的秘密协议，一项谋划重新控制运河并推翻埃及军事领导人纳赛尔上校（Colonel Nasser）的计划被制订；以色列将与埃及开战，而英、法军队将以保障运河通畅的借口夺回运河。在军事上，事态发展和计划一样顺利；但在财政上，这是一场灾难。

1956 年，虽然英国的经常账户处于盈余状态，投机压

[①] 英阿争议领土，阿根廷称为马尔维纳斯群岛（Islas Malvinas），简称马岛。——编者注

力还是开始在英镑上累积。投资者开始押注，1949年确立的1英镑兑2.80美元的汇率将随着苏伊士运河危机的持续而被迫降低。这种英镑贬值不仅会提高进口价格并推高通货膨胀，还会进一步损害英镑集团的完整性和英镑作为储备货币的职能。对于危机爆发时的财政大臣哈罗德·麦克米伦来说，这样的发展并不出乎意料。但他认为美国将挺身而出，要么以美国贷款的形式提供直接的双边支持，要么准许英国利用仍处于新建阶段的国际货币基金组织（IMF）获得短期资金来协助英镑渡过难关。美国的这种支持并未如期而至。相反，美国对这场帝国冒险感到震怒，因其由欧洲领导且面临使埃及获得苏联支援的风险。它因此施以压力，威胁英国除非同意停火并撤军，否则美国自己将开始抛售其持有的英镑。在强大的国际压力下，英国内阁被迫接受联合国斡旋的停火决议，并开始撤军。国际货币基金组织在美国政府点头后，宣布为英镑提供13亿美元的一揽子支持计划，结束了英国眼下的财政压力。这对安东尼·艾登（Anthony Eden）来说为时已晚，他很快就被赶下台，由他的财政大臣麦克米伦接任首相。

苏伊士运河事件表明，英国可能仍有手腕在中东部署重要的军事资产，但如今缺乏对美国利益采取行动的财政影响力。老牌帝国在20世纪40年代至60年代分崩离析。1947

年的印度独立摘掉了大英帝国皇冠上的明珠，随后在20世纪50年代出现了一波帝国从非洲撤军的浪潮。然而，旧领土对英国经济的重要性从未像战后的几十年里那样重要。随着西欧走向关税同盟并加强经济一体化，英国比过去更加依赖曾经的帝国市场。这一切都是在总体贸易减少的背景下发生的。在第一次世界大战前的日子里，进出口贸易总额在国内生产总值中所占的份额通常超过50%，在维多利亚时代后期有时甚至高达70%。但20世纪50年代的英国是一个没那么开放的经济体。这十年内大多数年份的贸易总额占国内生产总值的份额接近40%至45%，到20世纪60年代则低于40%。国际供应链被切断了。更多的食品是在国内生产的，传统的英式早餐变得更加"英式"，英产培根取代了丹麦进口培根，汽车越来越多地由英国制造，而日渐衰落的造船业生产的出口船只也越来越少。在这方面，英国并不是一个例外：20世纪50年代和60年代的全球化比早些年更受限制。但对这些变化感受最深刻的可能是英国——一个自19世纪40年代以来就以其经济开放来定义自身的国家。

布雷顿森林体系并不是一个管理国际货币和资金流动的完美机制。正如英国在1949年和1956年发现的那样，各国仍然容易受到全球投资者意见的影响。但是，在严重的危急时刻之外，资本流动明显减少，而国内政策基本上大部分时

第12章 未曾如此之好

间都与争取外部平衡的需要无关。这对战后英国（通常被低估的）巨大经济成功事例——政府债务的管理——来说非常重要。

战后政策制定者对许多事情都忧心忡忡，包括从担心大规模失业的重演到平衡国际收支的需求，但债务负担并不是其中之一，尤其是与20世纪20年代相比。对那些还记得1939—1945年产生的高账单的人来说，这十分出乎意料。

到1970年，英国的政府债务与国内生产总值之间的比率已从近260%降至仅55%。这不仅与20世纪20年代和30年代失败的债务管理形成鲜明对比，而且比维多利亚时代财政大臣们带领下的紧巴巴的日子里的表现更令人印象深刻。尽管政府规模要大得多以及——最令许多非经济学家感到困惑的是——没有持续的预算盈余，但这一目标还是得以达成。事实上，从1945—1946年到1970—1971年，每个财政年度的债务比率都在下降，但在这25年里，英国的年度预算出现了8次盈余和17次赤字。

乍一看，政府债务动态似乎有点令人困惑，而这种困惑大多源自将政府财政状况与家庭财务状况对比的朴实隐喻。然而，国家并不类似于家庭。首先，至少在理论上，国家可能永远不会消亡。主要而言，政府债务实际上从未被"清偿"，它只是通过重复借贷进行再融资。以现金计算，英国国家债务的实际水平从1945年的约250亿英镑增长到1970年的约350亿英镑，但经济增长的幅度更大。以绝对值计算的债务规模有所增加，但管理债务的负担却大幅下降。理解政府中期债务的关键在于，牢记如果国内生产总值迅速增长的速度超过该债务的实际利率（考虑到通货膨胀后的利率），那么债务的负担将随着时间的推移而下降。如果利率较低或增长迅速，则可以通过向下管理高额的债务。

与20世纪20年代相比，20世纪50年代"增长/利率"等式两端都对英国政府有利。增长更高了，实际利率也低得多，尽管真正的重头戏是在利率方面上演的。在20世纪50年代和60年代的大部分时间里，政府债务的实际回报率是负数，也就是说，在考虑通货膨胀之后，政府债务的持有者是亏损的。如果一个投资者在1950年购买10年期的英国政府债券，即金边债券（gilt），那么他在1960年收回本金之前的每一年都将获得相当于投资额2.6%左右的利息。然而，在这10年间，通货膨胀率从最低每年3.2%到最高每年4.8%不等。换言之，实际利率将从-0.8%的"高位"到-2.2%的低位之间浮动。在整个10年中，物价上涨了近50%。他们在1960年收回的本金将失去大部分的购买力。在1950年购买金边债券显然是一项糟糕的投资，问题是，为什么还有人会这样做？答案很简单：他们大多别无选择。

当时的政策在如今通常被称为"金融压制"（financial repression）。将其作为旨在确保利率维持在通货膨胀水平以下的规定是比较容易理解的。为了发挥作用，它需要布雷顿森林体系时代的资本管制，以创建一个国内储蓄池，这些储蓄池无法单纯寻求更高的海外收益，而是基本上受限于英国。而后，保险公司、养老基金、银行和其他资产池可能会被迫将它们资产负债表的很大比例以政府债务的形式储备。政府实质上是通过隐性的"通货膨胀税"迫使私营部门为减少债务来买单。为维持英镑在第二次世界大战前的世界里相对于黄金的价值，英格兰银行设定了利率。当时的利率政策在很大程度上是为了管理货币的价值。在战后几十年的大部分时间里，货币政策发挥了不同的宏观经济作用：帮助降低政府债务水平。如今，这样的政策落下了一个坏名声。当然，也有人认为其同样符合逻辑的名称是"成功的债务管理政策"。储蓄者确实因负实际利率而蒙受损失，但另一方面，它允许政府采取比战间期偿债优先的政策更具扩张性的政策。投资者的较低回报似乎是对于避免经济停滞和大规模失业的公平权衡。

当然，宏观经济学几乎不会提供真正的免费午餐。要使金融压制发挥作用，实际利率必须极低或为负值，而要做到这一点，通货膨胀率必须达到前所未有的高度。第一次世界大战后，政策制定者对物价水平的跳升作出了惊恐的反应，并试图再次将其压低，而 1945 年后的反应则有所不同。如今，一点点的通货膨胀似乎是一个有用的工具。它帮助政府偿还部分债务，似乎更广泛地润滑了经济，助力经济增长。毕竟，在经济低迷时期以现金形式削减工资是非常困难的，但当需要时，即使在价格上涨时，工资也可能保持不变，从而实现实际意义上的削减，而不会造成过多的劳工动乱。到 20 世纪 60 年代后期，英国政府对通货膨胀的态度似乎变得有点过于放松，虽然它给经济管理带来了一些好处，但也挑起了一些事端。

这种情况在 20 世纪 50 年代后期就已经初露端倪了。麦克米伦的贝德福德演讲仍然主要以"我们的生活未曾如此之好"这部分而闻名，而不是后续段落，在接下来的内容中，首相想知道好日子是否真的可以继续下去。"我们需要的是克制和理智——克制我们提出的需求，理智地对待我们花费的收入。"到 1957 年，许多人已经开始担心通货膨胀正在成为一个阻碍投资并影响国际竞争力的真正问题。贝德福德演讲的重点不仅仅是庆祝英国 20 世纪 50 年代末的繁荣，更是对其危险处境的警告。

巴茨克尔主义成为两个主要政党的默认政策，但"战后共识"从未像事后看起来那样包容。格莱斯顿现在已经被完全逐出了财政部。1952年，英国经济决策的最高层制定了名为"机器人行动"（Operation ROBOT）的计划。这个名字来自相关起草人莱斯利·罗温爵士（Sir Leslie ROwan）、乔治·博尔顿爵士（Sir George BOlton）和奥托·克拉克（OTto Clarke），财政部的两位高级文官和英格兰银行行长——至少在纸面上，该计划作为实现外部平衡的一种方式被提出。英镑在布雷顿森林体系下与美元挂钩的汇率将被允许上下浮动，直到达到市场认可的水平。然后，经济将调整以顺应新的汇率。实际上，制定者们主张更多地利用市场力量来支配经济成果，并跳脱凯恩斯主义需求管理的概念来考虑问题。正如他们所承认的那样，其代价将是可能会出现的更高的失业率[①]。其次，"机器人"这个名字不仅是指制定者们的名字，还是指设想中经济将自动调整到新的外汇价格的方式。在某些方面，"机器人"只是20世纪50年代受技术启发对亚当·斯密的"看不见的手"进行的升级。然而，内阁对此毫无兴趣。"机器人行动"仍然只是一份备忘录，而不是一项政策。

---

① 原文 The price would likely, as they acknowledged, be somewhat higher employment，该信息与史实不符，疑为原作者笔误，此处employment（就业）应为unemployment（失业）。——译者注

1958年，财政大臣麦克米伦的继任者彼得·霍尼戈夫（Peter Thorneycroft）因政府支出水平不断上升而辞去政府职务［连同他的两位初级部长，其中一位是伊诺克·鲍威尔（Enoch Powell）］。麦克米伦——总是能很快地吐出朴实无华的只言片语——把该事件归为"一个局部的小问题"。但是，一位财政大臣因经济政策立场而辞职并不是可以随随便便不予理会的事情。20世纪50年代的保守党政府已经将钢铁行业"去国有化"（当时私有化一词尚未出现），他们也已经取消了一些限制和配给，但艾德礼政府大部分经济政策的影响仍然遗存。政府的边界在20世纪40年代有所推进，并在20世纪80年代之前一直广泛存在。政策的基本连续性是保守党对广大工人阶级选民的选举承诺的核心，但也慢慢地与保守党核心选举联盟的其他人群产生了矛盾。1958年，高税收和看似永无休止的通货膨胀在商界人士、储蓄者和中产阶级中引起了越来越多的不满。然而，距离这紧张局势达到爆发点，还有十五年的时间。正如霍尼戈夫以几乎是麦克米伦式的轻描淡写的态度说："也许我们的辞职有点过早了。"

如果说20世纪两次世界大战的一个遗产是一个规模更大的英国政府，那么另一项遗产就是不平等程度大大降低。这两场战争都使资产水平下降，且都伴随着更高的税率，特别是针对高收入者的税率。两者都见证了工会化程度的增加，提高了有组织劳工的议价能力。1913 年，英国收入最高的 0.1% 的人拿走了国民收入的 11.6%。在英国，每赚取 10 英镑，其中就约有 1 英镑流向了这千分之一的人。但到了 20 世纪 50 年代，收入最高的那 0.1% 的人的收入在国民收入中所占份额已降至 2.5% 左右。在同一时期，前 1% 的人在总财富（相对于收入）中的份额从 70% 左右下降到略低于 50%。彼时的英国远非一个平等国家，但肯定比维多利亚时代和爱德华时代要公平得多。

从经济上来说，20 世纪 50 年代对英国来说是一个不可思议的十年。首相可以公开且公正地谈论人们未曾享受过如此好的生活。英国道路上的汽车数量从 1950 年的不到 500 万辆增加到 1960 年的超过 1000 万辆，翻了一番。黑白电视在 1953 年女王加冕时还是个稀罕物件，以至于人们都蜂拥进入拥有电视的房子里，但到 1960 年，80% 的家庭都拥有一台电视机。失业率较低，实际工资增长态势良好，特别是与 20 世纪 30 年代或 20 世纪 20 年代相比。政府为人们提供了比以往任何时候都多的福利——无论是以福利金、教育还是医疗的形式。但不断上升的通货膨胀已经导致了一些不满，随着人们愈发意识到，资本主义的"黄金时代"在英国似乎不如西欧其他地方那么"黄金"。到了 20 世纪 60 年代，似乎必须要有所改变。

第13章 纷争四起：20世纪60年代的英国

以一个流行乐队来说，披头士乐队（Beatles）得到了数量惊人的官方关注。1965 年，披头士四人因对流行文化的贡献而获得大英帝国员佐勋章（MBE）。批评家不无道理地争辩说，这只是工党首相哈罗德·威尔逊（Harold Wilson）玩弄的政治花招。但有一个强有力的理由可以证明，他们因对国际收支的贡献而获勋是实至名归。在 1964 年至 1966 年间，该乐队的美国巡回演出收入创历史新高。据现代媒体估计，他们售罄的音乐厅演出门票每秒赚得的金额相当于现在的 650 美元。当英国的美元储备不足时，这对资本账户来说是一个充满意义的支撑。美国人为披头士乐队的演出掏腰包是一项创收美元的出口，有助于遏制贸易逆差。披头士在德国和日本的巡演同样也赚取了大把德国马克和日元。航运、金融服务等传统的"无形"服务出口正得到来自利物浦四人组关键性的一臂之力。对于英国的国际收支以及现场音乐爱好者来说，遗憾的是该乐队在 1966 年后停止了所有的现场演出。现在看来，一个主要的发达经济体竟然可以由一个音乐团体的海外收入——哪怕是在很小的程度上——支撑起来，似乎也很奇怪。但是，至少从经济角度而言，20 世纪 60 年代的英国处境并不好。

第13章 纷争四起：20世纪60年代的英国

从任何客观的绝对衡量标准来看，英国在20世纪50年代和60年代的增长颇为强劲。20世纪50年代，英国国内生产总值的年平均增长率为3.2%，20世纪60年代为3.4%。这不仅是对20世纪20年代或30年代的巨大提升，而且与最近的成果相比也毫不逊色。例如，在1993年至2007年间，也就是2008年崩盘前通常被称赞为"美好岁月"（the good years）的时期，平均增长率也仅为3.0%。但许多英国人并没有以绝对标准来判断增长，他们是在相对基础上衡量增长——而欧洲大部分地区的增长速度更快。正是在这些年里，英国失去了在18世纪末和19世纪初确立的对欧洲大陆其他国家的决定性领先优势。以法国为例，无论是在地理位置上还是在人口规模上，它都是英国的同侪。在20世纪40年代后期，英国的人均国内生产总值比法国的人均国内生产总值高出约30%。但到了20世纪60年代中期，这一差距已经消失，到20世纪60年代后期，法国甚至已经略微领先。按购买力平价调整后，法国的人均国内生产总值在1968年就已经超过了英国。类似的剧情也在西德（原联邦德国）、低地国家①或意大利上演。

---

① 对欧洲西北沿海地区的荷兰、比利时、卢森堡三国的统称。——编者注

战后的衰退需要放到一个更长远的角度来看待。是的，英国人均国内生产总值与西欧相比有所下滑，但与全球经济领头羊美国相比，情况则略显不同。事实上，撇开美国大萧条时期的崩溃和1939—1945年的影响不谈，自1918年以来，英国人均国内生产总值一直保持在美国人均国内生产总值的70%左右。20世纪50年代和60年代的真正变化是，西欧大部分地区赶上了英国的水平。从长远来看，这几乎可以肯定是不可避免的。很难争辩说，英国的人均国内生产总值会一直高于经济和社会制度相似、获得技术途径大致相同的国家。难能可贵的是，英国在工业革命后延续了一个半世纪的领先优势，而不是其最终陨落的事实。

但领先优势的终结在当时和之后都吸引了大量的衰落论评述。其中一个原因是，现在可以通过更广泛的途径获取统计数据。用于衡量经济增长的国民经济核算的现代框架在20世纪50年代开始被更广泛地应用于发布季度经济更新情况。就在相对表现看起来最糟糕的时候，英国人开始获得其经济相对状况近乎实时的更新。右派当然可以谴责艾德礼在1945年至1951年间采取的战后解决方案和政策抉择；左派也总是可以说，真正的问题发生在1951年至1964年保守党统治下"蹉跎的十三年"。双方都低估了正在发生的事情在很大程度上是欧洲的追赶而不是英国的衰退。

但欧洲的追赶故事并没有描述出正在发生的一切，例如，它无法解释西欧人均国内生产总值在20世纪60年代中后期开始领先于英国的事实。衰落论者的说法通常被过度渲染，但反衰落主义者的论点有时也会有失偏颇。事后看来，从20世纪50年代到70年代，英国显而易见面临着两组真实且不同的经济问题——供给侧和需求侧，这些问题在60年代变得非常突出。

在经济的供给侧，生产力的增长受到了被称为"英国病"（British disease）的阻碍。该病的性质因诊断者而异，但都是一些公司管理不善、效率低下以及劳资纠纷频发的综合征，往往会使工资膨胀并使变革变得更加困难。根本问题在于，英国的生产力大大低于一些工业竞争对手，而且似乎也在以更慢的速度增长。这种差距正在不断扩大。与西欧或北美相比，英国的管理层似乎不那么具备企业家精神，罢工更为普遍，培训系统也不够先进。1964年，《星期日泰晤士报》（Sunday Times）的一篇文章捕捉到了国民情绪，发问道："英国是一个'半日制国家'，在'半管理'下得到'半工作'的'半薪水'吗？"

这些供给侧的问题反映出英国的经济缺乏竞争。到20世纪60年代，英国经济的竞争结构看起来与第二次世界大战前大不相同。公用事业和其他几个部门现在被收归国有，经济与世界其他地区的融合度降低，削弱了来自进口的竞争，并减少了企业为确保出口市场而与外国同行保持高度竞争的必要。当时迷你（Mini）是这十年来标志性的英国汽车，但未能在英国以外走俏。在德国，它的售价接近 5 000 马克，而类似且同样具有重要象征意义的德国大众甲壳虫的价格仅为 4 500 马克。甲壳虫的制造成本更低，整体上更可靠。如果消费者可以在两者之间进行选择，他们通常会选择甲壳虫。但大多数国内消费者没有选择余地。20 世纪 20 年代和 30 年代的"合理化竞争"一直持续到 20 世纪 40 年代和 50 年代，其趋势并非产业内的国内竞争，合并和卡特尔才是大势所趋。无论问题的根源实质是管理不力、工会过强、投资不足，或是所有这些因素的某种结合，总之由于缺乏推动变革的竞争活力，情况得以发酵。

除了这些供给侧的问题外，经济的需求侧也出现了问题。政府应该积极管理需求以确保充分就业的理念是贯穿战后前三个十年经济政策的指路明灯，虽然这在理论上是一个相对简单的想法，但在教科书之外，要把它付诸实践却颇为困难。首先，战前老派格莱斯顿式的财政部官员担心，把积极管理经济的工具交给民主政客，会导致决策由政治而非经济考量驱动，事实证明，这种担心并非杞人忧天。随着选举的临近，财政大臣们往往会在支出决策上更加慷慨，且更热衷于减税,然后在选举结果出来后被迫让步。国际收支,以及维持英镑兑美元价值的必要,进一步限制了有效的需求管理。正如1956年所展现的,英镑在全球信心波动面前仍然不堪一击。由于货币政策本身主要关注的是保持低利率以帮助减轻政府债务的实际负担,因此不得不由财政政策(税收和支出)来为经济排忧解难。

其结果就是所谓的"停停走走"(stop-go)——一种相当颠簸的经济管理方法,财政大臣会在选举临近时减税或增加支出,以创造一个经济利好因素,但当自信的消费者加大对进口商品的购买力度并对贸易平衡造成压力时,只能被迫猛踩刹车。对公司来说,长期规划变得困难,投资决策被阻碍。

20世纪60年代的政府对这些问题并非完全视而不见。他们和其他任何人一样能读懂经济统计数据。而他们得出的答案当今有时被称为"凯恩斯主义+"——保持凯恩斯对需求总量管理的强调,同时结合更为雄心勃勃的供给侧改革议程。实际上,这是对20世纪40年代计划语言的一种回溯。就像在20世纪40年代一样,计划的性质仍然存在争议。

向计划转变始于保守党13年任期即将结束时。麦克米伦本人在20世纪30年代就热衷于计划,他经常谈到资本主义和社会主义之间的"中间道路",即采用更加有序的经济管理方式。他没有盲从某种意识形态,法国在20世纪50年代和60年代初期的计划经验给他留下了深刻的印象。他也曾在1957年警告说,除非伴随着强烈的节制,否则好日子可能到头。到20世纪60年代初,随着通货膨胀率仍在不断上升,国际收支可能会对英镑造成压力,很明显,要求节制的呼声并未得到重视。

因此,首相在20世纪60年代的"新议程"包括两个关键计划:加入在欧洲大陆发展起来的欧洲经济共同体(European Economic Community,EEC),以及制订某种形式的英国经济计划。遗憾的是,麦克米伦加入新生的欧洲共同体的尝试被法国总统戴高乐否决了,他本人也在1963年因病被迫下台,彼时他的任何新措施都尚未取得成果。尽管如此,重要的是,20世纪60年代向更宏大的计划转变始于保守党政府而非其工党继任者。

国家经济发展委员会(National Economic Development Council,通常被称为Neddy)成立于1962年,以法国路线为蓝本。一个三方委员会(用当时的语言来说)召集了政府大臣、企业家和工会领导人,讨论工资、通货膨胀、投资和生产力,并试图在中期引导经济方向,并下设特定行业的经济发展委员会(Little Neddy)通过分享想法和讨论来提供信息。在20世纪80年代被废置并最终在1992年被废除之前,Neddy是20世纪60年代和20世纪70年代经济政策制定的重要论坛。Neddy 从预测经济并确定增长障碍着手，无论是投资不足、培训失败，还是需要改变工作方式。人们希望工会和企业能够联合起来，由政府充当诚实的中间人，寻找互惠互利的方式来促进增长。但这些机构很快就沦为一个徒劳无功的清谈俱乐部，而且往往有激烈的分歧，而不是平静的共识。这是英国对社团主义（corporatism）（或工会和私营部门领导人参与讨论计划）的一次尝试，这种尝试在战后整个欧洲取得了不同程度的成功。

如果说保守党在 20 世纪 60 年代初就开始涉足"凯恩斯主义+"和计划，那么 1964 年上台的工党政府则热切地拥抱了它。工党经历了一个艰难的 50 年代：先后在 1951 年、1955 年和 1959 年的选举中失利。该党在这十年的大部分时间里都在做自己最享受的事情，并进行了一场恶性内斗。休·盖茨克尔从 1955 年开始担任工党领袖，直到 1963 年早逝。盖茨克尔在 20 世纪 80 年代或 90 年代被称为"现代派"，他试图通过扩大其吸引力，使本党与新近富裕的选民产生关联。工党右派的伟大思想家是安东尼·克罗斯兰（Anthony Crosland），他在 1956 年出版的《社会主义的未来》（*The Future of Socialism*）一书中试图对社会主义的"目的"（ends）和"手段"（means）进行区分。对克罗斯兰和盖茨克尔来说，"目的"是建立一个具有更高的平等和社会流动

279

水平的广泛社会民主国家。而"手段"无须涉及国有化和公有制。克罗斯兰甚至还质疑20世纪50年代拥有更大规模的政府、福利制度和更强大的工会的英国是否仍然是"资本主义"。当然,他认为这也不是马克思和恩格斯在19世纪40年代将其编录成册的世界。盖茨克尔甚至尝试修改工党党章第四条,放弃对公有制的承诺,但该党并不买账。在他们看来,这是对党的立场的背叛。

盖茨克尔的继任者是哈罗德·威尔逊。威尔逊是英国第一位成为首相的经济学家:他是一个入读牛津大学师从贝弗里奇的文法学校男孩,于战前成为经济史讲师,战时则作为经济学家加入文官队伍。他于1945年当选为议会议员,到1947年以贸易委员会主席的身份进入内阁。然而1951年,他与奈·比万一起因国民医疗服务体系收费问题而辞去政府职务。在整个20世纪50年代,他与工党左派关系密切,是盖茨克尔、克罗斯兰和修正主义者的批评者。不过,一旦当选,他就迅速向他们的立场靠拢。作为一名极为出色的政治家,且颇具自我推销天赋,他领导该党超过10年,并两次担任首相。尽管如此,英国第一位经济学家首相仍很少因其经济管理而受到赞许。1964—1970年的政府是一个伟大的改革者,在它的领导下,死刑被废除,同性恋除罪化,堕胎合法化。但内政部(Home Office)在20世纪60年代后期的表现比财政部好。

威尔逊接受了现代化和改革的语言,他想激起一场"白热化"的科技革命,推动英国经济向前发展。虽然生产力增长很少是政客们谈论的话题,但威尔逊几乎不想谈论其他方面。宏伟的计划已经蓄势待发,宏大的项目也已箭在弦上。一个新的技术部(Ministry of Technology)成立了,目的是在政府架构的支持下协调研究工作并带头迅速推出新的突破性成果。一个新的经济事务部(Department of Economic Affairs,DEA)的设立,也对挑战财政部的权力进行了一次严肃的尝试。人们的感觉是,虽然财政部已经逐渐演变成主要的经济部门,但其本质上仍然是一个财政部门。批评者不失公允地争辩道,最终财政部仍然是一个将预算视为需要平衡之物的部门,而不是一个认为其作用是促进经济增长的部门。财政部是一个文官通过对支出说"不"和凭借守卫国库的能力而步步高升的地方,而经济事务部将是一个通过说"是"来平步青云的部门。

人们对指示性计划抱有很大信心,即政府、企业和工会制定一套全国性的目标,然后研究如何兑现这些指标。具体的投资和培训要求被逐项列出,从理论上讲,可以对照清单监测进展。经济事务部于1965年制定的"国家计划"(National Plan)目标是在20世纪60年代后半期实现3.8%

的增长。最终增长结果接近这个数字的一半。

改组白厅并发表慷慨激昂的演讲是一项远比改革经济更直接的任务。威尔逊的计划收效甚微,部分原因是部长选择不当。第一任经济事务大臣乔治·布朗(George Brown)过于热衷喝酒,而对严肃的工作则不够热衷。但相较于几个职位用人不当,制度安排上有着更深层次问题。与欧洲大陆同行相比,英国工会和公司更加分散的性质使英国的社团主义尝试受到影响。理论上,英国工会代表大会的秘书长可以就一些事情点头同意,但组成该组织的数十个工会可能不会合作。即使工会的领导层同意,它们的分支机构也可能不同意。商业机构可以为企业的需求发言,但他们无法约束其成员执行他们的意愿。整个框架从一开始就摇摇欲坠。

然而,更深层次的问题来自收支平衡。需要重复的是,出现贸易逆差并不算坏,达成贸易顺差也不算好。在公平条件下进行的贸易可以使双方都受益——消费者和企业都可以获得他们想要的产品。但是,经常账户的持续失衡,即一个国家一直在向世界其他地区借款或提供贷款的事实表明,有些东西出了问题。在布雷顿森林体系时代,当维持货币挂钩成为政策目标时,问题更加严重了。自1949年英镑贬值以来,英国将汇率固定在1英镑兑2.8美元。这一汇率超出了英国经济基本面所能支持的水平:其针对许多进口商品的定价水平使英国生产商无法与之相竞争,并使英国的出口商品在许多市场上毫无竞争力。造船业就是一个典型的例子。在20世纪30年代和40年代,新下水的悬挂英国国旗的船只几乎100%是在英国船坞建造的,而到了60年代中期,75%的船只是在海外制造。生产力低下和汇率虚高只会使得向原联邦德国或瑞典采购船只要经济实惠得多。

在威尔逊政府上任伊始,英国经常账户赤字已经超过了预期的8亿英镑,是第二次世界大战以来最大的财政赤字,约占国内生产总值的1.4%。在接下来的一年里,披头士乐队的巡演将提供一些喘息的机会,但四人组也只能帮到这里了。

当然,布雷顿森林体系的一个核心信条是,货币是固定的,但可以调整。英国之前已经重置过一次英镑的价值,但某些事物在理论上可以调整,并不意味着可以轻易在实践中改变它。威尔逊担心英镑贬值会进一步削弱英国在全球经济中的地位:距离上一次贬值仅15年,从长远来看,第二次贬值将对英镑的未来价值打上问号,从而降低其对外国人的吸引力。这将提高英国仍然广泛分布的海外军事部署的成本——即使在苏伊士惨败之后,英国仍然在中东和亚洲维持着大量军事存在。威尔逊没有使英国陷入越南战争的泥淖之中,但20世纪60年代英国士兵在马来西亚与印度尼西亚进行了一场不宣而战的战争,并参与了对亚丁紧急事件的平叛行动。人们担心贬值会使这些部署面临风险，削弱英国作为强国的地位，并且会对英镑结存的持有者造成损失——对那些在战争期间资助英国的人来说，这是一件相当糟糕的事情。随着进口成本的增加，它还将导致通胀进一步上升，这将刺激工会推动更高的工资结算作为补偿，进一步挤压英国工业。1964年的即刻贬值或许本可以归咎于即将卸任的保守党政府，但一旦错过了这个时机，贬值的政治代价将导致威尔逊和他的内阁忧心忡忡。他们担心，在1949年之后，工党会在公众心目中被贴上"贬值党"的标签。

由于汇率过高，1965年和1966年的增长未能达到国家计划的预期，英镑的压力继续增加。1966年7月，政府通过了"七月措施"（July Measures）——一项旨在冷却需求、降低通货膨胀和减少进口以实现某种外部经济平衡的公共支出削减计划。这是对威尔逊政府做法的严厉谴责——一个决心结束"停停走走"局面的政府正在从事典型的停停走走行为，而在迫不得已的情况下，孤注一掷地试图支撑英镑价值的必要性压倒了前一年起草的国家计划的雄心。尽管政府有着所谓的"抢椅子"①机制，但权力仍然被牢牢地拴在钱袋

---

① "抢椅子"（musical chairs），原是一种参与者绕椅子走动，音乐停止需抢椅子坐下，否则即出局的游戏，常指大幅调动官员或管理层。——译者注

子上,财政部——而不是新的经济事务部——仍然是经济部门,而后者本身只存续到1969年。

七月措施为政府争取了时间,却疏远了工党的大部分成员。1967年,一场码头罢工扰乱了贸易,加上第三次中东战争后油价上涨,共同导致英镑再次承压,经常账户赤字达到了以前难以想象的2.5%。通货膨胀率更是升至4%以上。随着英格兰银行用以维持汇率的储备再次告急,一个无可避免的决策于1967年11月被做出。英镑贬值14%,降至2.40美元,利率上升,租购限制收紧,以抑制消费支出。尽管这些措施隐含的放弃国家计划和希望的快速增长是痛苦的,但它们至少在1968年年底之前使经常账户恢复了大致平衡。正是在英镑贬值之后,国防大臣丹尼士·希利(Denis Healey)宣布了从中东和亚洲(不含当时仍由英国统治的中国香港地区)撤出军事资产的决定,部分是为了帮助改善国际收支状况。

英国经济的一个部门——伦敦金融城在20世纪60年代出现了积极的转机,尽管它在国家计划中并未受到太多关注。金融城作为金融部门佼佼者的地位已在第一次世界大战中丧失,并在20世纪20年代和30年代进一步被削弱。20世纪40年代和50年代的低利率和金融压制几乎没有让银行家过上好日子。但从20世纪50年代开始,金融城开始为自已开辟一个新的全球利基（niche）市场，随着时间的推移，这个利基市场变得越来越不"利基"。这就是欧洲美元市场。令人困惑的是，它与欧盟的共同货币完全没有关系。简单来说，欧洲美元是指在美国境外持有的任何美元。由美国银行的海外分支机构或外国银行在海外持有的美元不受联邦存款保险的管制，而且规避了美联储的监管。他们往往会吸引到更高的利率。在20世纪50年代末的进程中，伦敦的银行成为全球欧洲美元市场的中心，在严格的资本管制时期，这是一个相对不受监管、自由流动的全球市场。20世纪60年代，石油价格的上涨导致欧洲美元结存上升，因为新近富裕的中东石油国家决定，它们宁愿在美国境外持有其新获取的财富，以逃避美国监管并获得更高的回报。这使得主要设在伦敦的银行持有可贷出的美元。1964年，欧洲货币的全球市场（在其本国管辖范围以外持有的所有存款）约为90亿美元，但到1970年已跃升至570亿美元。尽管大多数欧洲国家采取行动阻止其金融中心处理此类业务，但英国财政部和英格兰银行至少乐意容忍。最起码，它有助于英国赚取宝贵的外汇。到1970年，金融城已经重新确立了作为具有一定全球重要性的金融中心的地位。现在，它正在以美元处理国际业务，并且本地挤满了海外银行的分支机构，而不再像英镑是全球主要货币的时代那样，管理英国以外地区的资本流动。

但是，虽然伦敦金融城开始复苏，更广泛的都市区却没有。伦敦的人口在1939年达到了峰值860万，在整个40年代至60年代有所下降。到1970年，这一数字下降到750万，尽管同期全国总人口从5 000万增长到5 600万以上。这些原始人口数据有助于更广泛地讲述战后地区增长的情况。

从某种意义上说，20世纪50年代和60年代是英国工业化长达一个半世纪以上的漫长建设后，达到的顶峰。制造业占经济产出的总份额从20世纪初的四分之一上升到约三分之一，而服务业的贡献则略有下降。制造业就业人数在1966年达到顶峰，超过900万工人。尽管伦敦和更广泛的英格兰东南在经济上保持着相对于全国其他地区的领先地位，但随着制造业的重要性提高，这些差距在20世纪50年代和60年代缩小了。在汽车工业的推动下，西米德兰在20世纪50年代曾短暂地实现了高于英格兰东南的人均产出，彼时伯明翰恰好取代曼彻斯特成了英格兰第二大城市。

区域增长受到针对英格兰东南以外地区的政府自行支配的支出的推动，该支出在20世纪60年代增长，并于1976年达到顶峰。企业在英格兰东北或威尔士南部等"正确"区位开设工厂的建设成本可以指望由政府共同出资：制造企业须取得许可证方可扩大生产，从而使政府能够将生产活动转移到它认为有需要的地方。许可证拒发的高峰期出现在1966年，当年英格兰东南和米德兰30%的申请被拒绝。在20世纪60年代末同等重要的是一套旨在鼓励企业在英国旧有的周边地区增加就业的税收体系。1966年至1970年间，所有雇员都会被征收特定就业税（Selective Employment Tax），但出口商随后会收到现金退还外加一笔奖金。实际上，此税收体系是让非出口商补贴出口商，以帮助平衡国际收支。但是，尽管目标是外部平衡，制造商也更有可能作为出口商并缴纳比服务业企业更少的税款，这意味着它具有庞大的区域性足迹。

所有关于"凯恩斯主义+"、指示性计划和巧妙税收伎俩与20世纪60年代经济政策制定的尝试都受到所谓的"液压经济学"（hydraulic economics）的影响：该概念坚信动态资本主义的基本性质已经被驯服，政策制定已经被简化为拉动具有可衡量效果的拉杆。该概念是巴茨克尔主义时代财政政策运行方式的基础，虽然它借鉴了凯恩斯关于总需求重要性和政策作用的基本见解，但它也忽略了凯恩斯自身对于影响所有经济体的内在不确定性的更广泛的信念。

1958年，出生于新西兰但常驻英国的经济学家威廉·菲利普斯（William Phillips）撰写了一篇极具影响力的论文，探讨了20世纪工资与失业之间的关系。到20世纪60年代，对"菲利普斯曲线"的推崇在政策制定者和经济学家中极为普遍。从理性上讲——似乎从经验上也说得通,失业水平和通货膨胀率之间存在着一种反比关系。如果失业率很低,那么随着企业争抢工人,工资增长会加快,而这种更快的增长会推高物价。如果失业率很高,那么工资增长就会放缓,因此物价上涨的速度就会减缓。毫无疑问,物价与失业之间存在一定关系,但与20世纪60年代相对普遍的信仰不同,这不是一种稳定的关系。菲利普斯曲线式的思维鼓励了政策制定者的"液压"信念,这是一种最终会弄巧成拙的观点,即他们很好地掌控了各种经济因素及其之间的关系,拉动杠杆X总是会得到结果Y。

到了20世纪60年代后期,事情显然出了问题。在1966年的七月措施和1967年的紧缩货币政策之后,失业率向更高处偏移。20多年来,失业率一直保持在2.5%以下,但到1968年,失业率为3.5%,到1970年接近4%。然而,失业率的上升并未伴随着相应的通货膨胀水平的下降。事实恰恰相反。到20世纪60年代中期,年通货膨胀率超过4%,到1970年达到6.5%。失业率和通货膨胀率形影不离地上升。20世纪70年代危机的根源早在10年之前就已经显现了。

20世纪50年代和60年代解决通货膨胀上升的教科书式的方法是——也许是通过在保守党政府末期建立的三方委

员会——呼吁限制薪资。"工业中的双方"可以汇聚一堂，并在政府的敦促下，寻求一个可接受的解决方案。

问题是，这在实践中很少奏效。到20世纪60年代，工会的地位达到非全面战争时期前所未有的强势高度。1962年，工会会员人数首次超过1 000万，到20世纪60年代末，约有40%的工人加入了工会。工会领导人与工业家和大臣们坐而论道，帮助制订指示性经济计划。制造业的高就业率意味着可以组织大型工作场所：这可为工会提供了肥沃的生存土壤。

然而，就像20世纪20年代一样，强大的劳工运动导致中产阶级对工会权力的担忧不断加剧。作为一个经济因素，工会权力在和平时期从未像20世纪60年代末如此之高，但其可能引发的轩然大波也在不断升级。面对曾承诺结束"停停走走"和加快增长的工党政府，结果兑现的却是挫折和限制，罢工和分歧升至20世纪20年代以来的最高水平。1967年的码头罢工是英镑贬值的直接催化剂，正如1966年的海员罢工（Seamen's strike）引发了推动七月措施出台的英镑挤兑风潮。在以上两个案例中，工资纠纷都升级成罢工行动，扰乱了贸易，并使国际收支承压。贬值进一步推高了物价，导致更多的人提出更高工资的诉求。

1969年，政府发表了一份关于工会改革的白皮书，该蓝图来自就业及生产力大臣芭芭拉·卡素尔（Barbara Castle），

第13章 纷争四起：20世纪60年代的英国

标题为《免于冲突》(*In Place of Strife*)，简明扼要地与贝弗里奇提案中所提到的"免于恐惧"(In Place of Fear)相呼应[①]。政府提出了一个新的工会制度，要求在罢工前进行投票，并在某些纠纷中建立由工业小组进行的强制性仲裁。工会愤怒地回应说，为参加工会的工人发声而建立的政党竟然设法加强管制。野心勃勃的内阁成员看到了风向，他们希望在党内赢得工会的支持，于是加入了讨伐的行列，这些提案很快就被弃置了。尽管在当时并不明显，但这是战后英国经济史上的一个重要转折点。

相比于20世纪70年代初和80年代保守党政府对工会的限制，《免于冲突》的提议较为温和。事后看来，许多工会领导人后来都承认，当时白白浪费了一个接受——而非被强制实行——由盟友起草的新框架的机会。

从1945年到1970年，英国经济史的大体情况为越来越有组织的工人阶级从经济中设法获取更多价值的故事。尽管在这四分之一世纪中，代表有组织的劳工的政党执政的时间

[①] 白皮书的名称《免于冲突》由芭芭拉·卡素尔的丈夫泰德·卡素尔（Ted Castle）命名，灵感来自安奈林·比万在1952年编著的另一本关于医疗政策的政论著作《免于恐惧》(*In Place of Fear*)。——译者注

不到一半，却仍收获了高工资、高就业、不平等现象的减少和一个提供更多服务的更大政府的成果。事实上，政府所扮演的那些角色在 20 世纪 30 年代看来是无法想象的。但该系统也存在问题：通货膨胀曾有助于减轻政府债务负担，但现在它似乎正在呈螺旋式上升，失业率也在小幅上升，英国有落后于其欧洲伙伴的风险。否决《免于冲突》为工会和政府之间长达十年的冲突创造了条件。工会在第一轮比赛回合中获胜，但两者再次相逢时它将一败涂地。

第14章 1976与这一切

约翰·勒卡雷（John Le Carré）20 世纪 70 年代的间谍惊悚小说《锅匠、裁缝、士兵、间谍》（*Tinker, Tailor, Soldier, Spy*）的 2011 年改编电影版是一部扎实的电影作品，但大多数影迷会认同它未能企及 1979 年由亚历克·吉尼斯（Alec Guinness）主演的英国广播公司（BBC）电视剧版所达到的高度。前后脚观看这两部影视作品是一个有趣的练习——看看 30 年后人们是如何看待 20 世纪 70 年代的。加里·奥德曼（Gary Oldman）饰演的史迈利（Smiley）一角生活在一个灰色调的世界中。一切都是单调乏味的，而且似乎总是阴雨绵绵。这就是大多数历史小说对 20 世纪 70 年代英国的看法。相比之下，1979 年的版本不是历史小说，而是当代戏剧。屏幕上出现了零星的彩色闪光，偶见晴空万里。

20 世纪 70 年代与 20 世纪 30 年代一样，是英国政治经济发展中的关键十年。它充当了警世恒言的角色，是要不惜一切代价避免的情况，就像 20 世纪 30 年代对于 20 世纪 40 年代及以后的发展一样发挥了前车之鉴的作用。"不再回到 30 年代的大规模失业"是此后 40 年里一句强有力的政治号召，就像"不再回到 70 年代的高通货膨胀"一样。正如 20 世纪 30 年代并不完全是人们有时所描述的全面经济灾区，

第14章 1976与这一切

70年代同样也不是。

这10年的惨淡声誉是可以理解的。在这10年中,年通货膨胀率平均超过12%,这是英国在非战时从未经历过的,导致1970年至1979年间物价水平几乎翻了3倍。1973年售价17便士的一品脱淡啤酒到1979年的价格为40便士。1971年的一等邮票每张3便士,到1979年年底定价为10便士。到20世纪70年代末,失业率已上升至5.5%以上,与随后的失业率相比,这个数字已经足够低,但在当时已达到过去40年来的最高水平。高失业率和不断上升的通货膨胀组成的混合物致使经济学家创造了如今令人生畏的"滞胀"一词来描述这种以前无法想象的组合。但定义20世纪70年代经济史的不仅仅是原始数字,或者至少在后来关于这10年的政治言论中并非如此。1976年,英国将"脱帽致敬"(使用一些受青睐的新闻用语)向国际货币基金组织申请贷款,而在"不满的冬天",劳工骚乱将见证(转回小报的说法)"死而未埋"和"道路垃圾堆积如山"。软弱的政府、强大的工会和北爱尔兰不断升级的暴力冲突,都导致人们猜测英国的局势已经失控。到了70年代中期,桑德赫斯特(Sandhurst)军事学院的军官学员们不仅在进行如何应对潜在内战的演习,而且允许BBC《广角镜》(*Panorama*)节目组拍摄他们的训练。英国似乎确实陷入了一摊烂泥中。

然而，通常意义上的20世纪70年代历史遗漏了一些重要元素。妇女获得了同工同酬的权利，有了关于种族平等的重要立法，英国的地区差距缩小了，而且在20世纪70年代中期，整体经济不平等达到了有记录以来的最低水平。即使考虑到通货膨胀时常急剧上涨，实际工资（扣除物价上涨因素后的收入）在20世纪70年代平均每年上涨2.9%——这比20世纪90年代或21世纪初期要强劲得多。这些不断增长的工资可从持续的大规模繁荣中——家庭汽车保有率从1970年的约45%上升到1980年的70%——略见一斑。

但是，在工人持续取得收益的同时，整体经济的发展却更加艰难。1974年的经济衰退是英国自20世纪20年代以来经历的最严重的一次，70年代的国内生产总值年均增长率约为2.5%，与50年代和60年代的增长率相比下降了一大截。与20世纪20年代一样，更严峻的经济背景酿成了更动荡的政治局势。从1959年到1979年，没有一个能连续圆满完成两个完整任期的政府。20世纪70年代的10年英国历经了4次大选以及多段少数政府和非正式联盟。两党制似乎正在瓦解，就像它在20世纪20年代曾短暂分崩离析一样，保守党和工党的总得票率从1959年的接近95%下降到70年代中期的接近75%。苏格兰民族主义和威尔士民族主义出现在议会舞台上，自由党开始缓慢复苏。

爱德华·希思（Edward Heath）于1970年（在出人意料地赢得大选后）成为保守党首相，他将自己视为一种新的保守党领袖。与他的前任（兼继任）首相哈罗德·威尔逊一样，他是一名受过牛津大学教育的文法学校男孩，并且也像哈罗德一样，他寻求英国经济的现代化形式。但是，对于威尔逊来说，这意味着加倍削弱战后政府现有的广泛的社会民主模式，通过指示性计划、新的政府部门和国家目标等措施，而对于希思来说，改革意味着更彻底的变革。事实上，对于希思在1970年大选的竞选宣言的最佳认知是将其归为"原始撒切尔夫人主义"（proto-Thatcherism）的一种形式。它主张通过出售一些国有企业来促进增长和活力，部门将被放松管制，税收将被削减，工会将受到限制。国家将缩减对企业的直接补助和拨款，同时通过加入欧洲共同体来对外开放，使其疲惫的企业面临更多的外国竞争。当然，这个议程很少会得到实际的贯彻落实，正因如此它如今被命名为撒切尔夫人主义而不是希思主义。甚至在撒切尔夫人领导之前，也很少有人谈论希思主义。在1970年大选临近时刻，保守党影子内阁及其政策顾问在塞尔斯登公园酒店召开了会议，该议程被曝光后反而被定性为"塞尔斯登主义"（Selsdonism）。英国似乎已经准备好削弱政府在经济中的作用，转而采用1945年前的市场机制。

希思确实在他的议程上开了个头。1971年的《劳资关系法》(Industrial Relations Act)禁止了一些"野猫式"(wildcat,即未经投票表决的)罢工,并设立了一个劳资关系法庭(Industrial Relations Court),该法庭可以取缔某些罢工并裁决争端,从而激怒了工会。更多的收费项目被推行到诸如牙科、学校餐食和医疗处方等方面。时任教育大臣撒切尔夫人因停止向8至11岁儿童提供免费学校牛奶而被打上了"牛奶掠夺者"(milk snatcher)的烙印(这一指控的矛头并未公开对准威尔逊时代取消12至15岁孩子的免费牛奶的大臣们)。税收制度进行了改革,购置税大部分被取消,代之以新的增值税,税率为10%,并精简了所得税。威尔逊政府的特定就业税被废除,通过减少对红利征收的税率,有效削减了公司的税单。银行业通过一系列措施实现了自由化,这些措施旨在通过取消由英格兰银行强制实施的旧的贷款上限来开放贷款。而加入欧洲共同体被证明是希思政府带来的持久变化,尽管其影响直到20世纪80年代才充分体现出来。

但希思的塞尔斯登放松管制计划很快就后劲不足。随着全球经济恶化,失业率开始上升,而工会开始对新的劳资关系立法发起反攻。1972年,全国矿工联合会(National Union of Mineworkers,NUM)进行了为期9周的罢工,迫使政府在燃料短缺导致轮流停电的情况下,勉强同意将国有化采矿业的工资提高27%。1972年，每名工人每周因罢工行动而产生的损失工作日达到0.14天，这是自20世纪20年代以来的最高水平。

当失业人数自1940年以来首次突破一百万人时，希思政府做出了如今广为人知的"调头"（U-turn）。与麦克唐纳在1931年接受削减公共支出的做法一样，希思在面对失业和工会压力的情况下放弃自由化的做派也使他在保守党右派中的声誉大打折扣。当危机来临时，他撑不住了。对陷入困境的企业的补贴再次开始增长，政府又一次转向三方委员会谈判的尝试，来使工资增长计划破产。不过，这一次，气氛尤其糟糕。

接踵而来是一种20世纪50年代或60年代关于速度的停停走走的决策形式。希思政府财政大臣的第一人选伊恩·麦克劳德（Iain Macleod）在选举后几周就去世了，之后由安东尼·巴伯（Anthony Barber）接任。巴伯在其1972年和1973年的预算中尝试了他所谓的"增长冲刺"，包括更慷慨地增加支出和减税（新增值税在推出一年后从10%降至8%），并进一步放宽对银行的管制。这在此后被称为"巴伯暴涨"（Barber Boom）。政府在1970年实际上一直有少量盈余，但到1974年，赤字高达国内生产总值的4%以上。经常账户在1971年也一直处于盈余状态，到1974年年中

为 –4.1%，远高于 1967 年迫使英镑贬值的水平。这是繁荣与萧条的经典案例。而此次萧条是一个痛苦的过程。全球经济普遍混乱的背景无益于这种情况。

在 20 世纪 60 年代末和 70 年代初，布雷顿森林体系崩溃了。作为该协议核心的资本管制一直是松垮的，而且在整个 60 年代，随着欧洲美元市场在伦敦的蓬勃发展，这种差距已经大幅扩大。然而，更重要的是美国对该体系的热情正在消退。早在 1960 年，比利时裔美国经济学家罗伯特·特里芬（Robert Triffin）就诊断出了这个根本性问题，阐述了后来被称为特里芬难题（Triffin Dilemma）的观点。虽然该体系严格说来建立在每个国家将其货币与美元挂钩，而美元又与黄金挂钩的原则之上，但在实践中，大多数国家和私营部门行为体选择持有美元而不是黄金。正是美国国际收支的持续逆差——通过为全球经济输出源源不断流出美国的美元——使该体系保持清偿能力。但（也）正是这些美国国际收支逆差让美元币值难以维持稳定。因此，出现了两难的境地：要使该体系正常运行，美国需要通过逆差输出来提供美元，但正是这些逆差输出使得美元在长期内的吸引力下降。这些逆差输出越来越多地在美国本土引起了境内抵制。英镑在 1967 年的贬值使得以英镑为基础的出口商抢占了一些市场份额，但给美国制造商带来了更大的压力。自 1968 年以后，美国放弃了将 35 美元与 1 盎司黄金挂钩的做法，允许黄金/美元汇率随需求浮动。在一系列多边危机峰会期间，各国货币当局试图处理美国的黄金外流问题，并保持国际汇率的某种形式的稳定。但在 1971 年，在所谓的"尼克松冲击"（Nixon shock）中，美国总统取消了美元对黄金的可兑换性。在几个月内，其他国家也纷纷放弃了他们对挂钩汇率的承诺，允许其货币浮动。布雷顿森林体系实际上已经名存实亡，尽管直到 1976 年在牙买加举行的峰会上讣告才被正式宣读。由于出国旅游——即便有所增加——相对来说还是比较少见的，汇率自由变动的直接影响起初对消费者来说并不显眼。一旦进口商品的价格开始与英镑变动保持一致，他们就会更强烈地感受到这种影响。然而，对于依赖跨境贸易的公司来说，消除由固定汇率给予的确定性是一个更明显的问题。对未来的规划突然变得异常棘手。

这个由受到管制而后自由浮动的汇率所构成的"美丽新世界"[①]对英镑来说并不是一个快乐的世界。尽管英镑最初从贬值后的 2.40 美元升值至 1971 年的 2.50 美元左右，但到了

---

① "美丽新世界"（brave new world）即源自莎士比亚的戏剧《暴风雨》中的对白，本身即有讽刺意味，亦为英国作家阿道司·赫胥黎（Aldous Huxley）所创作的反乌托邦作品名。——译者注

1974年，它已跌至2.34美元。然而，真正的好戏发生在对其他货币上。在截至1974年的3年中，如果以广泛的一篮子其他货币来衡量，则有效汇率下降了11%。

布雷顿森林体系结束的时机对英国来说是不幸的。1973年，中东爆发了赎罪日战争（Yom Kippur War），伴随而来的是石油禁运。到1974年，每桶石油的价格迅速翻了两番，从不到3美元涨到12美元以上。

希思政府面临着能源价格飙升、货币贬值、管制放松后贷款额迅速上涨的银行系统和要求加薪的胆大妄为的工会构成的组合困境。所有这一切都发生在宏观经济政策被坚决地设定为宽松模式以支持增长冲刺的时候。其结果就是通货膨胀。1973年，居民消费价格上涨了9%以上，1974年上涨了近16%。工会推动了甚至更大幅度的工资增长，以保护他们的工人。利润受到挤压。失业率再次走高。

布雷顿森林体系的突然结束，再加上石油禁运，在整个发达世界引发了一系列危机。但在英国，这种影响尤其严重。即将结束的黄金时代本来就没有那么耀眼。到1974年年初，希思政府显然已经陷入困境。一次拙劣的自由化尝试，随后迅速"调头"，然后在通胀上升的背景下放宽了宏观经济政策，使国家陷入了混乱。1973年12月，为了减少能源的使用，大部分工业都实行了每周三天的工作制。1974

年1月,在拒绝了16%的加薪提议后,全国矿工联合会再次举行了罢工。

1974年第一季度,国内生产总值下降了2.7%:一个季度的下降幅度超过了战后任何一次衰退的总幅度。事实上这是2020年新冠肺炎疫情停摆前经济在单个季度内经历的最大跌幅。在这一点上,希思政府的反应几乎与局势无关,他们已经失控。

希思认为他需要一项新的授权,以使他能够将政府的意愿强加给工会,并在1974年2月以"谁来治理?"为口号,向全国发起了临时突击的大选活动。当然,他不得不提出这个问题的事实表明,答案是"可能不是你"。英国人民给出的实际答案是"我们不确定"。选举产生了一个悬峙议会,工党在议席数量上取得了相对多数,但并未获得选票数量上的相对多数。近20%的选民支持自由党,这是后者自20世纪20年代以来的最佳表现,尽管他们只赢得了14个席位。不过,哈罗德·威尔逊还是重新掌权,尽管更多是无心插柳而非有心栽花。

1970—1974年的希思政府在任期内经历了一段多事之秋,但1974—1979年的工党政府[起初由威尔逊领导,1976年后由詹姆斯·卡拉汉(James Callaghan)领导]的处境更为艰难。英国本身仍在发生变化,这种变化从根本上颠覆了工党旧有的执政风骨，但工党的大部分领导层尚未认清这一点。

住房可能是最引人注目的例子。在后工业革命的大部分历史中，英国一直是一个租房者国家。按实际价值计算，在19世纪40年代后的70多年时间里，房价一直在合理地持续下跌。这主要反映出同样推动了19世纪后期全球化的因素：新交通技术的发展和距离的消亡。铁路对英国产生了许多影响，但其中最出人意料的影响之一发生在住房市场。可承受的开销、尚可的舒适度和快速通行的能力让人们可以在离工作地点更远的地方居住。在19世纪中叶，每天通勤10英里是人们想都不敢想的，但到了20世纪初就很普遍了。1850年的工人希望在理想情况下最好步行即可到达工作地点，但到20世纪初，他们可以在数英里之外过着幸福的生活。交通扩大了面向工人的住房的有效供应，并有助于压低价格。

尽管如此，由于一所房屋的平均成本约为1918年人们平均年工资的4倍，因此对于大多数英国人来说，融资购房并不是一个唾手可得的选择，他们仍然在租房。1918年，只有大约五分之一的英国家庭拥有自己的房产，但随着低利率和30年代的住宅建设热潮，到1939年，这一比例逐渐上升到三分之一左右。1945年后，变革的步伐加快了。公共住房的扩张蚕食了私营租赁部门，更戏剧性的转变发生在所有权方面。就像它30年代联合政府的前辈一样，50年代的保守党政府也热衷于激励"居者有其屋"。大众对按揭贷款的态度发生了变化，按揭贷款不再是一种需要偿还的负担，而被认为是对未来下注的关键，最好是有三间卧室和一个花园的那种。20世纪50年代和60年代的低利率和较高的通货膨胀发挥了重要作用：金融压制旨在帮助政府管理自身的债务负担，但它也使家庭按揭贷款更具吸引力。

到1961年，自住业主——通常身背按揭贷款——达到40%左右，到1971年上升到51%。这是英国经济史上具有里程碑意义的一个时刻，它帮助推动了未来20年政治经济的重大变革。一个买房者国家的政治与一个租房者国家的政治有各种各样的不同之处——在最基本的层面上，房价上涨突然成为令公众似乎感到满意的一种通货膨胀类型。自1850年以来，英国的房价已经下跌了70年，除了20世纪50年代初期的短暂插曲外，随后的50年里房价大致稳定。但是，当住房自有率超过50%后，它们就开始攀升。从更广泛的角度来看，一个按揭供款人的国家是一个更关注利率水平的国家。20世纪50年代和60年代的利率变化是与计划投资的商业领袖或金融部门工作人员最相关的事情，但到了20世纪90年代和21世纪，它们已成为政客海报上的那类宣传用语。本应是宏观经济政策的一个工具——旨在确保就业体面和通胀稳定——本身也终结了，低利率现在成了一件值得自吹自擂的事情。

希思政府放松对贷款的管制促成了20世纪70年代初按揭贷款的暴涨。1972年的巴伯暴涨时期，发放的信贷数额同比增长50%，房价从平均年收入的4倍多一点跃升至6倍多。当然，对于一半以上的家庭来说，这在当时是值得欢迎的事情。

工党传统的集体主义精神在一个资产所有者的新国家无所适从。但住房使用权并不是唯一的变化。回顾这十年，马克思主义历史学家埃里克·霍布斯鲍姆将列出他所称的"劳工前进的步伐"被"停止"的原因。根据霍布斯鲍姆的估算，从事体力劳动的劳动力比例已经从1911年的75%下降到1961年的64%，到20世纪70年代中期则略微超过一半。自置居所的白领工人必然不是传统马克思主义意义上的工人阶级群众政党的基础。妇女的角色也在变化中。正如霍布斯鲍姆所指出的，在恩格斯的时代，参加工会的工人阶级几乎全是男性，女性工人数量很少且大多从事家政服务。到了20世纪70年代，大约一半的已婚妇女都在工作。

当然，工人阶级从未统一投票给工党。从迪斯雷利和索尔兹伯里开始，鲍德温和麦克米伦（甚至还有希思）等保守党领袖早已可以在工党视作自己核心的选票中拿下很大份额。如今，由于核心选民占全体选民的份额如此式微，工党处于一个全新的、更具挑战性的环境中。

宏观经济学和政治经济学往往事关权衡取舍，事关以牺牲一个目的为代价实现另一个目的。当整体经济处于艰难境地时，这种权衡取舍从来都是难上加难。毕竟，谈论增长战利品的划分可比谈论经济衰退代价的分担更容易。1974—1979年的工党政府处于一个近乎极度艰难的境况：受高通胀、失业率上升和濒临飞速失控的国际收支问题所困扰。从希思那里继承的经济遗产是灾难性的，他们试图引导的任何路线都有可能得罪他们不稳固的政治联盟的某一部分。

在20世纪60年代以及70年代经济动荡的背景下，宏观经济学作为一门学科并未停滞不前。凯恩斯似乎提供了使资本主义稳固下来的承诺，但他的批评者声称，他的后继门徒们现在有意忽视一段失业率上升且同时通胀居高的时期，而这正是他们的基本模型认为本质上不可能存在的情况。在20世纪80年代和90年代的英国，影响力与日俱增的两个截然不同却息息相关的思想流派在20世纪70年代中期已经发展壮大。

如果说凯恩斯是20世纪最有影响力的经济学家，那么米尔顿·弗里德曼大抵是配得上一块银牌。如凯恩斯一样，他志趣广泛；也如凯恩斯一样，他是一位优秀的传播者和本人观念的普及者。他于1976年获得诺贝尔经济学奖，就在他的思想开始在英国获得更多官方认可的时候。所谓的"芝加哥经济学派"（以弗里德曼和他的众多追随者所在的大学命名）的许多成果并不特别新颖，而是对旧有观念的老生常谈。在强调贸易、自由交换和市场功能的好处方面，芝加哥学派是古典自由主义者，对于斯密或穆勒的19世纪读者来说它并非出人意料。不过，在一个政府规模空前庞大的时代，这些思想显得尤为激进。凯恩斯在他的时代使经济学的教学发生了革命性剧变，但他的见解本质上属于宏观经济层面，实际上他基本是开创了该概念。微观经济学——对个体市场的研究——还保持着20世纪20年代时的老样子。回顾20世纪60年代后期，一位学者认为，在某堂课上向本科生讲授市场机制的效率和看不见的手的作用，然后在下一堂课上论证政府在引导整体经济方面的重要作用，这总是有点奇怪。弗里德曼的过人之处在于，他找到了一种货币主义方法，检验了自由市场和古典自由主义思想的信仰与20世纪30年代的经济灾难之间的关联。货币学派认为，货币供给是宏观经济表现的关键驱动因素。如果任由货币供应量减少（就像20世纪30年代美国银行倒闭时那样），那么其结果将是通货紧缩和萧条，但如果任凭货币增发过快，那么结果就是通货膨胀。弗里德曼反对金本位制，相反，他认为宏观经济政策制定者的恰当角色是保持货币增长的相对稳定。对可能会推升货币供应量的政府赤字应当避免。在国际经济中，各国应保持资本市场的开放，允许储蓄流向提供最佳回报和最有效成果的地方。货币可以在市场力量的引导下进行调整以找到其恰当的价值，而不是与政府法令挂钩。

正如政策制定者将在 20 世纪 80 年代发现的那样，以货币供应量为目标从来就不是简单明了的，也并非完美无瑕的。但在当时的 20 世纪 70 年代，那都是将来的事情——当时重要的是，弗里德曼似乎是一位盛名在外的经济学家，他提供了一个可行的理论来解释滞胀。

小罗伯特·卢卡斯（Robert Lucas）是弗里德曼的追随者，他的在公众面前行事低调，但理论贡献与后者同等重要，他帮助完善了后来为人所知的第二代新古典主义经济学（New Classical Economics）。在 20 世纪 70 年代，卢卡斯认为，经济行为主体——如家庭和企业——的预期是合理的。这可能听起来很显而易见，但其在理论上具有重要意义。以菲利普斯曲线为例。一些政策制定者综观了菲利普斯关于通货膨胀与失业率之间历史关系的研究工作，并几近将其视为一个可供他们选择的选项清单："如果我们希望失业率为 2%，那么通货膨胀率将是 4%。"但是卢卡斯认为，理性的公司看到政策制定者正在压低失业率，并为接受更高的通货膨胀作准备，在做出有关工资、招聘和投资的决策时将预期物价会有更高的上涨。卢卡斯的批判是对20世纪60年代"液压"思想的重要反击，但也导致一些经济学家对宏观经济政策在长期内的无效性采纳了荒谬的看法。20世纪60年代和70年代对宏观经济学中盛行的凯恩斯主义共识的反对声浪汇聚在一起，在接下来的三个十年中在英国发挥了重要作用。

1974年，新任工党政府迅速废除了希思的《劳资关系法》，为自己从曾令希思政府元气大伤的罢工浪潮中赢得了一丝喘息的空隙。但通货膨胀继续上升，于1975年达到22.7%，而英镑的币值继续下跌。

20世纪60年代的产业政策是有关创造勇敢的新技术奇迹的，而20世纪70年代的产业政策则是防御性质的。这与其说是政府未能筛选出幸运儿，不如说是倒霉蛋成功选择了政府。标志性的案例是英国利兰（Leyland）。这家在鼎盛时期经营着40家工厂的汽车制造商，是在20世纪60年代末经由一系列当时盛行的合并行为而成立的。第一届威尔逊政府曾希望帮助创建一个英国的通用汽车公司。但到1975年，高油价和消费者信心低迷让所有汽车公司卷入了一个真正糟糕的环境。糟糕的劳资关系和频繁的罢工使生产陷入瘫痪。政府没有任其破产，而是有效地将其国有化了。

维持汽车工业活力的需要并不是公共财政的唯一消耗

所在。随着失业率上升，税收收入的下降和福利支付的增加开始给公共财政带来更大的压力，在巴伯的增长冲刺失败之后，财政状况不容乐观。到1976年，政府的赤字超过了国内生产总值的6%，而经常账户赤字则达到了-4%左右。

随着通货膨胀率的攀升、庞大的经常账户赤字和政府自身的大量赤字，英镑将进一步下跌这一想法似乎并不是一次特别冒险的投注行为。在这个全球金融体系重新开放的后布雷顿森林体系新时代，下这样的赌注并非难事。任何货币危机都有自我延续的风险，如果足够多的投机者相信一种货币会贬值并抛售，那么这件事本身就会产生足够的抛售压力，导致币值暴跌。而在1976年，抛售英镑的理由不胜枚举。

彼时由詹姆斯·卡拉汉（James Callaghan）领导的政府认为，它别无选择，只能向国际货币基金组织告贷，以帮助维持货币的价值。人们担心，英镑价值进一步急剧下降将危及英国的能源进口。1976年的国际货币基金组织贷款如今在政治辩论中被严重误解和曲解。首先，这绝不是政府"囊中羞涩"或公共财政需要"纾困解难"。20世纪70年代中期，政府债务占国内生产总值的50%左右，虽然赤字严重，但政府能够从国内储蓄者那里筹集资金来为其融资。这笔贷款需要为英镑提供一些支撑，否则英镑本可能会延续其推高通货膨胀并危及进口的恶性循环。通过允许获得外币资源来提供一些救济发挥了断路器的作用。这也并非独一份：早在20年前，英国就出于同样的目的从国际货币基金组织获得了贷款。

但这笔贷款是带有附加条件的。从国际货币基金组织的角度来看足够合理，他们担心英镑下跌事出有因。这不是简单的，国际货币基金组织打支出票簿并承诺支持英国就可以遏制的投机性攻击。因而需要采取行动来控制通货膨胀并降低赤字，以恢复人们对英镑的信心。这意味着削减公共支出、增加税收和提高利率以换取贷款。国外贷款所附带的"贷款条件"从来不受受贷国的欢迎。对卡拉汉的工党来说，这引发了一场危机。

以托尼·本恩（Tony Benn）（曾经是哈罗德·威尔逊手下聪明的年轻技术官僚大臣，现在是工党左派的旗手）为首的内阁派系认为，接受公共支出的必要削减将意味着在实质上摒弃工党当选时的宣言，这将激怒工会，是对更广泛运动的背叛。卡拉汉支持他的财政大臣丹尼士·希利（Denis Healey）的观点，认为政府别无选择。本恩的"替代性经济战略"（Alternative Economic Strategy）公开倡导紧缩经济——英国将实行进口管控，退出欧洲共同市场，并通过银行国有化来控制储蓄和投资。如果说威尔逊在20世纪60年代曾尝试过"凯恩斯主义+"，那么这就是一种进一步的论证。这对本恩的大多数同僚来说都太过火了,更不用说公众了。英国政府接受了国际货币基金组织的条件并获得了贷款。不到一半的贷款被提取,并于1979年全部还清。英镑趋于稳定。

远比贷款本身更重要的是对宏观经济管理态度的转变。这一点在卡拉汉1976年的党内会议演讲中有所体现,他在演讲中辩称:"我们曾经以为,你可以通过减税和增加政府支出来摆脱经济衰退,并增加就业。我发自肺腑地告诉你们,这种选择已经不复存在,而且就它曾经存在的情况而言,它只适用于每逢战后的情形,通过向经济注入更大剂量的通货膨胀来起效,紧随其后的下一步将是更高的失业水平。"这无异于否决了30多年来——而且是来自一位工党首相——的官方宏观经济共识。

20世纪70年代的根本问题是,英国的经济供给侧面临一系列冲击,使其生产能力受到严重影响——英镑走弱和油价上涨提高了维持英国工业赖以运行的成本。但英国——最初在保守党希思领导下,后来在工党卡拉汉领导下——并未针对供应问题采取行动,而是试图刺激需求。其结果是通货膨胀,规模之大在和平时期从未有过。

英国在20世纪70年代经历的那种持续的高通胀,创造了赢家和输家。那些在工会化程度较高的工作岗位上的人受到了相对较好的保护，其议价能力更高，得到了更高的工资涨幅作为补偿。储蓄者和那些在未加入工会的场所工作的人则是最大的输家。

1978—1979年的冬天再次出现了一波工业动荡，因为工会又一次试图通过限制工资上涨的收入政策来控制通货膨胀。正如本恩所预料的那样，接受1976年的那笔贷款被工会领导层视为一种背叛。1979年，超过450万工人参与了罢工行动，损失工作日超过了1972年时的顶峰。由于掘墓人拒绝工作，死者确实曾一度未被安葬。但至少这一次，希望还在。

1979年上台的保守党政府与威尔逊和希思的政府一样，都是凭借改革和现代化的宣言而当选。和它的前辈一样，它对英国经济有着宏伟的计划。不过，这届政府将把这些计划进行到底。

第15章 逆向革命

1979年至1997年的保守党政府，其变革范围之大，不亚于1945年至1951年的艾德礼政府。自20世纪70年代开始瓦解的战后共识将在20世纪80年代被一扫而空。不仅经济政策的工具自身发生了变化，目标也发生了变化。政府与市场之间的关系将从根本上发生改变，国家的经济边界将被彻底重新划定。

在1979年的选举中，撒切尔夫人对自己的定位是如反对工党对手一样反对希思政府。她参与竞选不仅仅是为了出任首相，更是为了改变英国的面貌。在许多方面，理解她的最佳方式是将她作为20世纪30年代的产物。她出生于1925年，其成长经历来自30年代的格兰瑟姆（Grantham），正如她经常讲述的那样，她的观点在她父亲的影响下得以塑造成型，她的父亲经营杂货店并是一名当地的市政议员。从1945年起的30年间，30年代在政治辞令中一直以来都是"饥饿的三十年代"，是一个没有人愿意倒退回去的时代，是一个来自历史的警告。但格兰瑟姆毕竟不是贾罗，它是贾罗远征军的游行者们一直试图引起其注意的那种地方。格兰瑟姆镇一直以来是拥护联合政府的基石，对其而言30年代并非意味着大规模失业和领取救济金的长队，而是新建郊区住房、低利率、低税收和新兴产业的那部分英国地区。从格兰瑟姆的角度来看，很难看出20世纪30年代英国经济到底出了什么问题。或者说，至少为什么英国经济需要如此大刀阔斧的变革。如果她的父亲是一名失业的船工或矿工，她的看法可能就会有所不同。但他不是。他是那种小生意人，1945年后的国家对他来说意味着更多的官僚主义和更多的税收。

撒切尔夫人认为，1979年的英国面临着一个严峻的选择——持续偏航并衰退或艰难改革，她决心走后一条路。从她自己的角度来看，她成功了。1979年，法国人均国内生产总值比英国人均国内生产总值高出约11%，而到了1997年，这一差距缩小至3%。在20世纪80年代和90年代，英国较欧洲而言相对衰退的局势被扭转了。到20世纪90年代初，英国已不再被视为"欧洲病夫"。但这种逆转和重组付出了高昂的代价，这种代价是60年代或70年代的政治家们无法想象的。1984年，失业率达到11.9%的峰值，这是自战间期岁月以来的最高水平。传统观念认为，没有哪个在执政期间出现大规模失业的政府能够赢得连任，但传统观念是错误的。这个20世纪30年代的孩子似乎记住了大多数评论家忘记了的一件事情：联合政府已经连任。只要经济政策创造了足够多的赢家，那么无论输家如何奔走呼号，政府都可以重新掌权。而撒切尔夫人的政府创造了大量的赢家。

20世纪80年代是英国政治经济的一次范式转换。20世纪50年代，新上任的保守党政府放松了一些管控并削减了一些税收，而在20世纪60年代，威尔逊欣然采纳了指示性计划，并加倍强调社会民主。在广泛共识达成后的四十多年里，政策发生了变化，但目标始终如一：充分就业。在20世纪80年代，该目标被弃置。控制通胀成为宏观经济决策的中心议题，而微观层面的供给侧改革则被采纳，以激发活力、提高生产力。

一位政治经济学家将这种广泛的政策立场描述为"自由经济和强势国家"，这是一个恰当的概括。1979—1997年的保守党政府并不是19世纪的自由主义者。他们寻求赋予市场机制权力，并尽可能让国家从经济领域中抽身，但他们保持了高额的国防支出，重新装备了警察，并相信国家有能力对内部和外部敌人采取果断行动。

如今，人们习惯于将英国所经历的变化——根据作者的喜好，从1979年或1976年开始——贴上"新自由主义"（neoliberalism）的标签。问题是，这个词经常被作为一种詈词借用，意思是"作者不赞成的事物"。新自由主义可以用在詹姆斯·卡拉汉、罗纳德·里根（Ronald Reagan）和安格拉·默克尔（Angela Merkel）等不同的政客身上。不过，从狭义上讲，这一术语有一定的用途。毋庸置疑，20世纪80

第15章 逆向革命

年代英国转身投入了更广泛地使用市场机制的怀抱。任何有关政府干预经济的拟议所面临的第一个问题都从"这将实现什么？"变为"我们应该这样做吗？"。与20世纪40年代至70年代形成鲜明对比的是，今后政府将尽可能地利用市场来分配资源。

在宏观经济管理层面，对撒切尔夫人时期（1979—1990年）的普遍看法是，她干得不错，而约翰·梅杰（John Major，她1990—1997年的继任者）则把事情搞得一团糟。这不仅有失公允，更是不实之词。撒切尔夫人对英国经济的结构性改革成效卓著，但她的宏观经济政策却往往不亚于一场灾难。相比之下，梅杰的政府最终歪打正着搭建了一个似乎行之有效的宏观经济体制。

1979年之后的最初几年，英国经济以货币主义试验为标志。人们认为，要战胜通货膨胀，势必要控制货币供应量。这意味着缩减预算与公共开支，再加上英格兰银行更高的利率。第一个难题是关于定义的问题：控制货币供应量究竟意味着什么？

指导1979年至1983年政策的中期金融战略（Medium Term Financial Strategy，MTFS）最初试图引入一种被称为M3（货币的广义定义，指一国货币供应总量）的度量标准作为货币控制目标。问题在于，按照他们的自由市场本能理论，政府在 1979 年取消了资本管制，使英国银行可以自由地从国外借款和汇回海外持有的现金。因此，即使公共支出被削减且利率高企，M3 仍继续超出其计划目标值。政府的应对措施是通过不断提高利率和更多紧缩性预算来加大力度。

英镑的高利率吸引了外国资金流入，推高了英镑的价格。到 1981 年，经济陷入重度衰退，失业率已超过 10%，英镑看起来估值过高了。尽管如此，《1981 年预算案》（*The Budget of 1981*）仍然继续推行这一战略。一封由 364 位经济学家联名在《泰晤士报》上发表的公开信呼吁扭转政策，但与大多数关于经济问题的公开信一样，这封信被忽略了。

作为英国政治中的一个概念，"货币主义"从来都不是只针对货币供给。1985 年，货币目标转向关注更狭义的货币量度标准，然后不事声张地彻底放弃。在平衡预算和减少债务的目标方面，中期金融战略逐渐放弃了其明确的货币主义主张，变得更加传统。20 世纪 80 年代初的需求受限和高失业率，加上英镑走强（并非货币供应量的任何变化）帮助将通货膨胀率在 1984 年控制在 5% 以下，到 1986 年触及 3%。然而，失业率仍然高于 10%。降低通货膨胀的代价向来是高昂的。

政府继而宣称，通货膨胀已经被攻克，英国经济的基本面现在足够健全,使在物价不加剧上涨的情况下的加快增长成为可能。财政大臣尼格尔·劳森(Nigel Lawson)削减了税收和利率,助力了20世纪80年代末的劳森繁荣。房价涨幅达到每年30%,受到房主们的普遍欢迎。到1990年,居民消费价格涨幅再次升至10%以上,引发了新一轮的紧缩,政府将利率提高到15%后才使其回落。"停停走走"毕竟不是那么遥远的记忆。20世纪90年代初的经济衰退没有80年代那么险峻,但失业率在1990年年初劳森繁荣时期降至6.9%的低点(明显高于70年代危机中的任何时刻),到1992年年底再次上升到10%以上。

一场严重衰退,随后是不可持续的繁荣和另一场衰退,很难说这是最佳宏观经济政绩,但确是在撒切尔夫人首相任期内所创下的。她的继任者的宏观政策开局艰难。1990年10月,也就是撒切尔夫人卸任前一个月,在违背即将下台的首相的意愿下,英镑加入了欧洲汇率机制(European Exchange Rate Mechanism,ERM)。

欧洲汇率机制是一项始于1979年的欧洲倡议,是欧元的前身,最初英国没有参与。它代表了国际宏观三位一体中的一种类似金本位制式的布局。资本市场将保持开放,货币将同德国马克挂钩,利率将用于防止货币贬值,而不是用于国内经济管理。实际上,这意味着将货币政策移交给德意志联邦银行（German Bundesbank），该银行在控制通货膨胀方面拥有欧洲最佳纪录。加入欧洲汇率机制的国家不仅希望从稳定的汇率中获益，而且希望借取德国中央银行在控制通货膨胀方面所体现的一些公信力。

1987年和1988年，英国曾私下里紧跟德国央行的政策，这与撒切尔夫人和她的首席经济顾问亚伦·华特（Alan Walters）的意愿相悖。它引发了一场争端，导致劳森辞去了财政大臣职务。当英国最终加入欧洲汇率机制时，它是以1英镑兑2.95马克的英镑/德国马克汇率加入，并承诺自此将其价值保持在该目标上下6%范围内浮动。

冷战结束后的德国统一，德国政府在原民主德国现代化方面的支出急剧增加。为了控制住通胀局面，德意志联邦银行开始加息，而英国则经由欧洲汇率机制被迫跟进。

到1992年，英镑的地位显然无法持续下去了：对于一个刚刚摆脱衰退的经济体而言，利率显然太高了。投机者加大了对英镑贬值的押注，其中最有名的当属乔治·索罗斯（George Soros）。最初英国政府拒绝束手就擒，将利率上调至10%，并授权英格兰银行将价值数十亿美元的外汇储备用于购买英镑以捍卫其价值。1992年9月16日星期三，也就是著名的黑色星期三，英格兰银行在不到24小时内两次提高基准利率，第一次提高到12%，然后提高到15%，同时耗

第15章 逆向革命

费了大约33亿英镑的储备金，试图阻止大势所趋之事发生，但徒劳无功。当天晚上，政府承认失败，准许英镑自由浮动。后来英镑跌至1英镑兑2.40马克以下，乔治·索罗斯到十月前兑现利润超过10亿美元。

黑色星期三对政府的自尊和威望造成了打击，至少在未来十年从根本上使保守党在经济能力方面名誉扫地。但这对经济来说并不是坏事。英镑疲软和利率下降有助于推动1992年起的经济复苏。约翰·梅杰的政府机缘巧合下创建了一个似乎行之有效的宏观经济体制。财政政策将侧重于确保公共财政被置于稳健的基础之上，而货币政策（由财政大臣调控，但由英格兰银行管理）将寻求抑制通货膨胀。英镑将自由浮动至市场决定的任何汇率。到1997年，失业率回落至7%以下，通货膨胀率则低于4%。

事后看来，撒切尔夫人时期在供给侧改革方面的履历比宏观经济管理方面更经受得住考验。这方面的代价高昂，但至少收益非常明显。生产率增长回升，英国与欧洲邻国之间的生产率差距开始缩小。战后岁月里经济患上的英国病似乎已经被治愈。

尽管这让后来的"撒切尔派"感到恼火，但有理由表明，解决英国经济难题的真正良方并非出自唐宁街，而是来自布鲁塞尔。对于铁娘子的死忠粉来说更糟糕的是，这一笔记在了"泰德"·希思（Ted Heath，即爱德华·希思）的功劳簿上。

英国在 1973 年加入欧洲共同市场最终证明了其对经济活力的重大推动作用，尽管结果只是逐步显露。出口商有渠道进入一个更大的发达市场，而英国国内公司则面临着来自欧洲生产商的新形式的竞争。1945 年之后的 30 年里，英国经济逐步与全球经济的其他部分隔绝，现如今开始重新开放。进口的平均关税从 20 世纪 60 年代末的 9% 以上下调至 1979 年的 5% 以下，到 80 年代中期仅为 1.2%。制造业的进口渗透率（衡量进口所占市场份额的标准）从 70 年代中期的 20% 左右上升到 90 年代的 40%。撒切尔夫人本人是 20 世纪 80 年代建立欧洲单一市场的关键人物：努力在商品、服务和资本方面建立一个跨欧洲的无限制市场。尽管她后来转而反对欧洲政治一体化，但她的任期被打上了对欧洲经济关系采取更积极态度的印记。她颇为重视跨洲贸易的自由市场利益，同时对主权集中如何压制她对一个强大政府的渴望感到不满。

当然，英国在 20 世纪 80 年代的市场转向比简单地加入欧洲经济共同体要丰富得多。尤其值得注意的因素有政府经济边界的变化、工会对政策建议否决权的终止、就业市场岗位的释放，金融业的释放和课税的削减。每一个因素都在英国随后——超过撒切尔夫人和梅杰任期的时间跨度内——的发展中发挥重要作用。

"私有化"在20世纪80年代是一个新词,但不是一个新概念。尽管至少在事后看来,私有化是撒切尔夫人时代的一项关键政策,但在1979年的宣言中基本未被提及。只是随着80年代的到来,该议程才得以走到台前。将国有工业企业交还到私人手中,不仅非常契合撒切尔夫人本人的秉性,而且能帮助其实现两个迥然不同的目标:通过推动更多的竞争来提高生产率,并建立一个股东国家。

在撒切尔夫人1979年至1983年的第一个任期内,私有化只发挥了有限的作用:国防制造商英国宇航(British Aerospace)、一些造船厂、英国利兰的剩余部分和一些核研究被出售。下一届议会的情况有所变化,私有化成为尝试建立大众股权制大众资本主义(popular capitalism)和一个经济复苏、充满活力的英国的重中之重。英国电信于1984年被出售,英国煤气(British Gas)于1986年被出售。劳斯莱斯(Rolls Royce)、英国钢铁(British Steel)和英国航空紧随其后,然后是1991年的国有自来水公司和电力公司。1994年英国铁路(British Rail)私有化几乎是后知后觉。

在该时期的大部分时间里担任财政大臣的尼格尔·劳森认为,所筹集的资金固然绝对是喜人的,但对于增加股份所有权和提高生产力的关键目标而言始终是次要的。通过使人们有机会以压至最低的价格购买新完成私有化的公司股份来扩大股份所有权，充其量只是取得了成败参半的结果。个人股东的数量确实从1979年的约300万增加到1991年的1 000万，但大多数人并不是为了长期持有。相反他们赚了快钱，早早卖掉了股份。

将英国钢铁或英国航空等公司从国有转为私有相对简单，但将英国煤气或英国电信等垄断性生产企业私有化则比较棘手。在这里，政府不仅要尝试改变所有权，而且基本上要从头开始创造整个市场。新的监管机构必须监督公用事业市场，以防止私营部门的所有者坑害消费者。最初的方法被称为RPI-X规制，RPI代表零售物价指数（Retail Price Index），是当时最常见的消费者通胀衡量标准。这些新公司被给定了一个公式，例如RPI-2%，并且只被允许每年据此提价。因此，如果RPI通胀率为5%，那么RPI-2%的公司将只被允许将自己的收费提高3%。这既可以保护消费者，又可以激励企业降低其成本基础并提高生产率。

但它是否提高了生产率？写于21世纪初的英国私有化正史恰恰对这个问题避而不谈，以一句"不好判断"下了定论。要把所有权的变更与当时更广泛的经济变革区分开来确实是一件棘手的事情。20世纪90年代私有化后的公用事业的生产率肯定高于20世纪80年代，但这在很大程度上反映的是从索引卡片和纸质档案系统到计算机数据库和更现代的信息技术的变化。私有化解决的一个核心问题是，关于定价和投资计划的决定将不再和政客掺合在一起。虽然从理论上讲，上调电价从而为新发电站筹措资金是一项直截了当的选择，但在现实中，政客们不愿被视作是在抬高账单。私有化为公用事业腾出了活动空间，使其对市场力量嗅觉更加敏锐、反应更加灵敏。政治不再是拦路虎。

新实行私营的公司在服务质量没有明显下降的情况下大幅裁员。在几十年的国有体制中，许多企业已经变得人浮于事，有些臃肿，政府发现直接裁员很困难。股东们则没有这种顾虑。

当然，如果工会运动像20世纪70年代那样强大的话，这些裁员几乎是不可能实现的。在1972年，罢工的电力工人可以让电灯熄灭，但到了90年代初，新的私营公用事业企业已经裁减了大约20%的劳动力，而工会却无力阻止。

从维多利亚时代晚期开始缓慢崛起的工会力量在20世纪80年代受到决定性的打击。原始数字不言自明：1979年，52%的就业人员是工会会员，但到1990年仅存37%，到1997年低于30%。任何关于进行三方谈判、与"产业双方"对话或尝试社团主义的言论都被摒弃了。

高失业率削弱了劳工的议价能力,向来都是如此,但1980年至1993年间通过的六项工会立法强化了这一宏观经济因素,这些法案禁止间接罢工(指为了支持另一个工会,而不是直接涉及特定公司的工人的罢工),限制纠察行动,要求在采取行动前进行投票,并改革工会治理。并在1990年取缔了只雇用工会会员的排外性雇佣制企业(closed shop)。总的来说,这些措施对工会的规定比爱德华时代以来提出的任何措施都要严厉。

工会当然进行了反击,但当时备受瞩目的斗争通常以政府的胜利而告终。1984—1985年的英国矿工罢工是关键的转折点。全国矿工联合会是曾在20世纪70年代两次击败希思政府的英国左派的突击队。撒切尔政府计划关闭20座煤矿并裁撤20 000个工作岗位,这促使全国矿工联合会采取行动,但政府做好了准备:已储备大量煤炭以防止重蹈20世纪70年代的覆辙。全国矿工联合会性情急躁的领袖阿瑟·斯卡吉尔(Arthur Scargill)在春季煤炭需求量较小的时候开始罢工,这正中了政府的下怀,而且至关重要的是,在发动行动之前没有进行投票,因此违反了新的工会法。

争端持续了一年,纠察线上的矿工和警察之间发生了广泛的冲突,而这些警力往往是从英国其他地区调派到煤场的。争端的持续时间之长以及政府采取的法律行动使全国矿

第15章 逆向革命

工联合会的资金趋于枯竭,并导致罢工费用在1985年1月消耗殆尽。到1985年3月全国矿工联合会正式接受其失败时,许多矿工早已开始零零散散返回工作。如果全国矿工联合会可以被击败,那么任何工会都可以,雇主们也注意到了这一点。

除了对工会的限制外,劳动法也全面放宽,解雇员工变得更容易,员工更难诉诸就业法庭,雇主也更偏向于使用临时合同。20世纪70年代,左派和右派的经济学家都曾写到了英国企业的利润夹挤问题。这种忧虑在80年代消失了。英国劳工的议价能力被严重削弱。

伦敦金融城在20世纪60年代就开始重返其在全球的地位,但随着资本管制的取消和行业监管的放松,它在20世纪80年代真正腾飞了。1986年的"金融大爆炸"(Big Bang)见证了金融城的广泛自由化,在其间迈出了从老式的证券交易所场内喊价交易转向电子化案头交易跨度更广的一步。伦敦证券交易所传统上将经纪商(brokers)和交易商(jobbers)进行了分工,前者为公众买卖股票,后者作为做市商从经纪商处买进和卖出。"金融大爆炸"使这两种类型的机构既能相互合并,也能被银行等其他金融部门参与者收购。它迅速开启了一系列以前规模较小的公司之间的耦合,以及老牌商人银行和一些商业银行进入现代全方位服务的投资银行的序幕。外国公司首次获准拥有涉足英国股市的上市企业,吸引了美国和欧洲的大银行进驻伦敦。交易量从1985年占所有上市股票价值的50%左右飙升到1990年的90%,同期在交易所上市的公司价值增长了约25%。私有化以及处理私有化过程中赚取的丰厚费用,是对金融部门的又一推动力。金融工作的回报和参与人数都在增加,其规模是金融城本身再无法容纳的。金融机构纷纷涌入金丝雀码头(Canary Wharf)和狗岛(Isle of Dogs)附近的旧码头区。1982年,受雇于金融业的从业者不到90万,而到1992年已超过110万。

该部门薪酬的飙升部分反映了生产率的急剧提高,这与计算机和通信技术的革命以及更加开放的全球市场和英国国内放松管制所提供的契机有很大关系。金融部门对经济总产出的贡献从3.5%左右上升到5%。从事后30年的现在看,尚不清楚金融服务业看似不断增长的财富中有多少反映了真正的创新,又有多少仅仅是经济租金的攫取。在资本筹集和国际金融方面,跨国企业可获得的服务与20世纪10年代提供的服务是否有根本性的不同?款项流动确实更快了,但筹集和管理资本等更多核心工作保持不变。

在撒切尔夫人和梅杰施政期间,个人所得税和公司税被一再削减。个人所得税的最高税率由1979年的83%下浮到

1980年的60%，在1988年降至40%，并在20年内保持不变。基础税率从保守党上台时的33%削减至其离任时的24%。公司税的标准税率在1979年为52%，到1997年则为31%。在此之前与之后，都未曾见到任何一届政府如此大刀阔斧地削减税收。

然而，局面比税收总体上下降要更为微妙。在本届政府执政的第一年，增值税几乎翻了一番，从8%提高到15%，然后在20世纪90年代再次提高到17.5%。正在发生的部分情况是从对收入累进征收直接税转向对支出征收间接税，尽管从增值税中获得的额外收入并不能完全填补因减税而造成的收入空缺。

在保守党执政的岁月里，税收占国内生产总值的比例一直在40%左右徘徊。该目标是如何在对个人和企业的征税大幅削减的情况下实现的这一谜团可以通过把视线转向北海来找到答案。20世纪60年代末人们在那里发现了原油，但直到70年代末（相当不幸地错过了1973—1975年的价格高峰）才真正开始投入生产。到1979年，英国的日产量约为150万桶，到1988年增加到270万桶以上。这种"黑色黄金"所带来的税收收入非常可观，在20世纪80年代中期达到每年约120亿英镑的顶峰，是一份占英国税收总额的8%的额外收获。英国政府每12英镑收入就有1英镑直接来自北海。挪威利用其石油富矿建立了一个主权财富基金，该基金现在是世界上最大的资产池之一；英国则利用该收入削减公司税和个税。

撒切尔夫人在削减政府规模方面说得头头是道，但其中大部分都是夸夸其谈。1990年，政府支出占国内生产总值的比例略低于40%，与70年代中期的44%相差无几。尽管公共部门的就业人数从70年代占所有职工的近27%减少到1990年的22%，但这种下降几乎完全来自国有工业企业的出售。地方政府劳动力确实略有缩减，但中央政府文官队伍实际上有所增长。事实上，在1973年至1990年，政府在商品、服务和人员方面的支出实际上有所上升，从占国内生产总值的18%上升到22%。但福利实质性的削减（如将救济金与收入增长脱钩）致使政府转移支付从占国内生产总值的16%下降到13%。与税收一样，大体的情况更多的是优先事项的转移，而不是形式的彻底改变。

20世纪80年代更持久的变化之一在于住房政策。到1979年，英国已经坚定地走上了成为产权所有者国家之路，但在20世纪80年代，这一趋势变得更加迅猛。1980年的《住房法》（*Housing Act*）规定，在其住房中居住超过三年的公共住房租户有权以折扣价从地方政府购买所住公房。正如负责该法案的大臣后来指出的那样，"没有任何一项立法能够将如此多的资本财富从国家转移到人民手中"。大约600万人有机会以市场价格平均六折以下的折扣购买住房，其中三分之一以上的人买了。抵押贷款市场进一步放松管制，更多的买家能够使自己置身于住房阶梯的第一级。1980年至2000年，居住在社会提供的住所中的家庭比例从30%左右下降到20%，而自置居所的比例从55%上升到接近70%。

使"黑色星期三"成为梅杰政府的政治灾难的一个因素是，利率在一天内增加5个百分点，在这个抵押贷款国家，这是一件格外牵动民心的事。

房价在20世纪80年代翻了一番多，尽管在90年代初的高利率和高失业率夹击下急剧下降，但到1997年仍然是1980年水平的2.2倍左右。持续的房价通胀似乎会长期存在。20世纪80年代和90年代的政府热衷于谈论他们的结构改革议程，以及与既得利益集团交锋——当所牵涉的利益为有组织的劳工时——的英勇表现。当事关房主时，他们那点勇气仿佛就丧失殆尽了。可以追溯至20世纪50年代的绿带政策（Green Belt）是一系列旨在遏制城市蔓延长势的规划限制，在20世纪80年代末和90年代的住房和规划法案中并无改动。整个规划体系使现有居民保有很大的权力以抵制他们街区的新开发。实际上，现有房主过去曾经有能力，并且大部分现今依然有能力阻止会损害其自身资产价格的新供应。人们可能会天真地以为，这正是自由市场政府会解决的那类问题。

与20世纪70年代和60年代相比，80年代和90年代的失业率持续走高，实际工资增长持续疲软。宏观经济表现的"萧条—繁荣—萧条"模式归纳了80年代初到90年代初这一时期的特征，几乎没有对旧有的"停停走走"模式进行任何改进。但到了90年代，通货膨胀似乎终于被驯服。更重要的是，英国显然成为一个更具活力和竞争力的经济体。人均收入相对于西欧而言的下降似乎已经结束。就每小时实际工作产出而言，英国的生产率仍然远低于法国或德国，但情况至少没有变得更糟。几乎没有国际观察员再谈及某种英国病。事实上，现在全球都非常欢迎英国官员和专家来探讨如何扭转经济形势。阻碍20世纪40年代至70年代经济表现缺乏竞争的局面已经结束。在许多情况下，工会否决权的终止使得新技术的引进更为迅速，从而使企业能够裁汰生产率更低的工人。

但所有的积极变化都伴随着其后果。劳工议价能力的削弱和累进税率的大幅削减导致了不平等的显著增加。衡量收入分配不公平程度的标准基尼系数在20世纪80年代上升了40%。收入最高的10%的人群的收入份额从1979年的27%增加到1997年的35%，而收入最高的1%的人群的收入份额从7%增加到12%。这不足为奇，自工业革命以来任一十年中最大程度的所得税削减都伴随着自工业革命以来任一十年中最大程度的不平等加剧。贫困率——被定义为靠低于中位数工资的三分之二生活的人口百分比——在20世纪80年代期间从不到10%翻倍至超过20%。

这些全国性变化的区域影响也大相径庭。随着新兴服务业集聚的伦敦较大的东南地区开始再一次与英国其他地区拉开差距，伦敦战后长期的人口下降在20世纪80年代初得到扭转。

高利率、20世纪80年代初英镑被高估的币值以及80年代初和90年代的经济衰退严重削弱了英国制造业。该部门的就业人数从1979年的660万人下降到1997年的440万人。"去工业化"一词进入英国经济词典时，恰巧"衰退"刚刚离开。

就像20世纪30年代或战后岁月一样，趋异的部门表现留下了不同的区域影响。到1997年，英格兰东南的人均国内生产总值比全国平均水平高出约10%，但英格兰东北、北爱尔兰和威尔士的人均国内生产总值比全国平均水平低20%，约克郡与曾经一度繁荣的西米德兰则比全国平均水平低约10%。

这些不同的部门表现也对劳动力市场产生了性别上的

影响。16~64岁男性的就业率从1979年的87%下降到1990年的82%、1997年的78%。但同龄女性的就业率却在上升，从保守党上台时的57%上升到1990年的63%、1997年的64%。男女就业差距正在急剧缩小。

英国的老工业中心地带对撒切尔夫人时代的看法与伦敦周围各郡有些不同。然而，就像联合政府一样，撒切尔政府和梅杰政府证实了高失业率并不是连任的阻碍。1983年的压倒性胜利也许可以用福克兰群岛（马尔维纳斯群岛）战争的胜利、反对派的分裂和工党进一步向左转等综合因素来加以解释。但1987年和1992年的胜利各自都是他们实打实以自己的方式取得的。

保守党在整个时期独揽了中产阶级的投票，这对于一个正在攻克通货膨胀、削减税收并使工会摆正位置的政党来说是应得的。但保守党选民的联盟基础比这更广泛。

喜剧演员哈里·恩菲尔德（Harry Enfield）在20世纪80年代的荧幕形象"钱多多"（Loadsamoney）是撒切尔联盟中新势力的一个有参考价值的案例。这是物质至上的80年代文化下一个挥舞着大把现金的滑稽形象，他不是股票经纪人或银行家，而是油漆工和粉刷匠。在全国广大地区，减税和购房权（right to buy）为保守党赢得了工人阶级的朋友。虽然政府被大幅削弱，但其最珍视的财富（如国民医疗服务体系）仍在继续（尽管有削减）。保守党挥舞着米字旗的躁动的爱国主义当然有助于争取一些选票，但任何将工人阶级对保守党的投票归因于某种形式的"虚假意识"（false consciousness）的分析（正如工党左派中的一些人惯常沉溺其中的那样）都是非常不着调的。对许多工人阶级选民来说，投票给保守党似乎符合其自身的经济利益。

布雷顿森林体系的瓦解和全球资本市场的重新开放，最终必然会帮助英国重新着眼于更进一步的经济开放，正如20世纪70年代初加入欧洲经济共同体那样。但撒切尔政府以一种新的活力拥抱这些变化。冷战的结束和对西方公司开放的全新市场只是点燃了另一根引线。外国投资者在英国受到欢迎，只要他们携款而来。对内投资从70年代末占国内生产总值的1%左右上升到80年代末的近3%。进口也增加了，尤其是来自欧洲的进口。随着旧的英国汽车工业逐渐消亡，由日本人引领的新的汽车工业出现了。英国新近灵活的劳动力市场和西欧市场准入吸引了日产汽车（Nissan）公司于1984年在桑德兰（Sunderland）开设工厂，丰田汽车公司和本田汽车公司紧随其后。到20世纪90年代，伦敦金融城再次成为首屈一指的全球金融中心，尽管头部公司中鲜有英国公司。官方态度已经发生了转变——眼下似乎所有权不如所在地那般重要。英国经济正变得类似于温布尔登网球锦标赛：在英国本土举办，但由外国人主导。

在英国转身投入市场自由主义怀抱的18年后，情况发生了很大变化。政府已经从以前的许多角色中跳脱出来，经济政策试图实现的目标是什么这一概念本身也已经发生了转变。充分就业似乎不再是人们所期望的结果。福利国家不再那么慷慨，但所得税却持续降低。竞争回来了，经济活力增强了。该国的全球声誉得到了扭转。英国资本主义的性质似乎已经发生了变化，尽管到1997年，人们对当时存在于英国的资本主义究竟有多少是"英国"的产生了疑问。

撒切尔夫人和她的继任者已经实现了他们为自己设定的许多目标：到1997年，英国不再受到高通胀或永无止境的危机感的困扰。但政府已是强弩之末。对更高质量的公共服务——尤其是卫生和教育——的呼声开始压倒进一步减税的诉求。政府胸无大志使其迷失方向，政治丑闻的指控使其声名狼藉，英国与当时已成为欧盟的国际组织的关系问题更使其产生了分歧。在保守党已执政18年以后，工党在1997年取得了压倒性的胜利。但这将是与过去相比，截然不同的一届工党政府。

第16章 新的曙光，美好十年

工党永远不会喜欢托尼·布莱尔，但到20世纪90年代中期，比起由他领导，党员们更不喜欢输掉大选。很难想象他能在该党没有被连续击败4次的世界里成为领袖。至少可以说，20世纪80年代对英国左派来说并不是特别乐在其中的十年。当撒切尔夫人的政府在缩小政府的边界时，工党将大把时间都耗费在了与自身抗衡上。该党在1979年大选失势后急剧转向党内左派道路。卡拉汉政府毕竟已经失败，所以经济政策现在更多地受到本恩的"更替性战略"，而不是1974—1979年的记录的推动。尼尔·金诺克（Neil Kinnock）试图玩弄哈罗德·威尔逊的旧把戏，即从党内左派中当选，但慢慢将其推向政治中间派——其结果注定成败参半。在此过程中，围绕社会主义的含义、意识形态的愿景在多大程度上必须向选举现实妥协以及从年度会议的权力到领袖的产生方式的党内规则等方面爆发了激烈的内部斗争。党内左派对领导层本能的不信任源于20世纪70年代末，当时党内精英似乎更乐于听取国际货币基金组织官员和财政部官僚，而不是工会领袖和工党全国执行委员会（National Executive Committee）成员的意见。基层希望对政治家有更多的控制权，而政治家们并不热衷于向前者交出控制权。最后，在1992年的第4次失败后，该党确定由约翰·史密斯（John Smith）接任党领袖，他是一位称职的前影子内阁财政大臣，而且在很大程度上，走了威尔逊那条社会民主主义中间派道路。只有在他过早去世后，托尼·布莱尔才迎来了属于他的机会。

1997年至2010年的布莱尔—布朗政府在他们从撒切尔夫人和梅杰那里继承下来的框架内工作。简略来看，变化将至。20世纪90年代中期，布莱尔曾谈论"利益相关者经济"（stakeholder economy），并怀揣着对德国的莱茵河资本主义（Rhine capitalism）和社会市场经济的钦佩在经济学作家威尔·赫顿（Will Hutton）的著作中取经。但最终，真正关键的模式是在大西洋彼岸而不是英吉利海峡对岸找到的。"新工党"的许多思想家，尤其是经济政策方面的思想家，都曾在美国度过一段时光。克林顿的总统任期加上宏观经济理论的最新发展被证明比欧洲大陆上发生的任何事情都更具有蓝图的意义。

20世纪80年代和90年代的工会法并未被撤回，工会会员人数持续下降。私有化进程也没有被扭转。所得税的最高税率直到2008年的危机才被削减，基本税率被进一步削减到20%，是近一个世纪以来的最低水平。充分就业并没有取代稳定的通货膨胀成为经济政策的目标，在许多方面，撒切尔夫人的范式转换得以保留。

但是,把布莱尔和布朗仅仅看作"撒切尔夫人的继承人",却是见木不见林。他们的政府旨在实现一种微妙的平衡,即在可能的情况下实现渐进式的变革,同时又不至于让半神秘的英格兰中产选民们过于惊恐。以基尼系数衡量的不平等现象并没有减少,但其上升势头得到了遏制。通过政府支出对症下药,贫困现象——特别是儿童贫困和退休人员贫困——减少了。英国在1998年落实了第一个全国最低工资标准。布朗在财政部任职期间发展起来的税收抵免制度(tax credits system)——其灵感(当然)来自美国的一项创新:收入所得税抵免(earned income tax credit)——为低收入者和有孩子的人的工资提供额外补贴。在经历了近两个十年的紧缩之后,卫生和教育方面的公共支出有所增加。国民医疗服务体系的等待名单减少了,整个公共部门的薪酬也增加了。自第一次世界大战前以来,英国还从未产生一个连任两届或两届以上的非保守党政府,但工党现在连续赢得了三次选举。

在1997年到2010年,人们确信经济学家在掌控大局。当时的信条在很大程度上属于"四两拨千斤",也就是仅在存在明显"市场缺陷"——市场有效运作的结构性障碍——的情况下干预微观经济政策。受到青睐的干预措施正是领先经济期刊中所推荐的那些：有效行使反垄断政策以挑战市场支配力，补贴研究与发展项目，以及关注改善人力资本。由于当局更有能力去调查垄断者，竞争政策的力度得以加码，私有化公用事业的监管机构的职权也得以增强。

没有比政府所采用的宏观经济框架更能体现最新经济思想的影响的地方了。自20世纪70年代以来，宏观经济学术界一直在就管理经济的规则和相机抉择孰优孰劣进行辩论。到了80年代，广泛的共识是建立在把控制通货膨胀这项差事交予独立的中央银行的优势之上。人们认为，这样的银行——例如美联储或德意志银行——如果被赋予货币政策控制权并设定通胀目标，或将是一个比民选政府更可信的行为体。政府在制定总体宏观经济政策时，总是有动机去关注选民的意见。学者们担心政客在选举前可能往往会受到选民意见的影响而将政策稍放宽松，这一点在英国50年代到80年代的经验中得到了证实。在理论上，赋予一个不受公众压力左右的独立机构制定利率的权力，将有助于通过影响预期来控制通货膨胀。如果企业、工资谈判者和金融市场都相信央行已准备好在必要时提高利率以保持低通胀，他们就会根据通胀率确实会保持在低水平的假设来行事。一个独立的中央银行有权提高利率这一事实意味着在实践中可降低必要利率上调的频率。

在退出欧洲汇率机制之后，英国于20世纪90年代初设定了一个通胀目标值，1997年，英格兰银行在操作上独立于政府，并被授权达到该目标值。利率和更广泛的货币政策由九人货币政策委员会（Monetary Policy Committee, MPC）而非财政大臣决定。1997年采用的更广泛的宏观框架可以被视为一种"受约束的相机抉择"（constrained discretion）：政府有能力采取行动，但在大多数情况下选择作壁上观。新独立的英格兰银行将对管理商业周期负有主要责任，其首要职责是确保平稳的通货膨胀。财政政策受制于"黄金法则"（golden rule），即将政府债务占国内生产总值的比例稳定在40%或更低，并在经济周期过程中平衡预算。旧的"巴茨克尔式"解决方案已经被颠覆：货币政策现在将日常管理经济，而财政政策则关注政府债务的管理。政府自己的经济议程将侧重于长期增长的供给侧驱动因素：促进竞争、激励投资和改善人力资本。欧盟单一市场的成员资格对政策施加了进一步的限制：为了确保整个经济集团的公平竞争，对公司的补贴和有利于国内公司而非欧洲公司的政策都被取缔。

正如一位时任财政部高级官员后来指出的那样，整个布局对于研究英国经济史的学生来说是出奇的熟悉。欧盟成员国身份、独立的英格兰银行控制利率并以通胀为目标，以及政府预算的黄金法则，该组合在很多方面都类似大战前英国

第16章 新的曙光，美好十年

的"防滥用"系统。从布朗于财政部推行的政策中可以看到不止一处老劳合·乔治国内改革议程的影子。

自从新的框架落实到位后，时间已经过去了十年，其间还进行了两次大选，事情似乎确实进展得非常顺利。与20世纪90年代初和80年代的动荡、70年代的危机以及60年代和50年代的"停停走走"的失望对比鲜明。工党2005年竞选连任海报给全国大部分地区贴上了干巴巴的经济统计数据——两个世纪以来持续时间最长的经济增长、50年以来的最低利率以及40年来的最高就业率。几乎没有战后政府看起来有这么多值得夸耀的东西。

1992年开始的发展将持续15年之久。通货膨胀保持难能可贵的稳定，失业率继续下降，生产率增长势头是在截至2007年的10年中所有主要发达经济体中最为强劲的。戈登·布朗（Gordon Brown）在一份他日后会后悔的声明中宣布，"繁荣与萧条"已经被废止了。他并不是唯一一个情绪高涨的决策者。时任英格兰银行行长的默文·金（Mervyn King）为纪念英格兰银行独立十年，发表了一篇演讲回顾他为其命名的"美好十年"，这里的"美好"（nice）来自"非通货膨胀（Non-Inflationary）、持续增长（Continuous Expansion）"的首字母缩写，作为经济学的双关语还不错。

困扰了决策层三十年或更长时间的通货膨胀，到20世纪90年代末和21世纪初，似乎不再是宏观政策的唯一主要问题，甚至不再是一个主要问题，关于这一点有几种理论可以解释。央行官员们最热衷的解释往往是，政策制定变得更加有效，那是在说政策制定被委派给了他们才会更加有效。当然，利率设定中直接政治影响的消除，以及与财政大臣相比中央银行行长在金融市场中具有更高的可信度都起到了一定作用。与20世纪80年代的货币控制试验相反，通货膨胀目标制使货币政策工具与明确的目标保持一致，并允许他们本着无私的技术官僚式管理精神继续执行下去。但这并非故事的全貌。20世纪80年代和90年代初，以失业为高昂代价进行的劳动力市场结构改革也是一个重要因素。工会力量的瓦解意味着重现20世纪70年代自行维持的工资—价格螺旋（wage-price spiral）可能性微乎其微。与更具有针对性的政策制定和国内劳动力变化同样重要的是英国经济的再全球化（爱德华时代的又一次重现）。紧跟在贯穿20世纪80年代和90年代欧洲单一市场的不断深化之后的是冷战的结束和中国进入全球经济。在这二十年间，西方资本可用的劳动力储备基本上翻了一番。和它在现代全球化的第一波大浪潮时一样，英国走在了第二波浪潮的前列。进口占国民收入的比重从1990年的20%左右上升到2008年的近30%。所有这些都起到了抑制通货膨胀的作用。

第16章 新的曙光，美好十年

高街商店玛莎百货（Marks & Spencer）可能是英国在20世纪末10年和21世纪前10年所经历变化的标志性案例。迟至1995年，在其所销售的略显过时的服饰中，仍有约75%自豪地标有"英国制造"的标签。但在20世纪90年代后期，它做出了将生产外包给低成本国家的决定。到2005年，英国制造的服饰比例降至20%以下，英国纺织业失去了约30 000个工作岗位。对消费者而言，这意味着更廉价的商品；而对整个国家而言，这意味着大幅降低通胀。全球化正在降低物价，重要的是，公司可以在劳动力未转移至英国本土的情况下从廉价劳动力中获益。

尽管出现了互联网的繁荣与萧条以及1997年亚洲金融危机等严重波折，但20世纪90年代和21世纪头十年的全球经济总的来说比20世纪70年代或80年代更为良性。亚洲新兴经济体的快速增长助力加快全球国内生产总值增长步伐。好运气加上好构思在新工党的早期成功中发挥了重要作用。

但是，尽管国内生产总值、就业率、通货膨胀率和生产率等传统变量都表明，在2007年之前的十年里，英国经济出现了某种奇迹，但在表面之下，一切都不太尽如人意。虽然当时很少有人注意到，但宏观经济的主体增长和典型工人的实际真实收入之间已经出现了某种脱节。实际工资中位数，即位于收入分布中间的人扣除通货膨胀因素后的收入，在21世纪头十年开始放缓。从2003年到2008年，实际工资中位数停滞了五年，即使国内生产总值增长了约11%。20世纪80年代放宽对劳动力市场的管制提高了21世纪前的就业率，但也再现了一个低薪工作的往日世界。约有五分之一的工人的收入不到工资中位数的三分之二，而在西欧大部分地区这一比例则接近十分之一。虽然最低工资为薪酬设定了一个底线，但它仍然是一个相当低的底线。在工会仍然比较强大的部门，如交通运输业，工资增长往往更为强劲。事实上，到了21世纪头十年中期，有能力通过罢工创造出小报所称的"通勤者地狱"的运输工人，似乎成了私营部门中工会力量的最后堡垒之一。

人们普遍未能注意到收入中位数日益停滞的一个原因是忽视了信贷对缺口的填补。英国自由化的银行系统十分乐意填补工资留下的缺口。到21世纪头十年中期，消费信贷的年增长率超过10%。如果资金流枯竭或利率飙升，杠杆化程度越来越高的家庭资产负债表将面临风险。危险的重头戏正在住房市场上演。从1997年到2007年，房价上涨了一倍多。房价从20世纪90年代中期平均收入的四倍多一点上升到2007年的平均收入的八倍多。自第一次世界大战以来一直在上升的市场上的自住业主份额于2003年达到了71%的峰值。对于那些在 20 世纪 90 年代经济繁荣之前购房的人来说，21 世纪头十年的房价起到了刺激信心和消费的作用。

20 世纪 90 年代末至 21 世纪 00 年代末，英国出现了信贷繁荣（credit boom）。十年来，家庭和非金融企业的贷款总额从占国内生产总值的 170% 左右上升到 230% 以上，这是英国有史以来私人债务的最快增长。

充斥着泡沫的资产市场帮助填充了财政部的金库，因为活跃的房屋市场提振了印花税收入，金融部门的奖金和利润增加了所得税和公司税的税收金额。但是，在 2007 年危机发生前的最后四年里，政府债务与国内生产总值的比率开始上升。戈登·布朗早年在财政部工作的时候——用他自己偏好的说法——是以审慎为标志的。在议会的头两年，工党一直坚持保守党的支出计划，即使支出在 2000 年后开始增加，也不情愿提高主要税率以保持步调一致。2001 年，国民保险有所上调，款项被定向用于国民医疗服务体系，但这是唯一的例外，也印证了该规则。更高的税收似乎明显带有"老工党"的气息，布莱尔或布朗都不想与之联系在一起。他们准确判断出，公众相当喜欢更高的政府支出，但并不热衷于为此买单。政府债务占国内生产总值的比例从世纪之交的 30% 左右逐年上升至 2007—2008 年度的 40%，当然，仍然低于 20 世纪的大部分时间。

政府在一定程度上推动了区域政策，以缩小在20世纪80年代和90年代显露的地区表现的差距。新的区域发展机构（Regional Development Agencies）已经成立，但其在全国范围内的影响各不相同。属于区域增长倡议的预算从未赶上20世纪60年代或70年代的水平，政策方针也前后不一。伦敦蓬勃发展的金融服务业充当了帮助拉动首都及其周边地区进一步发展的原动力。

从20世纪90年代末到2007年，新工党政治经济学的基本构件运作良好——相对放手的宏观经济管理办法和对金融城的灵活监管似乎正在创造一个强健而稳定的经济，外加可以被用于扶贫措施的税收收入。低收入者和社会最底层受益于最低工资、税收抵免和核心公共服务支出的大幅增加。公共部门工作者的薪资有了很大的实际增长。高收入者的边际税率未被提高。任何来自中等收入者的不满情绪都被不断攀升的信贷额所掩盖。

但这场博弈只有在金融市场没有传导严重冲击的情况下才能继续进行，而在2007年金融市场确实传导了冲击。

英国并不是唯一经历信贷繁荣的国家，美国和南欧已经享受了本国的热潮。金融监管机构都已经变得太过自满，在英国和海外均是如此。就在2007年和2008年，许多之前被誉为金融创新的产品都被揭露出来根本就不是那么回事。

在美国，信贷繁荣的高潮见证了被称为次级抵押贷款（subprime mortgages）——对其更贴切的理解为"提供给那些不足以真正负担抵押贷款的人的抵押贷款"——的显著增长。促成这种繁荣的原因是所谓的"发起—分销"（originate and disseminate）的贷款模式的扩张。传统的抵押贷款是由银行发放给一户家庭，然后在其资产负债表上保留，直到贷款被偿清或违约，但情况已非如此。银行可以发起抵押贷款，然后将其出售给金融部门的其他某些部分。此时此刻，略施一点魔法，就能将个人抵押贷款切割拆分成新的证券。以佛罗里达州（Florida）房产为抵押的次级贷款组合可以加入一些来自中西部（MidWest）和少量来自西海岸（West Coast）的次贷。从理论上讲，由此产生的复合债券应该比其各部分的总和更安全。当然，一些个人抵押贷款持有人可能会违约，但每个个人借款人只是整个组合产品的一小部分。到21世纪头十年中期，建立在次级贷款上的住房抵押贷款债券（mortgage-backed bond）经常被评为最高信用评级AAA级。这个理论是优雅的，它通过将违约风险从个体贷款机构转移到那些能够更好地管理它的机构身上来积极减少金融部门的风险的概念也是如此。纵使很优雅，但这个理论也被证明是完全错误的。

如果整个美国房价开始下跌，就像2006年那样，那么次贷借款人违约的动机将在同一时间内增强。贷款组合的价值可能甚至低于其各个部分的总和。而且，由于风险在理论上已经被分散到整个金融系统中，因此没有人知道它在任何特定时间的确切位置。到 2007 年夏天，银行、保险公司和资产管理公司面面相觑，互相猜疑，试图判断他们的交易对手是否会成为下一个爆雷的机构。信任荡然无存，即使是短期借款的利率也骤升了。由于信贷依赖型公司倒闭，家庭纷纷缩减支出，整体信贷增长陷入倒退，对经济产生实际影响。

在英国，首当其冲的受害者是北岩银行（Northern Rock）。这家总部位于纽卡斯尔（Newcastle）的贷款机构在 20 世纪 90 年代初之前一直是一个相当冷清的地方性建房互助会，直到它摇身一变转型为银行，并以在英国几乎无可匹敌的魄力抓住了"发起—分销"模式带来的机遇。到 2007 年，它负责了英国大约五分之一的新抵押贷款业务，其中一些是以 130% 的贷款价值比提供的（也被称为"首日资产负值"）。尽管只有数十家分行构成的网络和较小的存款基数，但它确实这样做了。该银行通过在货币市场上的短期借款和将其贷款出售给一个被狡猾地命名为"花岗岩"（Granite，一种北方岩石）的特殊用途工具（special purpose vehicle）来为自己提供资金。从根本上说，它的业务依赖于在短期内以低廉的价格借贷来为更有利可图、更长期限的贷款提供资金。当短期利率飙升时，这种模式就失效了。到 2007 年 9 月，北岩银行从英格兰银行获得紧急注资（以其资产作担保）。BBC 获悉了这一进展，并在《十点新闻》中进行了报道。第二天，储户们争先恐后地提取现金。在这一点上，在过去的好日子里帮助保持低成本的小型分行网络成了一个严重的问题：争先恐后之下，很快排满长队。没有什么比电视上其他人排队提款的画面更让存款持有人紧张的事情了。英国很快出现了自 19 世纪 60 年代以来的首次银行零售存款挤兑事件。该公司于 2008 年 2 月被国有化。

十多年后的今天，人们仍然倾向于将 2008 年 9 月美国投资银行雷曼兄弟（Lehman Brothers）的破产与全球经济衰退——如今通常被称为经济大衰退（Great Recession）——的爆发混为一谈。但这是将经济衰退的后果误认为其前因。2007 年全球货币市场的冻结和信贷紧缩足以使英国、美国和欧洲大部分地区在 2008 年初滑向经济衰退。衰退随后带来了更严重的金融压力，导致了 2008 年年末一轮更大范围的银行破产。

到雷曼兄弟破产时，英国已经陷入了两个季度的经济衰退，失业率已经上升了约 1 个百分点至略低于 6%。虽然英国当局在某种程度上面对金融危机措手不及，但他们后来制定了有助于结束危机的解决方案。在2007年的大部分时间和2008年年初至2008年中期，全球政策制定者将金融市场上发生的事情视为流动性问题而非偿付能力问题。他们认为问题出在缺乏可即时动用的资金，这可以通过中央银行自由放贷（以抵押品作为交换）来解决，就像对北岩银行所做的尝试一样。到2008年9月，财政部和英格兰银行已经意识到流动性问题（理论上是暂时的现金流问题）和偿付能力问题（即负债总价值超过资产总价值）之间的区别在严重的危机面前是无关紧要的。随着相互信任的崩塌，金融机构相互收回贷款，迫使许多机构同时试图出售极为相似的资产——这压低了这些资产的价格，导致由于资产负债表的恶化而出现进一步的还款要求。为了打破该循环，政府着手于一项资本结构调整计划，欧洲和美国最终也将效仿。除从中央银行扩展流动性的特别措施外，政府给了银行两个选项：要么银行私下筹集新的资金，以改善其资产负债表并建立信心，要么政府将注入自己的资金，以换取企业的股份。几周之内，政府就持有了苏格兰皇家银行（Royal Bank of Scotland）和新合并的劳埃德－哈利法克斯苏格兰银行集团（Lloyds-Halifax Bank of Scotland Group）的大量股份。始于2007年的金融危机到2009年年初逐渐消退，但经济危机才刚刚开始。

许多人迅速指出，近三十年来，那时的政府一直在争辩说，其角色不是为私营部门公司纾困。当英国利兰在20世纪80年代或其后继机构罗孚（Rover）在21世纪初需要现金时，政府无动于衷，任其破产。尽管如此，当劳埃德或苏格兰皇家银行需要它时，这笔钱出现了。关键的区别在于，正如雷曼兄弟的破产所印证的那样，银行倒闭将导致更大的连锁效应风险，因为储蓄流失，货币供应收缩。这在经济上可能属实，但对于那些在2008年和2009年没有等来政府慷慨解囊继而破产的公司员工来说，这并不能给他们带来多少安慰。新近得到公共扶持的金融部门未能迅速严格限制薪酬，给人们留下了银行家造成了这场危机，却没有被问责的印象。

自2007年起担任首相的戈登·布朗大力促成了为人熟知的二十国集团（G20）的建立，这是一个由主要经济体组成的，其中包括阿根廷和土耳其，但西班牙和荷兰这些更大的经济体被排除在外，只能以欧盟成员国的身份参与。二十国集团的构想是统筹财政刺激措施，确保世界不会像1929年时那样应对这场金融危机——转向贸易保护主义并试图实现本国自给自足。

英国财政政策作为积极需求管理的角色被束之高阁还没几年，如今又被加强了。增值税从之前的15%削减至

12.5%，资本支出被提到台前，并采取了各种较小的刺激措施（例如"旧车换现金"计划，该计划为任何置换旧车的车主提供补贴）以试图提振需求。政府赤字从2006—2007年度占国内生产总值的2.9%跃升至2007—2008年度的7.5%，并在2009—2010年度超过10%。在和平时期，从未有过像这样的数字。然而，财政刺激的实际价值远小于该数字。在2008—2009年度，以增加支出和减税的形式对经济提供的自由裁量支持达到了国内生产总值的2.5%左右。大部分赤字只是税收收入暴降和福利支出增加的结果，所谓的"自动稳定器"（automatic stabiliser）会在任何经济衰退中发挥作用。就英国而言，在21世纪头十年后期，由于税基日益依赖于正处于严重危机之中的资产市场和金融部门，所以自动稳定器的效力出奇之大。

就在詹姆斯·卡拉汉声明政府无法通过支出来摆脱经济衰退的三十年后，布朗政府似乎决心尝试这样做。最大的区别在于两次衰退的性质。在20世纪70年代，英国面临着经济供给侧的一系列冲击，此类冲击不宜以财政政策应对。如果问题出在因突然上涨的能源价格和罢工浪潮而元气大伤的工业，那么减税和增加支出以提振需求也于事无补。2007—2009年的金融危机主要是一次需求冲击——信用可得性突然收紧拉低了家庭和企业支出，而政府寻求增加需求以进行补救是完全正确的回应。

凯恩斯精神重返财政部成为2008年和2009年的大部分政治辩论的焦点，但更大的转变发生在英格兰银行。与美联储和欧洲央行的同行相比，英格兰银行在2007年对危机的反应较为迟缓。2007年8月，当欧洲央行向其银行系统发放数十亿欧元的紧急贷款时，英格兰银行行长正在指责市场过于依赖国家支持的"道德风险"。但一旦实体经济中危机的规模明朗化，英格兰银行迅速行动。到2009年年初，利率已从5%降至仅0.5%。那是常规货币政策之路的尽头，英格兰银行认为基本利率已触及有效底线。尽管如此，由于经济可能仍处于衰退之中，必须采取更多措施来防止需求崩盘或通胀进一步降至低于2%的目标。答案是量化宽松（quantitative easing）或简称为QE。量化宽松曾经被称为"非常规货币政策"，但自2009年以来已经变得越来越普遍。

虽然为了方便记忆，量化宽松有时也被称为"印钞票"，但这是一种误导性的概念。央行并没有启动印钞机。取而代之的是，它通过电子方式一键创造新的"货币"（或存款准备金），并利用这些货币从私营部门购买政府债券。这种对政府债券的额外需求会推高其价格，并降低其利率。政府债务是其他资产定价的基准，因此政府债券利率降低意味着商业债券和长期贷款利率将降低。如果传统央行政策是关于短期利率变动,那么量化宽松更关注的是对长期利率的影响。对政府来说,一个未曾预料的有利结果是量化宽松降低了政府的借贷成本,从而纾缓了财政压力,并帮助政府为其赤字融资。量化宽松还会通过所谓的投资组合再平衡渠道(portfolio rebalancing channel)产生第二轮效应:银行、保险公司和养老基金向英格兰银行出售其持有的政府债务以换取现金回报,然后他们可以将现金用于新的资产,推高非政府债券和股票的价格。

英格兰银行于 2009 年推出 2 000 亿英镑量化宽松政策的决定在某些方面引发了人们对将随之而来的高通胀的担忧。实行货币贬值似乎是央行以前未曾敢想的破釜沉舟。但在一个仍深受金融危机影响的世界中,企业和家庭更热衷于储蓄以及修补资产负债表,而不是去消费,这种担忧被证明是杞人忧天。

到 2010 年年中,金融危机的严峻阶段已经告一段落。英国的银行不再担心倒闭的风险。但经济在 2009 年触底前收缩了 6% 以上,这是自战间期岁月以来最严重的衰退,失业率已升至接近 8%,为 20 世纪 90 年代中期以来的最高水平。英镑的价值下跌了约 20%。媒体评论现在越来越关注政府极高的赤字以及如何才能减少赤字。

保守党在 2010 年的竞选活动中声称,布朗已经使英国濒临破产,现在是时候开始着手"收拾烂摊子"了。一些知名经济学家对此表示赞同,而另一些经济学家则敦促政府专注于修复经济问题,而不是通过坚持刺激措施——甚至以更高的债务为代价——来修复公共财政问题。最终,经济学家之间的辩论虽引人关注,但却无关紧要。足够多的公众同意保守党的观点,让他们重新执政。宏观经济政策势必被再次改写。

第17章 余震

到2009年，金融危机在英国基本结束，但其挥之不去的影响将主导该国未来十年的政治经济。21世纪第二个十年的经济表现和政治动荡都发生在此次危机的阴影下。

在2010年的竞选活动中，工党试图将其定性为投资与削减之间的抉择，但未获成功，这并非在2005年成为保守党领袖的戴维·卡梅伦（David Cameron）所预期的。卡梅伦面临着和布莱尔相似的处境，其领导的政党已经连续三次大选失利，需要想方设法于中间立场中东山再起。他的答案是强调自己的社会自由主义，并表明他所领导的政党与现代英国紧密相连且应对自如。在他领导的最初几年，经济问题（曾是撒切尔夫人领导下保守党的核心）被淡化了。这位所谓的"布莱尔的继承人"效仿工党在20世纪90年代中期做出的决定，甚至承诺在新议会的头两年采取和工党一致的税收和支出计划。

这场危机改变了这一切。保守党没有配合工党的支出计划，而是重拾起其撒切尔夫人式对小政府的偏好。2010年的选举结果比许多人预期的更势均力敌，在这种情况下，保守党与自由民主党组成了联合政府。

新政府继承了正在增长的经济，但增长进展缓慢。未来

第17章 余震

五年内将主导政治的政府赤字高达国内生产总值的10%以上，政府债务比率已从危机前夕的占国内生产总值35%左右跃升至2010年的接近75%，虽然与20世纪20年代或40年代相比较低，但这却是自60年代中期以来的最高水平。

对于随后的政策，存在三种相关但截然不同的论点。第一种论点是对小政府美德的质朴信念。撒切尔夫人领导保守党已经是二十年前的事情了，但许多保守党人仍然忠于撒切尔夫人主义。他们认为，一个较小的政府规模将意味着较低的税收和一个更有活力、更快增长的经济。

第二种论点较少关注政府规模，而更多关注债务水平。经济学家卡门·莱因哈特（Carmen Reinhart）和肯·罗格夫（Ken Rogoff）于2010年在美国一家主要期刊上发表了一篇极具影响力的论文，题为《债务时代的增长》（*Growth in a Time of Debt*）。这篇论文基于一项实证历史研究提出，一旦债务占国内生产总值的比例超过90%，年度国内生产总值增速就会开始大幅放缓。后来在2013年真相大白，他们的论文中有一个电子表格错误，这种相关性在错误更正后被消除。不过，这对于2010年仍然是将来才会发生的事情，而新任财政大臣乔治·奥斯本（George Osborne）只是全世界众多援引莱因哈特和罗格夫的观点来为削减赤字的必要性做辩解的政治家之一。鉴于2010年年中的赤字和债务水平，距离达到 90% 这一临界值似乎只剩下 18~24 个月了。

第三种更细微的论点可称为风险平衡法。即使债务占国内生产总值的比例为 75%，赤字占国内生产总值的 10%，英国在出售足够的国债来为自己提供资金方面并没有遇到实际的问题。联合政府掌权时，十年期金边债券的利率约为 3.9%，是自 20 世纪 50 年代以来任何政府面临的最低利率之一。但无论如何，从理论上讲，这种情况可能会迅速改变。令人担忧的是，投资者可能会因英国持续的财政赤字而恐慌，并开始要求对他们购入的政府债务提供更高的回报。任何利率飙升不仅会通过提高年度利息支出给政府预算带来更大压力，而且会影响企业和家庭，因为该机制会推动整个经济中利率的全面上升。按照这种逻辑，人们应该接受削减对政府的财政支持，这可能意味着一些短期阵痛，但可以降低更具破坏性的借贷成本上升的风险。2010 年，空气中无疑弥漫着紧张的气氛。主要信用评级机构之一的标准普尔（S&P）曾在 2009 年警告称，英国的 AAA 评级或面临调降风险，而美国著名债券基金经理人比尔·格罗斯（Bill Gross）则颇为悲观地称，金边债券正"躺在铺满炸弹的温床之上"。自 2008 年以来，英镑已经下跌了 20%，英国庞大的经常账户赤字似乎使其容易受到国际舆论任何风吹草动的影响。

第17章 余震

最终，尽管英国经常超额完成其借贷目标，它确实失去了其 AAA 的信用评级，但是利率却并未飙升。恰恰相反。金边债券的收益率在 2011 年跌至 3% 以下，在 2012 年跌破 2%。无论金融市场如何厉声警告正在恶化的英国债务带来的风险，但事实上，市场普遍乐于继续以更低的收益率购买金边债券。21 世纪 10 年代的全球情况是，尽管政府赤字飙升，但全球金融体系面临"安全"资产的短缺。短短几年前还被认为是安全的那种抵押贷款支持债券已被证明实际上是相当危险的，而许多以前发行过所谓安全债券的最高评级的公司现在也在苦苦挣扎。如今，欧元区部分国家（如意大利和西班牙）的政府债务安全性也被打上了问号。无论英国赤字状况或债务水平如何，其金边债券似乎都能提供一个相对的避风港。在危机中挑选全球债券，有点类似于从洗衣篮中挑选最干净的那件衬衫，而金边债券似乎并没有太严重的皱痕。英国在 2010 年谨慎地尝试削减赤字规模，以防止借贷成本飙升的做法所带来的任何好处都随着 2011 年和 2012 年利率的崩盘而消失。

2010—2015 年议会的大部分辩论并非专注于原始赤字数据，而是结构性赤字。结构性赤字是现代宏观经济学中的一个概念，在理论上是一个很好的想法，但在现实中却很难应用。它背后的核心原则是合理的：剥离赤字中所有与经济周期有关的部分，将重点放在基本面，不要问"今天的赤字是多少？"，而是问"一旦经济恢复常态，赤字将是多少？"。2010年，英国经济明显从大衰退中复苏，随着失业率下降，福利支出也会下降。随着就业人数的增加，税收收入也会增加。超过国内生产总值10%的总体赤字的大部分将通过经济复苏来解决，但并非所有部分。结构性赤字是将政府借款本质上属于"结构性"或永久性的部分分离出来。这是一种足够明智的方法，但要弄清楚哪些是结构性的，哪些只是周期性的，或者说是经济周期当前阶段的影响，是一件很棘手的事情。它取决于对未来生产率增长水平的估计，取决于在通货膨胀开始上升之前失业率能下降到什么程度，最终取决于对经济增长水平趋势的估计。结构性赤字只能被估计，而不是一个可以实际测量的变量。在一切顺遂的时代，这类估计已经足够困难了，更不用说在2010年这样的不确定环境中。2010年，新成立的预算责任办公室（Office for Budget Responsibility, OBR）是一个独立机构（arms-length body），旨在为财政部提供预测并监测进展情况，该机构估计，依据即将卸任的工党政府的计划，联合政府接手的结构性赤字将在2014—2015财政年度达到国内生产总值的2.3%。这就是必须通过所谓的紧缩措施来弥合的缺口。

联合政府首次预算将增值税从危机前的17.5%提高到

20%，削减了福利支出，并概述了对部门预算的严格限制。有一些联合政府的支持者甚至相信他们所谓的"扩张性财政紧缩"，即政府削减支出的行为本身会导致增长回升的概念。他们希望通过政府采取行动防止未来的利率飙升来增强企业的信心，而了解到债务水平未来会降低的家庭，也会因为知道税单未来会降低而备受鼓舞。然而，这是对期望的力量——而非政府在复苏乏力的情况下削减支出的现实——给予了过多信念。财政紧缩，顾名思义，就是紧缩，而非扩张。

奥斯本是一位雄心勃勃的财政大臣：他自己的议程不仅包括减少赤字或缩小政府规模，而且包括重新平衡英国经济本身。对政府和公共部门消费的依赖将被一种基于出口增加和投资攀升的增长模式所取代。在21世纪10年代初，随着世界走出衰退，出口导向型增长成为一个非常流行的理念，它风靡全球，因此大多数政府都想以某种方式去实现它。然而，除非有地球与其他星球间的星际出口，否则这是不可能的。尽管削减了公司税，削弱了官僚作风和繁文缛节，而且企业可以获得较低的借贷成本，但人们所期盼的投资热潮还是未能实现。归根结底，经济需求的前景是决定商业资本支出的一个主要决定因素，而经济需求的前景似乎相当死气沉沉。在政府自身的资本支出方面，奥斯本确实尽了自己的一份力，这通常可以避免政府支出受到更广泛的挤压。

在成为财政大臣之前，奥斯本宣称自己是一个"财政保守主义但货币政策激进主义者"。在接下来的几年里，他没有食言。即使在一个又一个的预算案中都未能实现赤字目标，他也以进一步收紧政策作为回应，仍鼓励英格兰银行在寻找实现货币宽松的新方法上更具创造性。

2010年达到2 000亿英镑资产购买规模的量化宽松计划在2012年扩大至3 750亿英镑。根据同样于2012年启动的"融资换贷款计划"（Funding for Lending Scheme），英格兰银行通过向商业银行提供廉价资金，进一步支持了面向家庭和企业的约700亿英镑贷款。2013年，马克·卡尼（Mark Carney）被从加拿大银行挖过来，接管了针线街（Threadneedle Street, 即英格兰银行）的工作，并带着"摇滚巨星经济学家"的美誉空降，尽管没有人十分清楚这究竟意味着什么。他的伟大创新是"前瞻性指引"（forward guidance），本质上是承诺在可预见的未来保持极其宽松的货币政策和超低的利率，以建立信心。

评估2010年以来的超宽松货币政策的影响并非易事。事实证明，它当然无法产生强劲的、可自行维持的复苏，但在紧缩的财政政策与紧缩的货币政策相结合的反事实世界中，情况可能会更糟。一个副作用是资产价格飙升，因为投资者面临传统安全资产的低回报预期，而被迫竞相抬高替代资产的价格。房价通胀在 2012 年年底再次开始扎根。

英国从 2008—2009 年的经济衰退中复苏的速度慢得令人痛苦。直到 2014 年，经济才达到之前的巅峰，使其成为自 19 世纪初以来最缓慢的复苏。紧缩的财政政策在其中发挥了很大"作用"，尽管金融部门在危机中承受的损害也发挥了很大"作用"。金融风暴后的复苏往往紧张焦虑且缓慢。联合政府面临的国际环境也欠佳。他们任期的前半段恰逢 2010—2012 年的欧债危机，这不仅抑制了英国最大出口市场的增长，而且还使金融危机——紧随在可能发生的单一货币解体后——再次爆发的风险持续存在。这对贷款起到了限制作用，同时也抑制了商业信心。欧元区紧张局势的缓和与财政紧缩步伐的放缓，再加上"融资换贷款"的影响，2013 年和 2014 年增长开始有所回升。

紧缩政策重塑了英国政府，但并非以一种极其失衡的方式。仍有资金空间可用于减税，而且往往是相当大幅度的减税；公司税从 2010 年的 28% 直降至 2015 年的 20%。更引人注目的是，个人在缴纳任何所得税之前可以获得的个人免税额有了一系列提高。自由民主党曾在竞选中主张将低薪阶层从税收体系中剔除，而保守党不仅欣然接受，更是完全将该政策视为该党的政策。65 岁以下居民的个人免税额从 2010 年的 6 475 英镑上调到 2015 年的 10 000 英镑。随后的保守党政府将其进一步提高到 12 500 英镑。虽然自由民主党曾辩称这是一项旨在为低薪人群减税的政策，但保守党策略师们很快就意识到，这对所有人都有减税的影响。事实上，比如说，将起征点从 9 000 英镑提高到 10 000 英镑，对年收入 8 500 英镑的已经低于纳税门槛的人的实得工资没有任何影响，但它使任何收入在 10 000 英镑或以上的人的税单每年减少 200 英镑（当然，其中一些可以通过调整其他税阶来收回，但这种变动鲜有发生）。所得税纳税人的数量在 21 世纪第二个 10 年减少了 50 万，这是有记录以来最大幅度的下降。工党曾一度将所得税最高税率从 40% 提高到 50%，但又被削减到 45%。针对汽油的燃油税在每次通过预算案时都被冻结，而不是增加。

综合来看，与 2010 年的税收金额相比，到 2015 年，所得税最高税率的削减、个人免税额的大幅提高、公司税的削减和燃油税的冻结使得每年税收收入下降了约 300 亿英镑。对于致力于平衡预算概念的政府来说，这些都是可观的减税，即使它们被增值税的增长和其他一些较小的增收项目所带来的额外总共 250 亿英镑左右收入部分抵销。

紧缩政策的大部分重担将以削减支出而非增加税收的形式承担。不过，即使到这一步，模式也各不相同。国民医疗服务体系的实际预算继续增长，国家养老金支出不仅受到保护,而且通过采用"三重保障"来进行调涨——承诺今后国家基本养老金将取通货膨胀、薪水涨幅或2.5%三个比率中的最高者作为调涨的基准。学校和海外援助的支出受到"保护"。

公共部门的薪酬、福利制度和"不受保护的部门"首当其冲。通用福利制度是本应将六类现有福利合而为一的新福利制度,却因其推行速度缓慢并经常在到手前被削减,不如其前身慷慨。地方当局的实际预算被削减了四分之一,地方议会的雇员人数从2010年的290万人下降到2015年的220万人。

经过五年对公共部门的限制和削减,总体赤字已从占国内生产总值的10%以上降至2015—2016年度的4.1%。但其中大部分反映的是周期性复苏,结构性赤字——五年紧缩政策的预期目标——仍然超过国内生产总值的2%,这与预算责任办公室之前所预测的2015年的水平差不多,当时奥斯本甚至还没有公布他的预算案。

在公共部门裁员和需求受限的情况下,人们预计失业率可能会居高不下。事实上,这也是2010年的一个几乎达成共识的观点。预算责任办公室在奥斯本发布第一份预算案时预测,在下一次选举前后最终回落至仍然高出正常水平的6.1%的高位之前,失业率在未来五年的大部分时间里将超过7%。增长未达到原来过于乐观的预测，然而，从2012年往后，失业率迅速下降。到卡梅伦寻求连任时，失业率约为5.5%。不仅失业率下降，而且就业率实际也在上升，以前不活跃的人群重新进入劳动力市场。到2015年，16至64岁的就业人口比例已从衰退中期70%的低点上升到74%，这是英国经济史上的最高比例。这被保守党人——没有把握地——称为他们的就业奇迹。

2008—2009年的经济衰退和从中复苏是对撒切尔夫人和梅杰时代创造的自由化劳动力市场的首次真正压力测试。20世纪80年代和90年代的经济衰退都是在改革进行时而非完成时发生的。解雇变得更容易了，但雇用同样也变得更容易了。雇用一名工人对一家企业来说不再是一种承诺，因为它如今有权迅速撤回其决定。在20世纪80年代初，国内生产总值下降5%推动失业率上升7个百分点，而在20世纪90年代，产出下降2.5%造成失业率上升4个百分点。相比之下，2008—2009年度6%的下降伴随着失业率上升了3个百分点。产出损失和工作岗位减少之间的关系似乎更加有利，一旦经济低迷到头，企业就会迅速开始重新雇用人员。话虽如此，人们对一些新职位的性质存在合理的担忧：更多的职位是非全时工作或有限工时工作，而且薪酬和条件通常比经济衰退前的标准更差。

第17章 余震

宏观经济的权衡取舍意味着就业快速增长的一线曙光伴随着阴云密布。与就业奇迹相对的是生产率灾难。工时数的快速增长，加上总体经济产出的缓慢扩张，造成了历史级的疲软生产率表现。在截至2008年的三个十年中，每小时工作的产出以每年2.2%左右的速度稳定增长，而在此后的十年里，增长率崩溃式下降到了0.5%左右。这听起来可能并不多，2.2%和0.5%毕竟都是小数字。但在十年的单位时间内，这是每小时工作产出扩大24%和增长5%之间的区别。在五六十年后，当21世纪初的经济史被盖棺定论地书写成册时，金融危机后的生产率崩溃将是一个重大的主题。

由于缺乏明显的原因，这个问题很快被打上了"生产率谜题"的标签。生产率增长不佳当然不仅仅是英国的问题，在美国、中国和整个欧洲都能看到增长放缓，但在英国却尤为严重。鉴于英国与西欧之间存在现有的生产率差距，即使后者的增长放缓，英国也没有理由不继续迎头赶上。生产率增长前沿的全球性放缓，对一个与该前沿相距甚远的国家来说应该并无大碍。

可能的解释多种多样，从北海石油产量的下降（一个生产力极其之高的油田正处于末期衰退之中）到崩盘前几年对金融服务产出的错误量度（也许被作为生产率奇迹记录在案之物只是过度风险行为营造出的美好幻景，英格兰银行的一位政策制定者如此思忖着）。疲软的企业投资不会有任何裨益，有可能是 80 年代劳动力议价能力的破坏，乘着强劲的就业增长之势，鼓励雇用人员从事低生产率的工作，而这些工作曾经没有存在的理由。而且，尽管生产率低下通常被认为是供给侧的问题，但紧缩期间的总需求疲软也可能通过削弱投资激励而起到一定作用。

普遍可用的廉价劳动力是 21 世纪第二个 10 年的基本宏观经济事实之一。尽管人们担忧技术变革在就业市场中的作用，但几乎没有证据表明机器人确实在抢走人们的工作。非要说的话，情况恰恰相反。在截至 2018 年的 15 年内，自动洗车（过去绝大多数加油站前院都会配备的那种玩意）数量下降了一半，而人工洗车——通常是一帮提着水桶的男人——数量激增。到 21 世纪 10 年代后期，大约 80% 的洗车店是人工洗车。这显然是效率较低且生产率不高的做法。但对洗车行老板的激励是明确的。购置一台滚筒式自动洗车机要花费数万英镑，而建立一支人工洗车队只需几百英镑的成本。如果洗车需求下降，那么这些工人无非是被解雇而几乎没有沉没成本。在一个廉价劳动力的时代，技术进步有时似乎已经向着反方向发展。

无论生产率放缓的原因是什么，其对现实世界产生的后果是实际工资急剧下降。20 世纪 90 年代末和 21 世纪前 10

年的常态是平均周工资每年增长4%左右，由于通货膨胀率通常维持在英格兰银行的目标附近，这转化为实际工资每年增长约2%。但在2008年，工资涨幅低于通货膨胀，英国工人的实际工资开始下降。到2015年，参加工作的英国人比以往任何时候都更多，但实际工资正在遭受自拿破仑战争以来最长期的挤压。直到2019年年底，新冠肺炎疫情暴发之前，实际平均周收入才能重新达到2008年的水平。

到2015年大选之际，尽管实际工资仍远低于之前的峰值，实际上也低于2010年的水平，但在过去一年中，工资一直在合理稳健地增长。石油价格暴跌加上英镑价值的反弹导致通货膨胀率在2014年和2015年急剧下降。事实证明，2015年的选举对保守党来说确实是一个极其有利的时机，尽管对他们的执政联盟伙伴来说就不是那么回事了。

尽管实际收入受到挤压，政府服务提供被削减，但卡梅伦在当年的大选中出人意料地赢得了多数席位。卡梅伦的政党精减他们的自由民主党合作伙伴，从他们手中夺走了18个席位，总体上比2010年多出38个席位。在前一年公投中只以微弱优势投票留下成为联合王国一部分的苏格兰，民族主义者控制了59个席次中的56席。45%的选票似乎不足以赢得二元公投，但足以横扫议会中反对独立的留英派。

在民众对于疲软的整体增长和紧缩政策后果的惯常关注

以及政府对实际工资的长期挤压下，保守党在2015年本应举步维艰。但是，保守党支持基础的基石得到了相对眷顾。房主见证了他们的资产升值，企业获得税收减免，以及通过提高个人免税额广泛削减所得税这一影响也不容小觑。老年选民不仅更有可能投票，而且投票给保守党的人数甚至比平时更多，他们所依赖的政府构成部分，如养老金和国民医疗服务体系，被排除在缩减之外。大选前一年的通货膨胀率的暴跌创造了一个微弱利好因素。如今被更名为25岁以上人群国民生活工资（National Living Wage）的最低工资在选举前夕宣布大幅提高。

这场竞选活动还有另一方面与通常的经济学教科书也不太相符。从政客的相机抉择转向基于规则的政策制定的一个原因是为了防止"赤字偏差"（deficit bias），即公众通常希望在不久的将来增加支出和减少税收，而这些将由后来者来买单。然而，在2015年，以及某种程度上早至2010年，公众似乎就对公共债务和公共借贷的概念充满敌意。在这十年的中期，一种有点离奇的景象出现在了独立的央行官员们身上，他们基本上是在要求那些被认为行事鲁莽的政客多花一点钱来刺激需求，让他们自己的工作更轻松。

2010年至2015年的工党领袖是埃德·米利班德（Ed Miliband），他是一位马克思主义知识分子的儿子，受过牛

第17章 余震

津大学教育，曾出任戈登·布朗的顾问。许多媒体从来没有放过他，因为他胆大妄为地击败其兄长戴维——曾出任托尼·布莱尔的顾问——当选党魁。米利班德的立场与布朗和布莱尔相比有些偏左，更接近于该党在20世纪90年代初的情况。他提出了一个广泛的社会民主前景，内容囊括积极的产业政策、财政扩张，以及在当时被称为带有马克思主义色彩的国内能源市场价格冻结。英国商界和商业媒体认为这一切明显是反企业的，他们必须坚持保守党的立场。令人惊讶的是，很少有人注意到保守党关于就英国的欧盟成员资格举行去留公投的承诺。保守党可能会与自由民主党结盟，而后者肯定会阻止这一想法，即使发生了公投，留欧派也必然会获胜。这是2014年激烈的苏格兰公投的教训。

自20世纪80年代以来，欧洲一直是保守党内部郁积的症结。撒切尔夫人在任期间总体上是亲欧的，但在20世纪90年代转而反对这一观念，她的门徒们也追随她。梅杰政府在签订将原本的欧洲经济共同体转变成欧盟的《马斯特里赫特条约》(*Maastricht Treaty*)上存在严重分歧。但是，2001年和2005年以欧洲为重点开展的竞选活动却未能在公众中掀起波澜。晚至2015年，也只有不到十分之一的英国人将其列为该国所面临的主要问题。移民在21世纪头十年中期随着东欧国家加入欧盟而急剧增加，这激起了许多人的不满，但人们似乎仍然倾向于在公共服务和税收这些较陈旧的核心问题上进行投票，而不是在这个国家有更多外国人这一事实上。

卡梅伦的选举后蜜月期很短暂，到2016年年初，他在万众瞩目的脱欧公投中领导留欧派。保守党、工党、自由民主党和苏格兰民族党等党派的领导层都支持留欧。主要工会和主要雇主组织也支持留欧。然而，脱欧派仍以52%对48%的比例和高投票率获胜。

一些人试图把这一结果归结为所谓的全球化输家对精英阶层的大反抗。这些人甚至在2008年危机之前就见证了他们的实际收入停滞不前，接着又忍受了六年的紧缩政策。但这根本不符合投票模式；在危机期间经历了最高的失业率以及在危机之后经历了最严重的工资下降的年轻人以压倒性票数支持留欧。那些免受紧缩政策最严重影响并且最有可能拥有过去几年有利可图的资产的老年人投票支持脱欧。许多北方城镇确实支持脱欧，但许多南方城镇也是如此。北方最大的城市投票支持留欧。脱欧派中间选民更有可能在肯特郡的高尔夫①俱乐部现身而不是曼彻斯特的工人俱乐部。守旧的

---

① 此处原文Kent Gold Club疑为作者笔误，更正为肯特郡高尔夫俱乐部Kent Golf Club。——译者注

阶级分析并不符合2016年的投票模式，正如公众对所谓常年赤字偏差的担忧不符合2015年的模式。

理解21世纪头10年稍许奇怪的政治的关键是不要把目光局限在20世纪的旧隔阂，而要将目光投向21世纪的新分歧。年龄一直是大选中的一个因素，老年选民从广义上讲更有保障，更有可能拥有资产，他们倾向于政治右派。但在21世纪第二个10年，年龄因素非常明显地凸显出来，老年选民的选择决定了2016年英国脱欧公投和2014年苏格兰公投的结果。

比较1974年和2017年的大选结果具有指导意义：一个可以用阶级来解释，另一个可以用世代来解释。1974年，保守党在社会学群体ABC1（白领专业人士）中以56%对19%的优势击败工党，而在C2（熟练体力劳动者）以及DE（非熟练劳动者和失业者）中则分别以16%对49%和22%对57%的劣势败北。即使在左派知识分子对阶级政治的衰落感到担忧之际，这也决然是一次基于阶级背景的投票。相比之下，2017年选票的阶级分类大致持平。保守党以44%对40%的微弱优势赢得了ABC1，与工党在C2中各占40%持平，并仅以41%对44%的劣势失去DE的支持。

基于年龄的投票模式则是直接反过来的。1974年，30至70岁的选民投票给工党或保守党的相对可能性大致相似，随着选民年龄的增长，他们会倾向于保守党。在 2017 年，年龄才是决定性因素，30 岁选民投票给工党的可能性是 70 岁选民的两倍。

老年选民越来越多地转向政治右派的趋势无疑部分是由文化因素驱动的，比如不喜欢移民和现代世界带来的变化，但它也反映了经济经验的差异。21 世纪 10 年代，英国的老年人不仅没有受到最严重的紧缩政策的挤压，而且更有可能拥有自己的房子，从而受益于房价上涨，而不会因不断上涨的租金成本而捉襟见肘。在对住房成本进行调整后，退休和劳动适龄家庭的实际可支配收入呈现出一个惊人的模式。退休家庭在过去十年间不仅享有比在职家庭更强劲的收入增长，而且到 2012 年，他们的住房成本后收入实际上已经更高。这是英国经济史上第一次出现典型退休家庭的生活水平高于典型在职家庭。

政治经济学倾向于研究不同利益集团的相互作用，以及他们如何制定有利于自己的经济政策。21 世纪英国的新发展事关一个几乎是去经济因素后的投票集团的崛起：退休人员和即将退休的人通过有保障的养老金和资产所有权与经济周期的日常波动隔绝。更重要的是，他们是一个人口比例正在上升且更有可能投票的群体。

在英国脱欧公投结束后不久，人们对英国的经济信心受损,英镑下跌了约20%,对于更广泛的金融体系起到了减震器的作用。英格兰银行将利率降至0.25%的历史最低点,并将其量化宽松计划的规模加码至4 450亿英镑。

由于企业在等待最终结果时搁置了投资计划,以及货币疲软导致的通货膨胀飙升对实际收入造成了新的挤压,经济遭受了打击。增长从2015年年底和2016年年初由发达经济体组成的七国集团(G7)中最高的水平之一,在一年内降至集团中最低。但是,一场即刻出现的衰退——财政部在投票前庸人自扰做出的预测——并未成为现实。英国脱欧派人士很快将这种对劫数将至的警告称为"恐惧计划"(project fear)。

自20世纪70年代以来,欧洲经济共同体和后来的欧盟的成员国身份一直是英国经济模式的重要组成部分。它扩大了对出口商开放的市场,使国内企业暴露在新型竞争之下,有助于提高活力和生产率,并通过约束政策制定者行为的单一市场规则充当决策者的锚点。

2016年最紧迫的问题是,脱欧派已经赢得了胜利,但没有人确切知道这意味着什么。当然,这意味着退出欧盟后,英国能否留在单一市场或关税同盟内?或者甚至可能进行第二次公投来推翻这一决定?这些问题将主导卡梅伦的继任者特雷莎·梅(Theresa May)相当悲惨的三年任期。

为了寻求自己的授权，她在 2017 年早于大选时间三年之时，冒着风险——尽管在当时看来，这并不是一个特别有风险的冒险——提前大选。尽管埃德·米利班德竭力安抚右倾媒体，但工党在他的领导下还是未能取胜，于是在 2015 年，许多工党成员一不做二不休，投票支持激进派杰里米·科尔宾（Jeremy Corbyn）。科尔宾是该党现代以来最左翼的领导人。米利班德曾提出对市场进行一些修修补补，外加些许经济扩张。科尔宾提出要大幅扩大政府支出、结束紧缩政策以及将私有化的公用事业重新国有化。在选举开始时，梅在民意调查中以 20% 的优势遥遥领先。

但随着竞选活动的深入，这种领先优势消失了。事实证明，科尔宾是一位出奇内行的竞选者，而梅则是一位差劲的竞选者。虽然 2015 年的选举对保守党来说是在实际工资反弹的情况下适时举行的，但 2017 年的选举恰逢工资再次受到挤压。梅失去了她的多数席位，并忍受了试图与欧盟谈判达成脱欧协议的两年炼狱之苦。在她的党内右派不断施压要求干净利落脱欧的情况下，脱欧变得越来越难。传统意义上保守党的商界盟友发现自己在政府内部没有强有力的话语权。无论是依赖供应链上便捷的跨境物流的汽车制造商，抑或是需要跨境监管才能在欧洲销售产品的银行，似乎都无足轻重。但那时的保守党选民基础自身也越来越被置身于经济中正在发生的事情外。

当英国脱欧主导英国政治时,在前两次选举中曾作为首要议题的赤字问题则转移到了幕后。梅的财政大臣菲利普·哈蒙德(Philip Hammond)继续承诺消除赤字,但这一议题的热度正在不断消退。更重要的是,财政政策的目标开始转变。奥斯本花费了6年时间,不仅承诺消除结构性赤字,还希望将债务占国内生产总值的比例从80%左右的高位拉回到危机前的40%。这意味着未来几十年的支出将受到严格限制。可以肯定的是,该目标被搁置了,新目标仅支持将债务比率稳定在当前水平。这是一个不那么艰巨的提议。

梅未能找到一个让她的政党、她的前欧洲伙伴和议会都能接受的协议,在僵持局面中结束了她不愉快的首相任期。她的继任者鲍里斯·约翰逊(Boris Johnson)在言辞上采取了强硬态度,以保留他自己的后座议员身份,同时与欧洲达成了一个本质上与梅的做法几乎没有什么区别的脱欧方案。

他继而在2019年的提前大选中寻求英国公众的支持。与2017年不同的是,科尔宾的竞选活动——现在更像是一份不断增加的经济承诺名目,而不是一个令人信服的陈述——已经彻底失败,而非逐渐破灭。相比之下,约翰逊则一直专注于他的"完成脱欧"(get Brexit done)的简单讯息。结果是压倒性的,保守党获得了自1987年以来最大的多数票差额。

最引人注目的莫过于保守党在英格兰北部和米德兰地区瓜分工党选区的浪潮。几十年来反复选举出工党议员的前工业席位落入了保守党之手。甚至那些曾经带头抵制撒切尔夫人变革的前矿业城镇也落入她的继任者之手。当然，工人阶级对保守主义的支持并不是什么新鲜事，鲍德温或索尔兹伯里肯定不会感到惊讶。但是，与整个21世纪第二个10年一样，年龄因素更为重要。年龄一直是2017年的主导因素，并在2019年被证明更加具有决定性。结果表明，位于诺森伯兰郡（Northumberland）东南部的前矿业小镇布莱斯瓦利（Blyth Valley）的婴儿潮一代与肯特郡梅德韦的婴儿潮一代并无太大区别①。

约翰逊赢得了足够坚实的多数票，轻松通过了他的脱欧协议，该协议将使英国在2020年1月底退出欧盟，但在2021年之前仍留在单一市场和关税同盟内。更大的问题是，如果没有欧盟成员国身份的锚点，英国的经济模式会是什么样子，这个问题悬而未解。

---

① 布莱斯瓦利选区一直支持工党的候选人。梅德韦一般口头上常被称为"The Medway Towns"，因其超过半数的地区是教区和乡村，梅德韦议会则为保守党所领导。——译者注

后记　新冠肺炎疫情

在2020年即将来临之际，鲍里斯·约翰逊在其新年致辞中向英国承诺，脱欧将带来一个新的"咆哮的二十年代"。最终至少在经济上，2020年与1920年出人意料的相似，出现了有史以来最严重的经济衰退。

新冠肺炎疫情以及其相关的经济后果，有成为比2007—2009年全球金融危机更大的政治经济事件的潜在可能。一些左派人士将早期疫情视为某种形式上对"杰里米·科尔宾是对的"的证明。当然，庞大的政府规模在2020年被证明是至关重要的，就像在2008年那样。但在2008年的危机过去后，政府才发觉自己正在急剧萎缩。

几十年来，英国的经济和政治经济结构一直在被危机重塑。20世纪40年代的危机以艾德礼的"新耶路撒冷"结束，第一次世界大战的危机以"悲惨的二十年代"结束。

经济变化是由过去的事情塑造的，毕竟事情通常是路径依赖的，但没有什么是不可避免的。艾德礼和撒切尔夫人都将这个国家推向了彻头彻尾的新方向，就像皮尔也以自己的方式推动了国家的发展那样。但在过去的两百多年里，大多数政府都满足于得过且过。阻力最小的路径通常是更容易的路径，并且对经济问题采取"缝补将就①"的方法也是典型的英国式做法。

即使英国没有在2020年发生疫情，2021年也将是英国的一个潜在转折点：英国脱欧在这一年成为现实。自2016年以来的数年内，英国政坛的左派和右派都对未来的前景提出了宏伟的新愿景。对于科尔宾左派来说，在一个摆脱了国家援助企业和单一市场义务等麻烦欧洲规则的英国，人们将看到一个重新焕发活力的产业政策体系，国有银行将资金注入新技术，而国有公用事业则促成一场绿色能源发电革命。这是哈罗德·威尔逊式的对现代政府角色的展望加上本恩式的更替性经济战略。但是，尽管左派想要重现20世纪60年代和20世纪70年代，大部分右派认为21世纪20年代可能是20世纪80年代的重演。"全球英国"将是一个自由贸易、放松管制的经济强国，类似于某种"泰晤士河上的新加坡"。

这两种设想都不现实。尽管一直在进行关于"完成脱欧"的讨论，但鉴于在可预见的未来，欧洲仍将是英国最大的贸易伙伴，英国与欧盟关系的性质将继续主导贸易政策数

---

① "缝补将就"（make do and mend）源于第二次世界大战时期英国政府发行的小册子，指导物资短缺的配额供给下，将二手衣物修补回收利用，赋予损坏的衣服新生命。——译者注

十年。比起左派指导性能动型国家（activist state）或右派的放松管制，其结果更有可能是一条中间道路：欧洲继续主导英国的贸易，但条件不再那么有利，并对生产率增长产生连锁反应。但本应成为2020年英国关键经济辩论的议题很快就被排到了遥远的第二位。

当约翰逊政府为2020年3月的第一份预算做准备时，重点应该放在它所谓的"升级"上。新的保守党多数基于英国老工业地区的四十多个前工党席位。不同的人口结构，特别是人口年龄结构，正在推动政治调整。即便在1997年工党的压倒性胜利中，坎特伯雷（Canterbury）也选出了一名保守党议员，但现在由工党掌控，而保守党则控制了达德利（Dudley）和利（Leigh）。鲍里斯·约翰逊的政党在老年选民的支持下赢得了稳固的多数席位，但该党在2019年拥有两份在2024年不太可能仍然存在的资产：作为号召用语的英国脱欧，作为竞选对手的杰里米·科尔宾。约翰逊需要做一些事情来稳固他的新多数，而最浅显的答案似乎是大量的水泥。约翰逊承诺进行一场基础设施革命，一场以米德兰和北部为重心的革命，与伦敦和南部相比，这些地区以往获得的政府资金支出较少。公共部门净投资将上升至国内生产总值的3%，为数十年来的最高水平，用于建设一批新的铁路和公路来连接北部，并被寄希望于推动生产率的提高。

在这背后，是一个几乎全新的财政战略。奥斯本时代降低债务与国内生产总值之比的旧目标已不复存在，哈蒙德的温和紧缩政策也一去不复返。公共借贷将增加从而为该议程提供资金。作为财政目标的结构性赤字被悄悄摒弃，转而采用债务利息规定。政府现在的目标是将偿债成本控制在税收收入的6%以下，而非努力实现任何债务水平绝对值。这样做的好处是将政府在一个安全资产仍然不足的世界中所面临的创纪录的低借贷成本考虑在内。事实上，虽然政府债务水平于2020年年初达到了50年来的最高水平，但其偿债成本仅占国内生产总值的1.7%，为第二次世界大战以来的最低水平。新任财政大臣里希·苏纳克（Rishi Sunak）预计将在首份财政预算案中对新规定做出正式声明。

但是等到3月中旬，苏纳克在议院里准备起身发言时，世界已经向前发展。随着疫情蔓延到英国，英格兰银行将利率降至英国脱欧后的低点0.25%，财政大臣宣布了看似慷慨的一揽子财政刺激计划，价值约为国内生产总值的1.3%。加上协调一致的降息，这是自20世纪90年代初以来最大的单笔"派糖"预算。财政政策和货币政策协助英国渡过即将到来的危机，但几周后就表明，它似乎只是杯水车薪。

在英国第一次被封锁的早期，评论家们迅速将这场危机与20世纪的全面战争相提并论。但这是不准确的。事实上，这场危机几乎是正好相反的：在战争中，政府面临的挑战是如何最大限度地提高生产和创造资源以维持全面的军事投入。而 2020 年的挑战是关于复员，即如何削减经济活动以减少社交接触并遏制疫情的扩散。唯一相似的是价格标签。随着税收锐减和支出增加，赤字达到国内生产总值的 20% 大关，这是自 20 世纪 40 年代初以来的最高水平。

关于如何使经济复原的答案显而易见：付钱让人们足不出户。最初向雇员支付约 80% 的工资，以使其保持不上班状态的强制休假计划是在几天内制订的，由工会代表大会（TUC）和英国工业联合会（CBI）共同参与，隐隐约约让人想起战后共识那几年。它最初计划运行几个星期，但不断被延长。到 7 月，它已成为政府支出中最大的一项，并且比国民医疗服务体系的运行成本还要高。大约 1 100 万劳动者发现自己在高峰期被强制休假。由政府支持的贷款价值约为 660 亿英镑，用于帮助企业渡过难关。

为协助管理政府债券的庞大发行量，量化宽松再次扩张。利率又一次暴跌，以至于到年底，尽管债务占国内生产总值的比例跃升至 100% 以上，但政府支付的实际利息支出却有所下降。

在危机的最初阶段，当人们期望限制措施将只持续几周时，重点尤其在于冻结经济。人们希望强制休假计划能使员工留在工作岗位上，低息贷款能使企业避免破产。当一切重新开放的时候，每个人都可以在原地重拾起他们的工作。但是，随着危机的持续、随着重新开放成为一个有时会出现逆转的渐进过程，恢复正常的希望开始消退，随之而来的是已浮出水面的跨党派和跨行业的共识。到2020年冬天，在如何为危机买单和政府在复苏中的角色问题上，传统的左右分歧泾渭分明。

关闭非必要的零售业和酒店餐饮业以及学校，同时鼓励人们居家办公，对国内生产总值——在3月和4月期间下滑了20%以上——产生了灾难性影响。英国经济此前从未如此迅速地缩水，当然，关停经济活动此前也从未成为如此明确的政策目标。经济在5月开始回暖，在7月和8月如火如荼，然后在9月开始逐渐降温，因为新冠肺炎病例再次增加。

总体而言，2020年整体国内生产总值看起来将下降10%左右，这是自第一次世界大战后的萧条以来最糟糕的一年。

比危机前高得多的债务占国内生产总值的比例势必将维持下去。有望于2021年推行的快速疫苗接种为相对快速的复苏带来了希望，但经济遭受的持久损害将在很大程度上取决于疫情引发的结构性变化的程度。

即使有强制休假计划和低息贷款，一些现有趋势在2020

年加速发展，令许多公司难以承受。按价值计算，线上零售业的市场份额跃升至所有消费的 30% 左右，令许多高街品牌难以承受。加上尽管人们可能并不情愿减少外出就餐，但封城的持续时间之长迫使许多酒店餐饮企业永久关门停业。2020 年总计共有 2 万家零售店关闭，该行业损失了近 25 万个工作岗位。

持续时间更长且更严格的封城对北部地区造成的不同影响，将使后疫情时期英国任何的升级议程都比之前更加棘手。不仅开局更难，而且如果居家办公的增长势头持续存在，那么许多以交通项目为核心的投资计划将被破坏。

无论朝着哪个方向前进，英国经济在 21 世纪 20 年代的发展将由过去所塑造（shaped），并且由政治抉择和经济观念共同构成（moduled）。归根结底，政治经济学至少和宏观经济学同等重要。依赖退休家庭选票的政府与基于工人联盟的政府将做出不同的决策。约翰逊的多数席位中包含英格兰北部和米德兰约 60 个前工党席位，其基础与卡梅伦政府有所不同。政府不仅要让经济在疫情之后再次运转起来，它还必须让自己的选民联盟中有足够多的人可以从这种运转方式中受益，从而使自己连任。为了成功做到这一点，政府在其他方面可以容忍相当多的痛苦。

多年来，约翰·梅纳德·凯恩斯办好了许多事情，但他总是高估思想的作用，淡化政治现实的残酷。"不论是好是坏，危险的东西不是既得利益，而是思想。"他在《通论》中写道，"事实上统治世界者，就只是这些思想而已"。他错了。尽管在英国19世纪40年代、20世纪40年代和80年代所经历的范式转换中，思想都发挥了重要作用，但在每一种情形下，这些思想都只能通过政治势力的动态平衡来贯彻下去。关于英国经济在新冠肺炎疫情和脱欧之后应该如何重塑的想法有很多，但落实任何一个都需要组建恰到好处的政治联盟。

数据说明

本书中几乎所有数据都来自英格兰银行庞大的数据集"英国千年宏观经济数据"(a millennium of macroeconomic data for the UK),该数据集可在其网站上免费获取,涵盖了大约从《末日审判书》(*Doomsday Book*)到2016年英国的情况。这确实是一个优秀的资源,我对此深表感谢。如今,英国国家统计署(Office for National Statistics)网站的用户体验比以前更加友好,而且非常有用。

延伸阅读

这里列出的书籍不是完整的参考书目，而是我认为最有帮助的那些书籍的清单。在大多数情况下，它们包含大量的注释和参考资料，真正受到启发的人可以愉悦地进一步深入研究。

David Cannadine 的 *Victorious Century, Britain 1800 to 1906* 与 Peter Clarke 的 *Hope and Glory; Britain 1900–2000* 是对现代英国的出色介绍，两者均涵盖到了经济、政治与社会。

Ronald Findlay 与 Kevin H. O'Rourke 所著的 *Power and Plenty: Trade, War, and the World Economy in the Second Millennium*，顾名思义，覆盖面比我在这本书中所勾勒的大约 1750 年以后的英国更广。它是我读过的关于经济史最好的单卷本，如何高度赞扬都不为过。Daron Acemoglu 与 James Robinson 的 *Why Nations Fail* 也同样是一本覆盖广泛的作品，强烈推荐。

由 Roderick Floud, Jane Humphries 与 Paul Johnson 精心编撰的 *Cambridge Economic History of Modern Britain* 两卷本涵盖了 1770 年到 1870 年与 1870 年至今，精彩绝伦。我也仍然喜欢早先由 Roderick Floud 与 Deirdre McCloskey 编撰的三卷本，它于 20 世纪 90 年代中期首次出版，从中我第

一次学习到英国经济史。

在工业革命方面，Robert Allen 的 *The Industrial Revolution in Global Perspective* 与 Joel Mokyr 的 *The Enlightened Economy, Britain 1700–1850* 都是必备的。

Stephen Broadberry 的 *The Productivity Race: British Manufacturing in International Perspective 1850–1990* 有时略显枯燥，但是非常值得一读。Nicolas Crafts 的 *Forging Ahead, Falling Behind and Fighting Back* 以广阔的国际视野，细致入微地讲述了英国从工业革命到金融危机的发展历程。

Cheryl Schonhardt-Bailey 所著的 *From the Corn Laws to Free Trade* 在对英国的某个关键转折点的政治经济学方向上的研究尤为出色，而 Euan Green 的 *The Crisis of Conservativism: The Politics, Economics and Ideology of the Conservative Party 1880–1914* 与 Frank Trentman 的 *Free Trade Nation* 在探讨已规避的潜在转折点上同样出色。

David Edgerton 的 *The Rise and Fall of the British Nation* 是一本关于 20 世纪政治学与经济学的精彩读物，平静地解释了作者因何认为几乎所有其他人都搞错了。George Peden 的 *Arms, Economics and British Strategy: From Dreadnoughts to Hydrogen Bombs* 是一本卓越的读物，尤其是书中对两次全面战争的精彩解读。Richard Toye 的 *The Labour Party and* the Planned Economy 1931–51 是一本关于泛艾德礼时期大有益处的读物。

Alexander Cairncross 的 Sterling in Decline 以及他与 Kathleen Burke 合著的 Goodbye, Great Britain 对 20 世纪 50 年代至 70 年代的国际背景有着非常棒的叙述，而 Glen O'Hara 的 From Dream to Disillusionment: Economic and Social Planning in 1960s Britain 是关于威尔逊的佳作。Andrew Gamble 的 The Free Economy and the Strong State 对撒切尔夫人时期的分析引人入胜。

战后历任财政大臣的自传非常有参考价值；Denis Healey 的 Time of My Life 与 Nigel Lawson 的 The View from Number Eleven 尤为出彩。Robert Skidelsky 的 Keynes 传记三卷本既充满阅读的乐趣，也是关于这位 20 世纪最重要的经济学家的生平的绝佳资料。

最后，当乔治·奥斯本创建预算责任办公室时，他可能没有想过成为作家，但预算责任办公室编写的每年两次的经济和金融展望是一个极好的资源。英格兰银行现今更名为货币政策报告（Monetary Policy Reports）的季度通胀报告也是如此。

参考文献

Clement Attlee, quoted in New Jerusalems: The Labour Party and the Economics of Democratic Socialism, Elizabeth Durbin (Routledge and Kegan Paul, 1985).

Winston Churchill, Hansard, https://api.parliament.uk/historic-hansard/commons/1925/apr/28/ return-to-gold-standard.

Gregory Clark, 'The Great Escape: The Industrial Revolution in Theory and in History', http://faculty. econ. ucdavis.edu/faculty/gclark/papers/IR2003.pdf.

Gregory Clark and Marianne E. Page, 'Welfare reform, 1834: Did the New Poor Law in England produce significant economic gains?', Cliometrica, Spring Cliometrica Society (Association Francaise de Cliométrie), vol. 13 (2), pp. 221-244, May.

John Darwin, *After Tamerlane: The Rise and Fall of Global Empires 1400–2000* (Allen Lane, 2007).

Ronald Findlay and Kevin O'Rourke, *Power and Plenty: Trade, War, and the World Economy in the Second Millennium* (Princeton University Press, 2007).

John Hajnal, 'European Marriage Patterns in Historical Perspective', edited by Glass, D. V.; Eversley, D.E.C., *Population in History* (Edward Arnold, 1965).

Michael Heseltine, Hansard, https://api.parliament.uk/historic-hansard/commons/1980/jan/15/housing-bill.

Thomas Hobbes, *Leviathan* (Andrew Crooke, 1651)Eric J. Hobsbawm, 'Artisan or Labour Aristocrat?', *The Economic History Review*, New Series, Vol. 37, No. 3.

August 1984, pp. 355-372Eric J. Hobsbawm, 'The Forward March of Labour Halted?', *Marxism Today*, September 1978 Paul Krugman, 'Mr. Keynes and the Moderns' speech, 18.

June 2011. Prepared for the Cambridge conference commemorating the 75th anniversary of the publication of *The General Theory of Employment, Interest, and Money*.

Paul Krugman, *The Age of Diminishing Expectations* (MIT Press, 1994).

James Loch MP, quoted in Eric J. Evans, *The Forging of the Modern State: Early Industrial Britain 1783–1870*, Third Edition (Routledge 2001).

Karl Marx, Capital: A Critique of Political Economy, Volume 1 (Verlag von Otto Meisner, 1867).

John Maynard Keynes, 'The economic consequences of Mr Churchill ' (The Hogarth Press, 1925).

John Maynard Keynes, *Economic Consequences of the Peace* (Macmillan and Co. Ltd, 1919).

George Orwell, 'Charles Dickens', *Inside the Whale and Other Essays* (Victor Gollancz Ltd, 1940).

George Orwell, *The Road to Wigan Pier* (Victor Gollancz Ltd, 1937).

George Osborne, *Financial Times*, November 2008 David Parker, *The Official History of Privatisation*, Volumes 1 and 2 (Routledge, 2009 and 2012)Henry Parris, Government and the Railways in Nineteenth-century Britain (Routledge and Kegan Paul, 1965) Cheryl Schonhardt-Bailey, *From the Corn Laws to Free Trade* (St Augustine's Press, 1996)Adam Smith, *The Wealth of Nations* (W. Strahan and T. Cadell, 1776)Charles Tilly, 'War Making and State Making as Organised.

Crime', edited by P. Evans, D. Rueschemeyer, and T. Skocpol, *Bringing the State Back In*, pp. 169-191 (Cambridge University Press, 1985).

John Tomlinson, 'Inventing "Decline": The Falling Behind of the British Economy in the Postwar Years', *The Economic*

History Review, New Series, Vol. 49, No. 4, November 1996.

Max Weber, *The Protestant Ethic and the Spirit of Capitalism* (1905).

致谢

理查德·贝斯威克（Richard Beswick）满足了我对于一位编辑的所有要求。这本书因为有了他的投入而增色万分，我永远感谢他最初的委托决定。我还要感谢利特尔及布朗出版社（Little, Brown and Company）的塔姆辛·贝里曼（Tamsyn Berryman）和伊丽莎白·多布森（Elizabeth Dobson）的文字编辑工作，读者们才能幸免于我时常粗心大意的拼写。

如果不是我的经纪人凯特·巴克（Kate Barker），这本书根本不可能完稿。从我们最初去喝咖啡讨论出书的想法，到最终交出手稿，这之间隔了整整五年时间。抱歉，凯特。

多年来，《经济学人》杂志、《展望》杂志和英国广播公司的同事们使我的文笔更加犀利。特别感谢《经济学人》杂志的艾玛·邓肯（Emma Duncan）、《展望》杂志的汤姆·克拉克（Tom Clark）和我在《新闻之夜》节目中的老同事克里斯·库克（Chris Cook），虽然他从未正式出任我的BBC博客文章的编辑，但他无疑将此视为己任。

加文·凯利（Gavin Kelly）和尼克·皮尔斯（Nick Pearce）委托我在2018年为《政治季刊》撰写一篇文章，介绍脱欧前60多年间英国不断变化的政治经济。他们是优秀的编辑，使我认真思考了许多构成本书后几章的主题。同样要感谢BBC的理查德·瓦顿（Richard Vadon），他为《第二次世界大战：经济战》（*World War Two: The Economic Battle*）提供了支持，并感谢莉齐·麦克尼尔（Lizzie McNeil）的出色制作。

我是一名记者，而不是一名历史学家。如果没有我多年来从学术中汲取的养分，这本书就不会问世了。书末的延伸阅读为任何想进一步深入了解本书所讨论主题的人提供了一个切入点。

推特以及我在上面关注的用户，也应该受到由衷的感谢。社交媒体可以是一个百无一用的时间黑洞，也可以是与那些真正懂行的人建立联系的绝佳方式。尤为值得一提的是只作为@Pseudoerasmus为人所知的匿名经济史专家多年来帮了我大忙，他对学术文献有着百科全书似的了解，并为我提供了相关论文的链接。

社交媒体好归好，但是现实中的朋友还要好得多。许多朋友被迫听我喋喋不休地谈论英国经济史已经太久了。你们自己都知道我说的是你，你们中的一些人，比如维诺·桑格拉皮莱（Vino Sangrapillai）、皮特·莫顿（Pete Morton）和罗伯·万斯（Rob Vance），已经这样忍了我二十几年了。

最后同样重要的，我亏欠我的家人太多。我能想到和我一起生活从来都不是一件容易的事，在我写书的时候和我一起生活可能更难。在我写书的时候，和我住在同一屋檐下，被一场全球疫情困在家中，并且还有孕在身的你一定非常辛苦。谢谢，娜塔莉（Natalie）。